살아 있는 역사 박물관
경주 걷기여행

살아 있는 역사 박물관
경주 걷기여행

김영록 지음

터치아트

아름답고 장중한 석탑 두 기가 1천 300년을 넘도록 지키고 있는 감은사터.

요석공주와 원효 스님의 사랑 이야기가 전해지는 월정교는 궁궐의 서쪽과 궁궐 밖을 연결하던 다리였다.

책머리에

경주 걷기는 행복입니다

제가 정말 좋아하는 몇 가지가 있습니다. 조금은 유행이 지난 음악을 들으면서 커피 마시기, 인연을 맺은 사람들과 술잔을 앞에 놓고 즐겁게 수다 떨기, 아름다운 우리 땅을 한눈팔며 걷기, 소중한 우리의 문화유산 답사하기 같은 것들입니다.

그중에서 우리나라의 아름다운 길과 사랑에 빠진 지는 십몇 년이 훌쩍 넘어버렸고 우리나라의 문화유산과 애틋한 사랑을 이어 온 지는 그보다 조금 더 되었습니다. 처음에는 둘과 따로따로 연애했지만 이내 둘을 묶어서 하나로 만들었습니다. 그것이 우리의 문화유산을 찾아보며 걷는 답사 걷기입니다.

문화유산 답사를 좋아하는 분들이 가고 싶어 하는 곳 1순위는 경주일 것입니다. 세계에서도 유래를 찾기 힘들 만큼 유물·유적이 산재해 있고 우리의 역사가 고스란히 녹아 있는 곳이기 때문입니다. 저도 그런 사람 중 하나였습니다. 답사와 인연을 맺고부터 마음속 한쪽에는 늘 경주가 자리하고 있었고 일 년에 며칠 가보는 것으로는 갈증을 풀 수 없었습니다. 경주라는 곳이 일 년에 며칠씩 몇 차례 가보는 것으로는 어림도 없는 곳이기 때문입니다.

게다가 경주에는 남산이 있습니다. 신라인들은 남산을 불국토로 여겼기에 골짜기마다 수많은 유물·유적이 자리하고 있어 남산에 문화재가 있는 것이 아니고 남산 자체가 문화재입니다. 오죽하면 '남산에 오르지 않고는 경주를 보았다고 말하지 말라'는 말이 생겼겠습니까. 경주는 그런 곳입니다.

책 한 권에 경주를 다 담을 수는 없기에 어떻게 노선을 구성할지 고민을 많이 했습니다. 고민 끝에 같이 찾아보기 쉽고, 코스 연계가 편하도록 여섯 개 구역으로 나눴습니다. 경주 시내와 낭산 부근을 하나로 묶고, 남산은 전체를 같이 모았습니다. 형산강 서쪽 지역인 서경주를 한 구역으로 하고 보문단지와 토함산을 합했습니다. 그리고 지역적으로 조금 떨어진 동해 쪽과 북쪽의 안강은 따로 나눴습니다.

외지 사람으로서 경주 걷기 책을 냈으니 모자라고 서툴 것입니다. 특히 경주에 사시는 분들 눈에는 부족한 것이 많겠지요. 어쩌면 바꿔야 할 곳도 있을 것입니다. 앞으로 차츰차츰 고치고 바로잡겠습니다.

많은 사람들이 경주가 얼마나 아름답고 사랑스러운 곳인지 우리에게 알려 주었지만 차를 타고 답사하는 것과 걸어서 답사하는 것은 차이가 많습니다. 두 발로 천천히 걸으면서 한눈도 팔고 주변의 작은 것들에 눈길도 주면서 경주의 매력에 푹 빠지셨으면 좋겠습니다.

평생의 길동무인 아내의 도움과 묵묵히 기다려 준 터치아트의 인내심이 이 책을 만들었습니다.
길에서, 경주에서 언제나 행복하시길 빌겠습니다.

2015년 5월
김영록

차례

책머리에 | 경주 걷기는 행복입니다 ······ 8
천년 왕국 신라의 중심지, 경주 ······ 15

시내·낭산권

01 경주 시내권
월성 숲으로 흐르는 천년의 종소리 ······ 26

국립경주박물관 | 동궁과 월지 | 석빙고 | 계림 | 경주향교 | 최씨고택 | 첨성대 | 동부사적지대 | 숭혜전 | 대릉원 | 노동동 고분군·노서동 고분군

02 국립경주박물관부터 소금강산까지
황룡사 빈터에서 신라를 꿈꾸다 ······ 38

국립경주박물관 | 미탄사터 삼층석탑 | 황룡사터 | 구황동 당간지주 | 분황사 | 헌덕왕릉 | 숭신전 | 탈해왕릉 | 표암 | 굴불사터 석불 | 백률사

03 망덕사터부터 신문왕릉까지
낭산이 품은 신라를 만나다 ······ 48

망덕사터 | 장사·벌지지 | 사천왕사터 | 선덕여왕릉 | 능지탑 | 중생사 | 황복사터 삼층석탑 | 진평왕릉 | 전흥유후설총묘 | 보문사터 | 효공왕릉 | 신문왕릉

04 동해남부선 철길 주변의 왕릉들
기찻길 따라 만나는 임금님의 만년유택 ······ 58

신문왕릉 | 신무왕릉 | 효소왕릉·성덕왕릉 | 구정동방형분

남산권

05 동남산 기슭을 따라서
고개 갸웃이 숙인 고운 미소의 아지매부처 ······ 66

국립경주박물관 | 춘양교터 | 상서장 | 남산 불곡 마애여래좌상 | 남산 탑곡 마애조상군 | 보리사 마애석불 | 보리사 석불좌상 | 헌강왕릉 | 정강왕릉

06 동남산 국사골과 지바위골
허공에 걸린 바위와 애절한 사랑 바위 …… 74
서출지 | 남산동 동·서 삼층석탑 | 남산 국사곡 제4지 삼층석탑 | 금오정 | 국사골 상사바위 | 남산 부석 | 남산 지암곡 제3사지 삼층석탑

07 칠불암, 신선암을 지나 봉화대 능선으로
천심 절벽 바위에 그린 신라인의 미소 …… 82
서출지 | 남산동 동·서 삼층석탑 | 염불사터 | 남산 칠불암 마애불상군 | 남산 신선암 마애보살반가상 | 통일전

08 남남산의 새갓골 · 봉화골 · 천룡골
천룡고원 옛 절터에 석탑 홀로 외롭네 …… 88
열암곡 석불좌상·새로 발견한 마애불 | 남산 신선암 마애보살반가상 | 남산 칠불암 마애불상군 | 용장계곡 못골 삼층석탑 | 남산 천룡사터 삼층석탑

09 서남산 삼릉골부터 용장골까지
남산 바위에 피워 낸 부처님 나라 …… 94
삼릉 | 삼릉계곡 머리 없는 석불좌상 | 삼릉계곡 마애관음보살상 | 삼릉계곡 선각육존불 | 삼릉계곡 선각여래좌상 | 삼릉계곡 석조여래좌상 | 상선암 | 삼릉계곡 마애석가여래좌상 | 바둑바위 | 상사암 | 금오봉 | 용장사곡 삼층석탑 | 용장사터 마애여래좌상·용장사곡 석조여래좌상 | 용장사터

10 서남산부터 동남산까지 남산 종주
남산 길 더듬어 만나는 달빛에 젖은 전설 …… 104
포석정 | 윤을곡 마애여래좌상 | 부엉골 마애여래좌상 | 부흥사 | 늠비봉 오층석탑 | 금오정 | 상사바위 | 남산 신선암 마애보살반가상 | 남산 칠불암 마애불상군 | 염불사터 | 남산동 동·서 삼층석탑 | 서출지

11 서남산 기슭을 따라서
신라가 깨어나고 신라가 잠든 곳 …… 110
국립경주박물관 | 인용사터 | 월정교 | 사마소 | 재매정 | 천관사터 | 오릉 | 나정 | 일성왕릉 | 남간사터 당간지주 | 창림사터 삼층석탑 | 포석정 | 지마왕릉 | 배동 석조여래삼존입상 | 삼릉 | 경애왕릉

서경주권

12 송화산에서 선도산까지
마주하는 산자락에 잠든 신라의 두 영웅 …… 126

김유신묘 | 서악서원 | 도봉서당 | 서악동 삼층석탑 | 문성왕릉·헌안왕릉·진지왕릉·진흥왕릉 | 김인문묘·김양묘 | 무열왕릉·서악동 고분군

13 벽도산에서 대천을 건너
벽도산 바위에는 서방정토가 숨어 있다 …… 134

율동 마애여래삼존입상 | 효현동 삼층석탑 | 법흥왕릉

14 형산강에서 오류리들판까지
날아가던 기러기도 쉬어 가던 곳 …… 140

석장동암각화·금장대 | 나원리 오층석탑 | 진덕여왕릉 | 오류리 등나무

15 용담정부터 남사리 절터까지
사람마다 마음속에 한울을 모셨으니 …… 148

용담정 | 최제우 생가 | 최제우 묘소 | 남사리 북삼층석탑 | 남사리 삼층석탑

보문 토함산권

16 명활산에서 보문호수로
천년 신라에 또 다른 천년이 이어지는 곳 …… 156

명활성 | 천군동 동·서 삼층석탑 | 경주세계문화엑스포공원 | 신라밀레니엄 파크 | 보문호수

17 외동들판을 건너 괘릉마을까지
탑 그림자 기다리던 아사녀의 슬픈 이야기 …… 162

구정동방형분 | 영지 | 영지석불 | 괘릉

18 토함산의 유네스코 세계 문화유산
토함산을 넘으며 만나는 신라의 영광 …… 168

동리목월문학관 | 불국사 | 석굴암 | 장항리 절터

동해권

19 함월산의 기림사와 골굴사
만파식적 쉬어 가던 달을 품은 산 ······ 176
모차골 | 수렛재 | 용연폭포 | 기림사 | 골굴사

20 대종천을 따라서 동해 바다로
호국의 일념으로 동해의 용이 되었다네 ······ 182
감은사터 | 이견대 | 대왕암

안강권

21 설창산 기슭에서 안강들판으로
설창산 품에 깃든 수수백 년의 양반마을 ······ 190
양동마을 | 흥덕왕릉 | 구강서원

22 옥산천 물길을 거슬러
옥산천 냇가에서 조선의 선비를 만나다 ······ 196
옥산서원 | 독락당 | 정혜사터 십삼층석탑

부록 | 유물·유적 찾아보기 ······ 202

천년 왕국 신라의 중심지, 경주

경주는 기원전 57년에 나라를 세워 기원후 935년에 스러진 천년 왕국 신라의 중심지였다. 신라는 천년 세월 동안 도읍지를 한 번도 옮기지 않았기에 경주는 세계에서도 유래를 찾기 힘든 역사와 문화의 도시다. 가는 곳마다 유물과 유적이 산재해 있고 아직 발굴되지 않은 유물은 또 얼마나 많을지 짐작조차 못한다. 《삼국유사》에서 서라벌의 풍광을 묘사했는데 '사사성장(寺寺星張) 탑탑안행(塔塔雁行)'이라고 했다. 절들이 별처럼 늘어서고 탑들이 기러기 떼처럼 줄지었다는 말이다. 그때만큼은 못해도 경주는 여전히 아직 다 열리지 않은 문화유산의 보물 창고다. 그러기에 문화유산 답사를 좋아하는 사람들이 늘 경주를 꿈꾸는 것인지도 모른다.

경주의 가치는 우리만 자랑하는 것이 아니고 세계인도 공감하는 것이어서 경주의 문화유산은 유네스코 세계 문화유산으로도 등재되었다. 1995년에 불국사와 석굴암, 2000년에 경주역사지구, 2010년에는 안강읍의 양동마을이 유네스코 세계 문화유산이 되었다. 특히 경주역사지구는 다섯 개의 권역으로 구분되어 있는데 산 전체가 불국토인 남산 지구, 천년 신라의 중심 월성 지구, 신라 임금과 옛 신라인이 잠들어 있는 대릉원 지구, 신라 불교의 정수인 황룡사 지구, 왕경 방어 시설의 핵심인 산성 지구로 나뉘어 있고 52개의 지정문화재가 세계 문화유산 지역에 포함되어 있다. 다시 말하면 경주 중심 지역이 모두 유네스코 세계 문화유산에 등재되었다는 이야기다.

우리가 여행을 계획할 때 공통적으로 고민하는 것이 있다. 언제 갈까? 무엇을 볼까? 이 고민은 경주 여행에도 똑같이 적용된다. 아니 경주를 조금이라도 알게 되는 순간 어쩌면 더욱더 고민에 빠지게 될지도 모른다. 경주의 문화유산들은 자연과 함께 있기에 철마다 분위기가 다른 것은 물론이고 아침저녁으로도 바뀌기 때문이다.

동터 오는 새벽, 동해 대왕암과 토함산 석굴암에서 맞는 일출은 삼대가 덕을 쌓아야 볼 수 있다는 말이 있을 정도로 장엄하다. 늠비봉 오층석탑과 용장골 부처님을 배경으로 해가 넘어가는 모습은 눈이 시릴 정도로 곱다. 경주는 벚나무가 아주 많은 곳이다. 4월 초 벚꽃이 발그레하게 피어나는 무렵의 월성과 보문호수는 눈부시게 화사하다. 가을의 불국사와 석굴암으로 오르는 길은 고운 단풍이 터널을 이루는 단풍 세상이 된다. 한 겨울 눈 덮인 왕릉과 석탑은 한 폭의 그림이다. 눈이 잘 내리지 않는 경주에서 여간한 행운이 아니면 이런 풍광을 만나기 쉽지 않다.
이렇게 사계절로, 아침저녁으로 다른 풍광을 보이는 곳이 경주다.

이 책은 경주를 여섯 개 권역으로 묶었다. 각 권역은 같이 찾아보기 쉽고, 코스 연계가 편한 곳끼리 묶었다. 신라의 중심이었던 월성을 기준으로 낭산과 보문들판 그리고 소금강산 주변을 하나로 묶고, 남산은 전체를 한 권역으로 했다. 형산강 서쪽 지역인 송화산, 서악 선도산, 벽도산, 구미산 지역을 모았으며 보문단지와 토함산 주변을 같이 엮었다. 경주의 동쪽 지역인 함월산과 동해 쪽을 한 권역으로, 경주의 북쪽인 안강읍권도 따로 나눴다. 각각 색깔과 분위기가 다른 여섯 개 권역, 22개 코스를 걷다 보면 천년왕국 신라의 중심지 경주의 매력에 빠지지 않을 수 없을 것이다.

1. 경주 걷기, 언제가 좋을까

경주는 일 년 중 언제라도 걷기 좋은 곳이다. 하지만 특정한 계절에 찾으면 여행의 맛을 한층 깊이 느낄 수 있는 코스도 있다. 도시 전체가 벚꽃으로 뒤덮이는 4월 초의 경주는 어디를 가나 눈부시지만 특히 월성(1코스)을 빙 둘러 피어난 벚꽃과 때를 맞춰 화답하는 유채꽃은 꽃 대궐을 이뤄 관광객들의 마음을 설레게 한다. 대릉원 정문의 오른쪽 담장길(1코스), 김유신묘를 찾아가는 길(12코스), 보문호수를 따라 이어지는 벚꽃 길(16코스)도 아름답기로 손꼽힌다. 햇볕이 강한 여름에는 남산 등산길(6~10코스)이 좋다. 한여름 무더위를 피해 시원한 산그늘 아래 골짜기마다 들어선 절과 바위마다 새겨진 부처를 만나며 신라인들에게 남산이 어떤 의미였는지 차분히 생각해 보면 좋을 것이다. 경주 벌판이 황금색으로 물드는 가을에는 고운 단풍이 터널을 이루는 불국사와 석굴암(18코스), 함월산의 기림사와 골굴사(19코스), 낭산과 널따란 보문들판(3코스)이 좋다.

2. 경주, 어떻게 이동할까

경주를 들고 나는 관문은 경주역·서경주역·신경주역 그리고 경주고속버스터미널·경주시외버스터미널이다. 경주역과 서경주역에는 무궁화호만 정차하고, 신경주역에는 KTX가 정차한다. 고속버스터미널과 시외버스터미널은 서로 이웃하고 있다. 경주 시내버스 대부분이 경주 고속·시외버스터미널을 경유하므로 목적지에 따라 각 터미널 앞에서 해당 노선 버스로 갈아타면 된다.

- 경주 시내버스 홈페이지_금아버스 www.gumabus.com

경주 시티투어 버스
짧은 시간에 경주를 대표하는 핵심 관광지를 문화재 해설사의 설명을 들으며 간편하게 둘러보고 싶다면 시티투어 버스를 이용하는 것도 좋다. 신라역사권, 동해안권, 세계문화유산권, 양동마을·남산권 등 4개 코스가 있고 각각 8시간 정도 소요된다. 이용 요금은 성인 기준 2만 원 선이다.
- 경주시티투어 www.cmtour.co.kr / 054-743-6001.

3. 경주의 먹을거리와 숙소

먹을거리
경주는 관광 도시인 만큼 맛집이 많아 내 입맛대로 메뉴를 고를 수 있지만 관광객들이 주로 즐겨 찾는 메뉴는 푸짐한 상차림의 한정식과 쌈밥 정식 등이다. 경주 시내 도심과 고속·시외버스터미널 부근, 보문단지, 불국사 관광단지, 대왕암이 있는 봉길 해변과 안강읍내에 음식점들이 밀집해 있다. 경주문화관광 홈페이지에서 각 권역별 맛집을 소개하므로 참고하자.
- 경주문화관광 홈페이지_guide.gj.go.kr

숙소
경주에는 호텔, 콘도, 펜션 등 다양한 종류의 숙소가 있다. 개인적인 취향에 따라 자신에게 맞는 숙소를 선택하면 된다. 숙박비가 저렴한 곳을 찾는다면 모텔이나 게스트하우스를, 편리함과 쾌적함을 우선한다면 펜션이나 호텔을 선택한다. 모텔은 경주 버스터미널 부근에, 호텔이나 콘도는 보문단지에 많이 있으며 펜션은 경주 여러 지역에 산재해 있다.
또 색다른 곳에서 묵으며 특별한 추억을 남기고 싶다면 골굴사나 기림사

(19코스)에서 템플스테이를, 서악서원(12코스)이나 독락당(22코스)에서 하룻밤 묵으며 고택 체험을 해보는 것도 좋겠다.

- 골굴사 템플스테이_www.golgulsa.com / 054-775-1689
- 기림사 템플스테이_www.kirimsa.net / 054-744-2292
- 서악서원 고택 체험 문의_054-774-1950
- 독락당 고택 체험 문의_054-774-1950

4. 경주 하루에 돌아보기

경주는 답사 여행하기에 아주 매력적인 곳이다. 경주 여행을 며칠씩 할 수 있다면 이 책의 22개 코스를 따라가면 되겠지만 일정이 빡빡하거나 여유가 없어 하루 정도밖에 시간이 없다면 어디를 어떻게 보아야 경주를 한 자락이나마 봤다고 할 수 있을까? 정말 큰 욕심이지만 해답이 아주 없는 것은 아니다. 하루 일정은 오전 8시 30분부터 오후 5시 30분까지 9시간으로 잡는다. 각자의 취향이나 관심사에 따라 찾는 장소가 다르겠지만 이 책에서는 경주의 핵심 관광지를 둘러보는 것을 전제로 코스를 추천한다.

오전

■ 추천1_서남산 삼릉골부터 용장골까지(9코스)

남산을 오르지 않고는 경주를 보았다고 하지 말라는 말이 있는 남산에서 한 코스를 찾는다. 이 구간은 나뭇잎이 연녹색으로 반짝이는 5월 초순에 걸으면 가장 좋다. 기본적으로 산행이고 밧줄을 잡고 내려가야 하는 어려운 지점이 두어 곳 있으므로 산행이 힘든 사람은 추천2코스를 선택하자.

1) 경주시외버스터미널 앞에서 버스를 타고 삼릉 버스정류장에서 내린다. 차를 가져간 경우라면 삼릉(서남산) 주차장에 세워 둔다.
2) 서남산 삼릉계곡의 유물·유적들과 바둑바위, 상사암, 금오봉, 용장사 터를 차례로 답사한다.
3) 용장골 입구 내남치안센터 부근의 식당에서 점심 식사를 한다.
4) 내남치안센터 버스정류장에서 다음 목적지로 이동하면 된다.

■ 추천2_토함산 불국사와 석굴암(18코스)

경주를 대표하는 유네스코 세계 문화유산 불국사와 석굴암을 만나는 코스다. 늘 붐비는 곳이기 때문에 관광객들과 덜 부딪히려면 아침 일찍 서두르는 것이 좋다. 차를 가져가서 새벽부터 움직일 수 있다면 삼대가 덕을 쌓아야 볼 수 있다는 토함산 일출에 도전해 보는 것도 좋겠다.

1) 경주고속버스터미널 앞에서 버스를 타고 불국사 버스 정류장에서 내린다. 차를 가져간 경우라면 불국사 주차장에 세워 둔다.
2) 나라의 큰 보물 다보탑, 석가탑, 청운교, 백운교와 불국사의 숨어 있는 아름다운 것들을 차분히 둘러본다.
3) 불국사와 석굴암을 잇는 등산로를 오른다. 불국사에서 석굴암으로 올라가는 것이 부담된다면 불국사와 석굴암 사이를 운행하는 버스를 이용할 수 있다. 석굴암에서 불국사로 등산로를 따라 내려와도 좋다.
4) 불국사 주변이나 석굴암 주차장 근처 식당에서 점심 식사를 한다.
5) 불국사 버스 정류장에서 다음 목적지로 이동한다.

오후
■ 추천1_경주 시내권(1코스)
경주에 발을 딛는 사람들이 가장 많이 찾는 지역이다. 이 구간은 벚꽃이 피는 4월 초순에 걸으면 환상적이다.

1) 국립경주박물관에서 천년 왕국의 눈부신 역사를 더듬어 본다. 차를 가져갔다면 박물관 주차장에 세워 두는 것이 편하다.
2) 동궁과 월지를 둘러본다. 월성을 거쳐 김알지의 탄강설화를 간직한 숲 계림, 첨성대, 대릉원, 노동동·노서동 고분군을 차례로 답사한다.
3) 노서동 고분군 앞에 버스정류장이 있다.

■ 추천2_보문관광단지(16코스)
가족 단위 여행자들에게 추천하는 코스. 경주세계문화엑스포 공원과 신라밀레니엄파크에서 다양한 공연과 전시를 구경한 후 보문호수에서 한가로운 오후를 보낸다. 이곳은 봄이면 호수 둘레를 따라 활짝 피어나는 벚꽃을 보기 위해 꽃잎만큼 많은 사람이 몰린다. 최근에는 호숫가를 따라 약 8킬로미터의 보문호반길이 완전히 열려 걷기 여행자의 천국이 되었다.

1) 경주세계문화엑스포에서 상설 공연을 구경한다. 신라밀레니엄파크에서는 해설사가 들려주는 신라 이야기에 빠져 볼 수도 있다. 차를 가져간 경우 경주세계문화엑스포공원 주차장에 세워 두면 된다.
2) 보문호수 쪽으로 간다. 보문호반 갈림길에서 오른쪽으로 약 4킬로미터 정도 가면 물너울교다. 물너울교를 건너지 않고 경주 동궁원 담장을 따라 돌아가면 북군동 버스 정류장이 있다. 차를 가져간 경우라면 호반길을 산책한 후 다시 경주세계문화엑스포 공원으로 돌아온다.

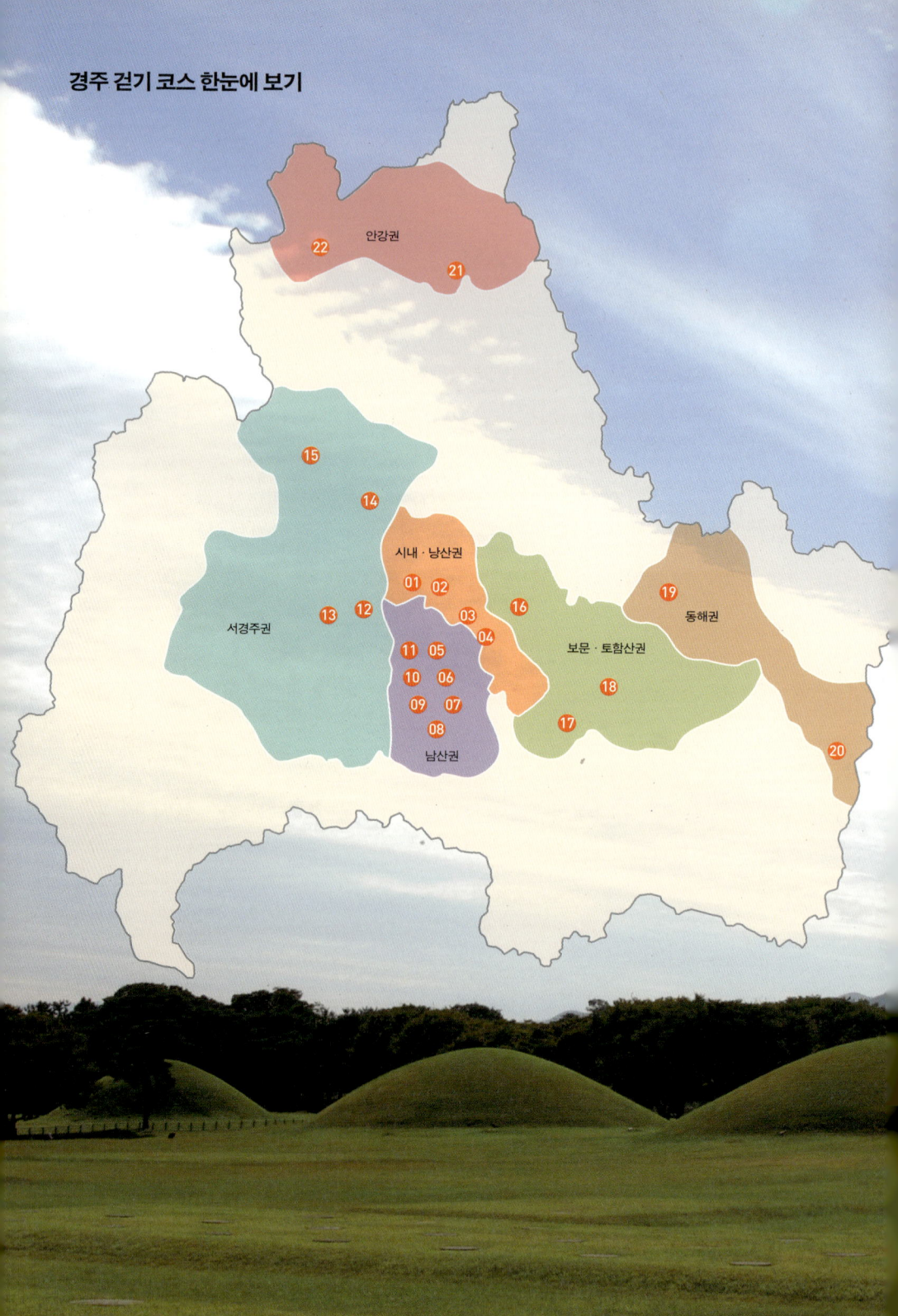

일러두기

1 이 책에는 코스마다 여행을 준비할 때 참고할 수 있도록 전체 거리와 걷는 데 걸리는 시간을 표시하였다. 단, 쉬는 시간과 답사 시간은 포함하지 않았으므로 사람마다 전체 소요 시간에는 차이가 날 수 있다.

2 코스별 소요 시간은 한 시간 동안 걷는 거리를 약 3km로 산정한 것이다. 단 산길은 시속 2km로 계산하였다.

3 코스 난이도에 따라 5단계로 나누어 아래와 같이 표시했다.

★ 아주 쉬움, ★★ 쉬움, ★★★ 보통
★★★★ 어려움, ★★★★★ 아주 어려움

시내 · 낭산권

국립경주박물관에서 천년 왕국의 눈부신 역사를
살펴보고, 월성을 비롯한 동부사적지대와
옛 신라인들의 유택들을 거닌다.
황룡사 빈터와 꽃다운 여왕을 위한 절 분황사를
거쳐 소금강산의 속살을 파고들며, 왕실의 성역으로
보호받던 나지막한 낭산과 보문들판,
동해남부선 철길 주변의 왕릉들을 찾아본다.

바람을 타고 흐르는 에밀레종 소리는 월성 숲이 주는 보너스다.

01. 경주 시내권 | ★★

월성 숲으로 흐르는 천년의 종소리

경주에 처음 발을 딛는 사람들이 가장 먼저 찾는 곳은 어디일까? 또 경주에서 사람들이 제일 많이 머무는 곳은 어디일까? 아마 경주 시내권이 첫손에 꼽힐 것이다. 경주와 신라의 역사를 알기 위해서 꼭 들러야 하는 국립경주박물관, 조명이 켜진 밤에 더 멋진 동궁과 월지(임해전터와 안압지), 숲 그늘이 아주 좋은 천년 신라의 왕궁이 있던 월성, 아직도 정확한 쓰임새에 대해 여러 이견이 있는 첨성대, 김알지의 탄강설화가 서려 있는 계림, 300년을 내려오면서 진정한 부자의 참모습을 보여 온 교동 경주 최씨 옛집, 현대인의 살림살이 사이로 우뚝우뚝 솟아 있는 옛 신라인들의 유택들…….

이 모든 곳들이 경주 시내에 모여 있다. 크게 부담되지 않는 거리이고 모두 평지에 있어서 아이들의 손을 잡고 가족과 함께 걸어서 돌아보기 좋다.

여행 정보

- 경주 시내에서 11, 600, 601, 602, 603, 604, 605, 607, 608, 609번 버스를 타면 국립경주박물관 앞에 내릴 수 있다. 차를 가져간다면 박물관 주차장에 세워 두면 좋다.
- 마치는 곳인 내남네거리에서 국립경주박물관까지는 약 2.5km 정도이다. 내남네거리에서 오른쪽으로 가면 서라벌네거리인데 근처에서 국립경주박물관으로 가는 버스를 탈 수 있다. 왼쪽으로 가면 천마총 후문 버스 정류장이다.
- 매점이나 음식점은 여러 곳에 있으며 대부분의 답사처에도 간이매점이 있다. 화장실도 각 답사처에 불편하지 않게 있다.

코스 연계

- 마치는 곳인 내남네거리에서 오른쪽으로 0.6km 정도 가면 경주고속버스터미널이다. 이곳이 12코스의 시작 지점이다.

6km, 2시간

🔽 국립경주박물관
박물관 앞 네거리로 나온다. 네거리에서 왼쪽으로 길을 건너고 다시 오른쪽으로 길을 건넌 후 왼쪽으로 연밭을 지나면 동궁과 월지다.

0.5km

성덕대왕신종(에밀레종)

❷ 동궁과 월지(임해전터와 안압지)
월지 정문을 등지고 오른쪽으로 100m 정도 간 후에 횡단보도를 건너서 앞으로 보이는 길로 올라가면 월성이다. 월성 입구에서 오른쪽 성 안으로 100m 정도 가면 석빙고가 있다.

0.4km

❸ 석빙고
다시 월성 입구로 돌아 나와 오른쪽 언덕 숲 위로 올라간다. 이 언덕이 월성의 흔적이다. 이후 숲길의 월성 흔적을 따라 한 바퀴 거의 다 돌면 월성의 또 다른 입구다. 왼쪽으로 계림과 첨성대로 나가는 길이 있다. 이 길로 나가서 130m 정도 가면 계림이 있는 갈림길이다.

1.9km

경주 석빙고

경주 걷기의 시작은 국립경주박물관에서

경주에 왔다면 아무리 시간이 없고 돌아볼 곳이 많더라도 국립경주박물관을 그냥 지나쳐서는 안 된다. 시간을 충분히 들여서 차근차근 둘러봐야겠지만 정히 시간이 없다면 주마간산이라도 해야 하는 곳이다. 더구나 박물관 마당에는 성덕대왕신종이 자리하고 있음에랴.

박물관 정문에 들어서서 오른쪽을 보면 보호각 안에 성덕대왕신종이 매달려 있다. 종을 만들면서 어린아이를 제물로 바쳤기에 종소리가 '에밀레 에밀레'한다는 전설로 에밀레종이라고도 불린다. 신라 제35대 경덕왕(재위 742~765)이 아버지 성덕왕의 명복을 빌기 위해 만든 종이다. 장중하고 유려한 모습은 물론이고 끊어질 듯 긴 여운을 남기는 곱고 신비한 종소리로 유명하지만 아쉽게도 직접 타종하는 모습과 소리는 보고 들을 수 없다. 신종을 보호하기 위해 타종을 금했기 때문인데 박물관에서는 녹음된 종소리로 관람객들의 갈증을 풀어준다.

밤의 동궁과 월지는 또 다른 세상

박물관 앞에서 대각선으로 길을 건너면 신라가 삼국을 통일한 후, 문무왕 14년(674)에 만들었다는 옛 신라의 별궁인 동궁과 월지다. 동궁과 월지가 정식 명칭이지만 동궁에 임해전이 있었다고 해서 임

불 밝힌 동궁과 월지의 밤은 낮 동안의 소란스러움이 가신 또 다른 세상이다.

해전터로, 월지는 안압지라고도 한다. 입구 주변으로 제법 규모가 큰 무논을 만들고 그곳에 연을 한가득 심어 놓아 여름에는 연꽃 사이로 걷는 즐거움도 있다. 매표소를 지나 안으로 들어서면 오른쪽으로 보이는 못이 월지, 왼쪽의 넓은 터가 신라의 별궁 임해전이 있던 곳이다.

임해전은 다른 부속 건물들과 함께 왕자가 거처하는 동궁으로 사용하면서 나라에 경사가 있을 때나 귀한 손님을 맞을 때 연회를 베풀던 장소였다. 어지러웠던 신라 말, 후백제의 견훤이 신라를 침공했을 때 경순왕이 왕건을 초청하여 위급한 상황을 호소하면서 잔치를 베풀었던 곳도 임해전이라고 한다.

임해전터에 있는 못을 보통 안압지라고 부르지만 원래의 이름이 안압지였던 것은 아니다. 나라가 망하고 세월이 흘러 폐허가 된 못에 갈대가 무성하게 자라고 그 사이로 오리와 기러기들이 날아드는 모습을 보고 조선의 묵객들이 붙인 이름이라고 한다. 동궁과 월지의 한낮은 관광객들과 수학여행을 온 학생들로 대개는 분주하고 소란하다. 그래서 조용하고 차분한 월지를 보고 싶다면 밤에 다시 찾아야 한다. 조명을 받은 못가의 건물들과 그 건물들이 물에 비쳐 만들어 내는 반영은 또 다른 세상이다. 못 주변 군데군데 있는 의자에 앉아 깊어가는 월지의 밤을 바라보는 것도 즐거운 일이다.

나그네를 유혹하는 월성의 숲길

월지에서 길 하나를 건너면 숲이 우거진 넓은 공터가 있다. 신라의 궁궐이 있던 월성이다. 높은 곳에서 보면 월성의 성곽이 반달처럼 생겼다고 반월성으로 더 많이 불린다.

이곳에는 신라 제4대 임금인 탈해왕(재위 57~80)과 호공의 전설이 전해진다. 성을 쌓기 전 이곳에 호공이라는 사람이 살고 있었는데 탈해왕이 꾀를 내어 명당인 이 땅을 차지했다는 것이다. 전설도 결국은 역사적 사실의 다른 표현이니 전설의 행간을 연구하는 사람들은 이런저런 견해를 이야기하고 있으나, 우스갯소리를 좋아하는 사람은 이것이 우리나라 최초의 부동산 사기일 것이라고 한다.

월지에서 월성으로 가는 경우 월지와 마주한 출입구로 들어가서 성 안의 조선 시대 석빙고를 거쳐 계림 쪽으로 나오는 것이 보통의 동선이다. 하지만 그렇게 해서는 월성을 제대로 즐길 수 없다. 출입구로 들어가서 석빙고를 둘러본 후, 다시 입구로 돌아 나와 언덕을 오르자. 이 언덕이 바로 월성의 성곽 흔적이다. 성곽의 흔적은 월성 전체에 걸쳐 있고 성벽 자리를 따라 나무들이 울창한 숲을 이루고 있어 숲길을 따라가는 것이 제대로 걷는 것이다. 기분 좋은 숲길을 따라 걷다 보면 왼쪽 아래로 국립경주박물관이 보이고 운이 좋으면 바람을 타고 숲으로 흐르는 성덕대왕

❹ **계림**
계림에서 반시계 방향으로 숲 안쪽으로 들어가면 내물왕릉이 있다. 왕릉 앞에서 반시계 방향으로 가면 계림 후문이고 후문으로 나가면 경주향교다.

0.2km

내물왕릉

❺ **경주향교**
향교 입구를 등지고 오른쪽으로 조금 가면 작은 네거리다. 오른쪽으로 골목을 빠져나가서 오른쪽으로 가면 최씨고택이다.

0.3km

경주향교

❻ **최씨고택**
다시 경주향교네거리로 돌아 나와서 가던 길로 계속 가면 계림 입구다. 왼쪽으로 조금 가면 첨성대가 있다.

0.7km

최씨고택

❼ **첨성대**
첨성대를 등지고 오른쪽으로 간다. 길 왼쪽에 무덤이 있는 넓은 들판까지 동부사적지대다. 첨성대에서 250m 정도 가면 작은 네거리인데 왼쪽에 동부사적지대를 알리는 표석이 있다.

0.2km

묵은 나무 가득한 계림은 사철 어느 때라도 좋지만 그래도 가을이 최고다.

신종 소리를 들을 수 있다. 나무를 휘감아 부는 바람과 그 바람에 실려 끊길 듯 이어지는 은은한 종소리는 천상의 소리인데 이렇게 월성 숲길을 걷는 이에게만 허용된 선물이다. 숲길의 유혹에 빠져 월성을 따르다가 계림 쪽으로 내려선다.

신성한 숲 계림

경주향교와 이웃하고 있는 울창한 숲이 계림(鷄林)이다. 숲을 가로질러 시냇물이 흐르고 해묵은 왕버들이나 느티나무가 우거져 있는 계림은 신라가 건국될 때부터 있었는데 당시에는 시림(始林)이라고 불렀다. 계림으로 불리게 된 것은 김씨의 시조인 김알지의 탄강설화로부터 비롯되었다. 탈해왕 4년(60) 어느 날 밤, 임금은 월성 서쪽 시림 숲에서 닭이 우는 소리를 듣는다. 날이 밝은 후 숲으로 신하를 보내니 금빛 찬란한 궤짝이 나뭇가지에 걸려 있고 그 아래서 흰 닭이 울고 있는 것이었다. 궤짝 속에는 총명하게 생긴 사내아이가 있었다. 임금은 하늘이 보낸 아이라 여겨 태자로 삼고 아기라는 뜻의 '알지'라는 이름과 금궤에서 나왔으므로 '김'이라는 성을 주었다. 알지는 태자로 자랐지만 왕위는 사양했다. 알지의 육대손에 와서야 김씨가 왕위에 오르는데 그가 13대 미추왕이다. 이후로 이곳을 계림이라고 하고 신성하게 여겼다고 한다. 계림 깊숙이 들어가면 커다란 봉토분 몇 기를 만나는데 숲과 가까운 무덤이 신라의 국가 체계를 확립했다는 내물왕의 유택이다.

❽ 동부사적지대

동부사적지대 표석 앞에서 길을 건너 주차장을 지나면 대릉원 입구다. 대릉원으로 들어가지 말고 왼쪽으로 대릉원 담장을 따라가다 보면 왼쪽에 공터가 있고 공터 옆에 숭혜전이 있다.

0.3km

동부사적지대

❾ 숭혜전

숭혜전에서 다시 대릉원 입구 쪽으로 나와 대릉원으로 들어간다.

1.0km

숭혜전

❿ 대릉원

미추왕릉, 천마총, 황남대총 등을 거쳐 대릉원 후문으로 나간다. 대릉원 후문을 나와서 오른쪽으로 간다. 100m 정도 가면 세거리인데 횡단보도를 건너 건넌 방향 그대로 조금 가면 왼쪽에 노동동 고분군이 있다.

0.3km

⓫ 노동동 고분군·노서동 고분군

노동동 고분군의 봉황대를 오른쪽에 두고 고분 사이로 난 길을 따라가면 노동동과 노서동을 가르는 도로를 만나는데 길 건너편이 노서동 고분군이다. 다시 노서동 고분군 입구로 나와서 오른쪽으로 130m 정도 가면 내남네거리다. 내남네거리에서 왼쪽으로 120m 정도 가면 버스 정류장이고 길 건너 대릉원 후문 옆에도 버스 정류장이 있다. 오른쪽으로 600m 정도 가면 경주고속버스터미널이며 고속버스터미널 뒤쪽에는 시외버스터미널이 있다.

0.2km

● 내남네거리

나라에서 세운 교육기관

계림과 담장 하나 이웃한 곳에 경주향교가 있다. 향교란 고려 시대부터 조선 시대에 이르기까지 공자를 비롯한 성현들의 위패를 모셔 제향을 받들면서 한편으로는 학생들을 가르치던 지방의 국립 교육기관이다. 경주향교가 있는 자리에 신라 시대 교육기관인 국학이 있었다고 하니 터만큼은 틀림없는 배움의 터겠다. 경주향교는 앞쪽에 공자님과 성현들의 위패를 모신 대성전과 동·서무를 배치하고 뒤쪽에 학생들이 공부하고 생활하는 명륜당과 동·서재를 앉혔는데 이런 형태를 전묘후학(前廟後學)구조라고 한다. 향교를 한 바퀴 돌아 다시 명륜당 마루에 가만히 걸터앉으면 마음마저 차분해진다.

꽃보다 아름다운 이름
고동 최씨고택

마을 안 골목 제일 안쪽에서 만나게 되는 기와집이 경주 최씨 가문이 9대째 살아온 고택이다. 이 일대가 신라 시대에는 요석궁이 있던 자리라고 전해진다. 경주 최씨는 고운 최치원 선생을 시조로 하는 가문이다. 이 집안이 남다른 것은 만석 부자라는 소리를 들을 만큼의 부를 쌓고 유지하는 과정이 여느 부자와는 달라도 한참 달랐기 때문이다. 최씨 가문이 지켜온 가훈을 보면 존경심을 넘어 숙연해지기까지 한다. 첫째, 과거는 보되 진사 이상의 벼슬

첨성대의 쓰임새를 두고 이런저런 이견이 많다.

은 하지 마라. 둘째, 재산은 만석 이상 모으지 마라. 셋째, 어떤 과객이라도 후하게 대접하라. 넷째, 흉년에는 재산을 늘리지 마라. 다섯째, 시집온 며느리는 삼 년 동안 무명옷을 입게 하라. 여섯째, 사방 백 리 안에 굶어 죽는 사람이 없게 하라. 이 모든 것이 무려 300년 동안을 지켜온 가훈이라고 한다.

지금 이 댁은 부자가 아니다. 일제 강점기 때는 대한민국 임시 정부에 수많은 재산을 군자금으로 댔고, 해방이 되자 이 고택을 포함한 마지막 재산까지 모두 털어서 교육 사업에 쾌척했기 때문이다. 비록 물질적인 부자는 아니더라도 이렇게 꽃처럼 아름답고 향기로운 이름은 천년만년 후세에 전해지고 존경받을 것이다.

첨성대의 용도는 언제쯤 밝혀질까

계림 앞은 벌판이다. 월성 바로 아래부터 시작해 첨성대까지 넓게 펼쳐져 있다. 봄이면 유채꽃으로 뒤덮이고 가을이면 코스모스 세상이 된다. 목화도 한가득 심어 놓았다. 경제적 타산이 맞지 않아 더 이상 목화 농사를 짓지 않기에 이제는 책에서나 볼 수 있는 목화를 여기에서는 볼 수 있다. 꽃을 좋아하는 마음에는 남녀노소가 없으니, 이곳은 경주 시내에서 사람이 제일 많이 모이는 곳이다. 특히 이른 봄 월성을 빙 둘러 벚꽃이 피고 때를 맞춰 유채꽃이 화답하여 피어나는 며칠 동안의 이곳은 꿈을 꾸듯 황홀하다. 그러면 계림에서 몇 걸음 되지 않는 첨성대로 가는 발길이 자꾸만 더뎌진다.

우아하고 예쁜 첨성대 앞에 선다. 학창 시절에는 동양에서 가장 오래된 천문대라고 배웠다. 그러나 첨성대의 정확한 쓰임새를 두고 여러 이견이 있어 여전히 논란이 많다. 대개 세 가지 용도로 의견이 나뉘는데 첫 번째는 선덕여왕의 정통성을 증명하기 위한 상징물, 두 번째는 제단, 세 번째는 천문 관측 장소라는 의견이다. 앞으로의 연구에 따라 좀 더 정확한 용도를 알 수 있겠지만 그것은 전문가들의 소임이고 우리 같은 답사객은 마음대로 상상하면 그만이겠다. 선덕여왕이 자신을 상징하는 기념물을 만들었는데 평소에는 그곳에서 천문 관측을 하다가 하늘에 제사를 올리게 될 때는 제단으로 이용한 것이라고……. 밤에 보는 첨성대는 밤의 월지에 버금간다.

신라의 중심지였던 동부사적지대

여태껏 걸어온 길의 동선을 머리에 그려보자. 국립경주박물관, 동궁과 월지, 월성, 계림, 경주향교, 최씨고택, 첨성대까지, 거기에 첨성대 앞으로 펼쳐진 넓디넓은 고분 공원까지 더하면 그 영역이 바로 동부사적지대다. 이 지역은 옛 신라 도성의 중심 지역이므로 아직도 발굴을 기다리는 많은 지하 유적과 유물이 있을 것으로 추정된다. 어쩌면 지금 우리가 걷는 길 아래에도 유물과 유적이 묻혀 있을지 모르지만 지금까지 눈에 띄는 유적은 오직 고분들뿐이다.

동부사적지대 표석이 있는 입구에서 계림과 월성을 배경으로 한 고분들의 모습을 바라보면 참으로 한가롭고 평화로운데 가까이 들어가 보지 못하는 것이 아쉽다. 그러나 고분 공원 건너편의 넓은 풀밭은 누구라도 자유롭게 들어갈 수 있어 많은 이들의 쉼터가 된다. 아기를 유모차에 태우고 활짝 웃고 있는 젊은 부부, 아장아장 비틀대는 꼬맹이를 한 걸음 뒤에서 따라가는 할아버지, 연을 날리는 아버지와 아들, 손으로 'V'자를 만들며 사진 찍기에 여념이 없는 젊은 연인들……. 모두 평화롭고 즐거운 모습이다.

임금님의 유택은
현대인에게는 소풍 장소

동부사적지대 표석 앞에서 길을 건너면 대릉원 입구다. 대릉원으로 들어가기 전, 왼쪽으로 대릉원 담장을 따라 골목으로 들어가면 숭혜전에 다녀올 수 있다. 일반 살림집들 사이에 있는데다 이렇다 할 안내판이 없어 찾는 사람도 별로 없이 조용하다. 숭혜전은 신라 최초의 김씨 임금인 13대 미추왕과 삼국을 통일한 30대 문무왕, 그리고 신라 56대 임금이자 마지막 임금인 경순왕의 위패를 모신 사당이다. 매년 봄·가을에는 숭혜전 보존회에서 향사를 받들고 있다.

대릉원 주변과 첨성대 뒤편은 음식점 밀

두 무덤이 합해진 황남대총은 신라 왕족 부부의 무덤으로 알려져 있다.

집 지역이다. '금강산도 식후경'이라고 아침부터 일정을 시작했다면 이쯤에서 점심때가 된다. 도시락을 준비해 걷는 중간에 적당한 숲 그늘에 앉아 소풍 기분을 내보는 것도 좋고 각자의 식성대로 식당에 가도 좋겠다.

대릉원은 신라 고분들을 보호하고 관리하기 위해 조성한 사적 공원으로 크고 작은 20여 기의 고분들이 밀집해 있다. 그중에는 신라 13대 임금인 미추왕릉도 있고, 천마도가 나온 무덤 천마총도 있으며, 쌍분이라 크기가 어마어마한 황남대총도 자리하고 있다. 그중 천마총은 고분 내부를 공개해 유물의 출토 상황을 발굴 당시의 모습대로 복원하여 전시하고 있다. 사실 이 천마총의 발굴은 별 기대 없이 옆의 우람한 황남대총을 발굴하기 전 연습 삼아 발굴해 보자는 취지였다는데 막상 무덤을 열어 보니 생각지도 못한 천년 신라의 보물들이 쏟아져 나온 것이다. 그래서 뒤이어 발굴한 황남대총은 외형을 원형 그대로 복원했고 천마총은 지금처럼 일반에 공개하게 되었다.

미추왕릉을 지나고 천마총을 거쳐 황남대총 앞을 지나면 대릉원 후문이고 후문을 나와서 찻길을 건너면 노동동·노서동 고분군이다. 그러나 대릉원을 찾았을 때가 벚꽃이 흐드러지게 핀 봄날이라면 동선을 바꿔 보는 것도 좋다. 대릉원 정문에서 바로 대릉원으로 들어가지 말고 오른쪽 담장을 따라 열 지어 피어 있는 벚꽃 길을 걸어서 노동동·노서동 고분군을 먼저 간 뒤 대릉원은 후문으로 들어가면 운치 있는 벚꽃 길을 걸을 수 있다.

저곳이 정말 무덤일까

대릉원과 길 하나를 사이에 두고 노동동 고분군과 노서동 고분군이 있다. 노동동 고분군과 노서동 고분군도 길 하나를 사이에 두고 양쪽으로 나뉘어 있다. 예전에는 이 모두가 하나로 연결되어 있었지만 지금은 고분들 사이로 찻길이 나는 바람에 세 군데로 갈라졌다.

무덤을 지칭하는 말 중에는 능, 원, 묘, 분, 총이 있다. 무덤을 한자로 표시하면 묘인데 묘 중에서 왕과 왕비의 무덤은 특별히 '능'이라고 부르고 왕세자와 왕세자비 또는 왕세손과 왕세손비 같은 신분을 가진 사람의 무덤은 '원'이라고 부르며 그 외의 모든 무덤은 '묘'로 부른다. 그리고 피장자의 신분을 알 수 없는 무덤은 분과 총으로 나누는데 벽화가 있다거나 발굴된 유물 중에 특별한 무엇이 있을 때에는 '총'이라 하고 미발굴 무덤이거나 발굴된 무덤이더라도 특별한 출토 유물이 없을 때는 '분'이라 한다. 무용하는 벽화가 그려졌다고 해서 무용총이고 금관이 발굴된 무덤이라서 금관총, 그리고 천마도가 발굴된 무덤이라서 천마총이라고 하는 것이다.

봉황대 고분이 중심인 노동동 고분군에는 금동제 신발이 발굴되어 식리총으로 불리는 무덤과 출토 금관에 작은 방울이 달려서 금령총으로 부르는 무덤이 속해 있다. 그중 봉황대 고분은 황남대총 다음으로 큰 무덤이다. 봉황대 봉분 위에는 몇 그루의 커다란 나무까지 자라고 있어 무덤이라기보다는 차라리 작은 동산이라는 표현이 더 어울린다.

봉황대 고분 건너편에 있는 무덤들이 노서동 고분군이다. 노서동 고분군에는 크고 작은 10여 기의 무덤들이 남아 있다. 그 중 가장 북쪽에 있는 무덤은 봉황대 고분과 대칭을 이루고 있어 서봉황대 고분으로 불린다. 노서동 고분군에는 금관이 발굴되어 유명해진 금관총과 스웨덴 황태자가 발굴에 참여한 까닭에 서봉총으로 불리는 무덤, 그리고 고구려 광개토대왕 명문이 새겨진 동합이 발굴된 호우총 등이 속해 있다.

옛 사람들의 무덤도 요즈음 사람들에게는 공원이 된다. 고분들 주변의 나무 그늘에는 한가함을 즐기는 사람들이 들어앉았고 봉황대 아래로는 동네 사람들이 부지런히 오간다. 봉분으로 오르내리며 까르르대는 장난꾸러기 녀석들의 머리 위로 푸른 하늘이 유난히 눈부시다.

노동동 고분군 봉황대(위)와 노서동 고분군(아래).

해 질 녘 휑한 황룡사터에 서면 나그네의 심사는 쓸쓸하고 스산해 진다.

02. 국립경주박물관부터 소금강산까지 | ★★

황룡사 빈터에서 신라를 꿈꾸다

월성과 월지에서 동북쪽으로 동해남부선 철길을 넘으면 넓은 벌판을 만난다. 군데군데 건물이 있었음을 알려주는 주춧돌뿐인 텅 빈 들판이지만 이곳에 그 옛날 신라 제일의 사찰이었던 황룡사가 자리했었다. 아무런 사전 지식 없이 찾아가는 이에게는 넓기만 한 빈터지만 착실하게 준비하고 간 모범생이라면 많은 것을 볼 수 있는 곳이다.

황룡사터를 지나 원효와 자장 두 스님의 체취가 남아 있는 분황사를 들른 후 북천을 건너면 신라 제41대 임금인 헌덕왕의 유택이다. 소금강산 기슭에서 신라 제4대 임금 탈해왕릉을 만나 보고 소금강산 속살을 파고들면서 사면석불이 절터를 지키고 있는 굴불사터를 찾아본다. 산길을 올라 만나는 백률사는 불교 공인을 위해서 순교한 이차돈과 관련 있는 절이다.

여행 정보

- 경주 시내에서 11, 600, 601, 602, 603, 604, 605, 607, 608, 609번 버스를 타면 국립경주박물관 앞에서 내릴 수 있다. 차를 가져간다면 박물관 주차장에 세워두면 좋다.
- 마치는 곳인 우방아파트 입구 버스 정류장에서 70번 버스를 타면 경주 시내로 갈 수 있고 시청 버스 정류장에서는 60번 버스를 타고 경주 시내 북쪽으로 갈 수 있다.
- 음식점과 매점은 분황사 입구, 헌덕왕릉 부근, 탈해왕릉 부근, 백률사 입구에 있다. 화장실도 각 답사처에 있다.

8.1km, 2시간 40분

❶ 국립경주박물관
박물관 네거리로 나와서 그대로 길을 건너 도로 표지판의 분황사 방향으로 간다. 동해남부선 철길을 건너 조금 가면 오른쪽에 황룡사터 표지판이 있다. 오른쪽으로 들어가서 돌담 앞에서 오른쪽으로 돌담을 따라간다. 돌담이 끝나는 곳에서 왼쪽으로 가면 감나무가 있고 오른쪽에는 석재들을 모아 놓은 곳인데 그곳에서 왼쪽의 넓은 벌판이 황룡사터다.
그대로 진행하여 절터 끝까지 가면 오른쪽으로 미탄사터 삼층석탑이 보인다. 논둑과 밭둑을 지나 삼층석탑 방향으로 간다.

1.8km

고선사터 삼층석탑

❷ 미탄사터 삼층석탑
다시 황룡사터로 나온다. 넓은 벌판 안으로 들어가면 목탑 자리나 금당 자리를 볼 수 있다.

0.5km

❸ 황룡사터
황룡사터에서 분황사 방향인 북쪽으로 가다 보면 왼쪽 들판에 당간지주가 있다.

0.4km

황룡사터

박물관 뜨락에서 만나는 기쁨

외지 사람이 모처럼 큰맘 먹고 경주를 찾았다면 가고 싶은 곳이 많을 것이다. 여러 날의 일정으로 왔더라도 시간이 부족하기는 매한가지다. 경주는 며칠 동안 다 볼 수 있는 곳이 아니기 때문이다. 그러나 경주에 온 이상 시간이 부족하더라도 국립경주박물관만큼은 꼭 찾아야 하는데 박물관마저도 찬찬히 돌아보려면 한나절로도 모자란다. 전시실의 유물 말고도 박물관 마당에 관람객의 눈길을 기다리는 유물이 많기 때문이다.

그중에 고선사터 삼층석탑이 있다. 박물관 뒤편에 멀찌감치 떨어져 있어서 찾는 사람이 많지 않지만 이 탑이 신라 탑의 역사에서 차지하는 비중은 그렇게 가볍지 않다.

경주 보문단지에서 4번 국도를 따라 감포 쪽으로 가다 보면 덕동호를 만난다. 이 덕동호 물속에 원효대사가 주지 스님으로 계셨다는 고선사터가 잠겨 있다. 박물관 뒤편의 삼층석탑은 바로 이 옛 절터에서 옮겨 온 것이다. 비록 제자리를 잃고 박물관 한 귀퉁이에 있지만 대지에 굳건히 뿌리내린 채 서 있는 장중하고 우람한 모습은 보는 이를 압도한다. 동해의 문무왕릉으로 가는 길에 볼 수 있는 감은사터 동·서 삼층석탑과 더불어 신라 삼층석탑의 초기 양식을 잘 보여 주는 귀한 탑이다.

미탄사터 삼층석탑은 찾는 사람이 별로 없어 너른 벌판을 홀로 지키고 있다.

들판에 홀로 외로운 삼층석탑

황룡사터 남쪽, 논들이 죽 펼쳐져 있는 곳에 외로워 보이는 석탑 하나가 홀로 들판을 지키고 있다. 예전에 미탄사가 있던 곳이어서 미탄사터 삼층석탑이라고 부르지만 탑 주변이 모두 논이어서 아무리 둘러봐도 절의 흔적은 찾아볼 수 없다. 멀리서 보면 들판에 탑 하나만 삐쭉하게 서 있어서 자그마한 탑으로 보이지만 막상 가까이 가보면 높이가 6미터나 되니 그렇게 작은 탑은 아니다. 1980년에 주변 논에 흩어져 있던 부재들을 모아 복원했는데 유실된 부재가 많아서 새로 다듬어 끼운 곳도 많다. 이러한 이유로 문화재로 지정되지는 않았으나 전체적으로 당당하고 잘생겼다. 탑을 찾아가는 길이 따로 없어 논두렁 밭두렁을 따라 조심스럽게 걸음을 옮겨야 하는 불편은 있지만 탑 앞에 서면 그 보상은 충분히 받는다.

넓디넓은 빈터에서 꾸는 꿈

미탄사터 삼층석탑을 둘러보고 나오다 보면 황룡사터에서 발굴된 석재들을 한 군데 모아 놓은 곳이 있다. 그 곁에 감나무가 한 그루 있는데 그쯤에 서서 황룡사터를 바라보면 딱 한 가지 생각뿐이다. '참 넓다.' 휑하니 넓은 절터에 집을 하나씩 지어 보자. 하얀 도화지에 그림을 그리듯 빈 들판을 하나씩 채워 보는 것이다. 절터도 닦고 금당도 짓고 또 법당 안에 모실 부처님도 만들고 높이가 80미터나 되는 구층 목탑도 세워 보자. 역사 속에서는 93년이라는 기나긴 시간이 걸렸지만 상상 속에서는 차 한잔 마실 시간이면 족하다.

❹ **구황동 당간지주**
당간지주를 지나서 조금 더 가면 분황사 매표소다.

0.3km

구황동 당간지주

❺ **분황사**
매표소를 등지고 오른쪽으로 간다. 주차장 앞 큰길에서 오른쪽으로 조금 가면 세거리다. 가던 길이 오른쪽으로 간다. 250m 정도 가면 구황네거리인데 왼쪽으로 가서 구황교를 건넌다. 다리가 끝나면 가던 방향으로 길을 건너 조금 더 가서 오른쪽으로 횡단보도를 건너면 상리마을 입구다. 마을길로 들어간다.
첫 번째 만나는 갈림길에서 오른쪽으로 가는데 길가 표지판의 '심가네장어' 방향이다. '심가네장어' 뒤편 갈림길에서 왼쪽으로 간다. 천신암 표지판이 있는 작은 오거리에서 가던 길 방향으로 가는데 왼쪽부터 두 번째 길이다. 골목을 빠져나가면 들판 건너편에 솔숲이 보이고 솔숲 안에 헌덕왕릉이 있다.

1.6km

❻ **헌덕왕릉**
헌덕왕릉 상석 앞에서 능을 반시계 방향으로 90도 정도 돌아가서 오른쪽으로 숲을 빠져나간다. 농로를 따라가서 길을 만나면 왼쪽으로 간다. 다시 큰길을 만나는데 왼쪽으로 간다. 이후 1.2km 정도는 똑바로 가는데 세 번째 네거리를 지나면 오른쪽에 숭신전이 있다.

1.5km

❼ **숭신전**
숭신전에서 가던 길로 100m 정도 가면 오른쪽에 탈해왕릉이 있다.

0.1km

숭신전

진흥왕 14년(553), 이곳에 새로운 궁궐을 짓기 시작했는데 갑자기 황룡이 나타났다고 한다. 하늘의 계시라고 생각한 임금은 궁궐 대신 절을 지었다. 17년 만에야 공사를 마쳤고 절 이름은 황룡사가 되었다. 그 뒤 574년에 인도의 아소카왕이 보낸 금 3만 근과 철 5만 7천 근으로 5미터 높이의 장륙삼존불상을 만들었다. 그리고 이 부처를 모실 금당을 짓는데 이때가 진평왕 6년(584)이었다. 선덕여왕 12년(643)에는 당나라에서 유학하고 돌아온 자장스님의 권유로 외적의 침입을 막기 위해 구층 목탑을 짓는데 백제의 장인인 아비지의 주관으로 645년에 완공하였다. 높이가 무려 80미터에 달하는 이 목탑의 각 층은 주변의 적국을 상징하는 것이었다고 한다. 또 황룡사의 종루에는 경덕왕 13년(754)에 구리 50만 근을 들여 만든 우리나라에서 가장 큰 종이 있었다는데 성덕대왕신종보다 17년이나 먼저 만들어졌고 크기도 네 배나 컸다고 한다.

황룡사터에서 분황사로 가는 중간의 들판은 유채꽃밭이다. 봄이면 노란 유채꽃이 온 들판을 덮는데 월성 앞에 피는 유채꽃과 쌍벽을 이룬다. 유채꽃밭 가운데에 거북이가 받치고 있는 단아한 구황동 당간지주가 있다. 절에 행사나 의식이 있을 때 사찰 입구에 내거는 깃발을 당이라고 하는데 이 당을 매달기 위한 기다란 장대를 당간이라고 하고 당간을 양쪽에서 지

분황사 모전석탑은 돌을 벽돌처럼 다듬어 쌓았으며 현존하는 신라 석탑 가운데 가장 나이가 많다.

탱해 주는 돌기둥을 당간지주라고 한다. 깃대인 당간은 보통 나무로 만들기에 세월이 지나면 없어지지만 당간지주는 돌로 만들기 때문에 후세까지 남아 있는 것이다. 이곳의 당간지주가 어느 절의 것인지 확실하지는 않지만 근처에 있는 분황사의 당간지주로 여긴다.

향기로운 임금의 절

선덕여왕 3년(634)에 건립된 분황사는 '향기로운 임금님의 절'이라는 이름에서 선덕여왕을 위한 절이었음을 알 수 있다. 지금이야 약사여래불을 모신 보광전과 석탑 한 기뿐인 조촐한 절이지만 당시에는 규모가 훨씬 컸을 것이다. 원효와 자장 두 스님도 이곳을 거쳐 갔는데 절 마당에 원효 스님을 기리는 비석 받침 하나가 남아 옛이야기를 전한다.

지금 분황사에서 당시의 영화를 증언하는 것은 모전석탑이다. 흙으로 벽돌을 구워 쌓은 탑을 전탑, 돌을 벽돌처럼 다듬어 쌓은 탑을 모전석탑이라고 한다. 현존하는 신라 석탑 가운데 나이가 가장 많고 창건 당시에는 칠층이나 구층이었을 것으로 추측하지만 지금은 삼층만 남아 있다. 지금도 석탑의 기단 네 귀퉁이에는 사자와 물개들이, 일층 네 면에는 인왕들이 엄중하게 불법을 수호하고 있어 삿된 것들이 범접할 틈을 주지 않는다. 석탑 옆에는 팔각형 우물이 하나 있다. 세 마리의 용이 물고기로 변했다는 전설이 있는 삼룡변어정이다. 신라 시대에 만든 우물이라니 천 년도 훨씬 전에 만들어졌다는 이야기인데 아직도 사용이 가능하다고 한다.

0.1km

⑧ 탈해왕릉
탈해왕릉을 바라보면서 왼쪽으로 100m 정도 가면 표암이다. 표암 뒤편 절벽으로 올라가면 비각이 있다. 탈해왕릉과 표암 사이의 등산로를 따라 백률사까지 갈 수 있는데 이정표상 거리는 1.5km다.

⑨ 표암
표암을 등지고 오른쪽을 보면 작은 돌다리가 있다. 돌다리를 건너서 찻길을 따라 오른쪽으로 간다. 380m 정도 진행하면 세거리인데 가던 길의 왼쪽 길로 간다. 다시 200m 정도 가면 주차장이다. 주차장 오른쪽의 산길을 따라 조금 올라가면 굴불사터 석불이 있다.

0.8km

표암

⑩ 굴불사터 석불
굴불사터 석불 앞에서 계속 산길을 따라 계단을 올라가면 백률사다.

0.2km

⑪ 백률사
백률사에서 올라왔던 길을 따라 백률사 삼거리 큰길까지 내려온다. 길을 건너 시청, 경찰서 방향으로 가는데 작은 네거리를 세 개 지나면 오른쪽에 우방아파트입구 버스 정류장이 있다. 계속 진행해서 작은 네거리 하나를 지나고 조금 더 가면 시청네거리다. 여기서 길을 건너서 가던 길로 조금 더 가거나 왼쪽으로 조금 가면 경주시청 버스 정류장이 있다.

0.8km

백률사

● 경주시청 버스 정류장

왕릉 순례하기

분황사를 돌아 나온 걸음은 북천을 건너 북쪽의 소금강산으로 이어진다. 덕동호와 보문호를 거쳐 형산강으로 흘러드는 냇물이 북천이다. 이 북천이 소금강산 남쪽 들판을 돌아 나가는 곳에는 신라 제41대 임금인 헌덕왕(재위 809~826)의 유택이 있다. 북천을 건너고 마을 골목길을 돌아서 농로를 따라가면 들판 가운데 복스러운 솔숲이 있고 그 숲 안에 무덤이 있다. 헌덕왕의 재위 기간에는 나라 정세가 혼란하고 소란스러웠다지만 지금 그가 잠들어 있는 곳은 찾는 사람들이 별로 없어 조용하고 한갓지다.

한갓진 솔숲을 떠나 소금강산으로 향한다. 들판이 끝나면서 소금강산이 시작되는 산자락에 숭신전과 탈해왕릉이 있다. 숭신전은 신라의 3성 시조 임금(박·석·김)을 모신 사당으로 조선 시대 말에 세워졌다. 원래는 월성 안에 있었지만 1980년에 월성 안의 민가를 철거할 때 지금의 자리로 옮겨졌다고 한다. 숭신전 옆 산자락 솔숲에는 신라 제4대 임금이자 석씨의 시조인 탈해왕이 잠들어 있다. 탈해왕과 관련하여 《삼국사기》에는 이러한 이야기가 전한다.

왜국에서 동북쪽으로 천리쯤 떨어져 있는 다파나국의 왕비가 알을 낳았는데 상서롭지 못하다 하여 보물과 함께 궤짝에 넣어 바다로 띄워 보냈다. 처음에는 금관

헌덕왕의 잠자리 뒤로는 소금강산이 자리하고 앞으로는 북천이 흐른다.

국에 닿았으나 아무도 거두지 않았고 다시 진한의 아진포에 닿았는데 한 노인이 거두어 키웠다. 궤짝이 닿을 때 까치가 따라와 울었다고 해서 까치 작(鵲) 자에서 조(鳥)를 뗀 석(昔)을 성으로 삼고 아이가 궤짝을 풀고 나왔기에 이름을 탈해(脫解)라 지었다고 한다.

탈해왕릉 바로 옆에 있는 절벽 바위가 신라 건국의 산실이라고 할 수 있는 표암이다. 표암이란 밝은 바위를 뜻한다. 신라 여섯 촌 가운데 알천 양산촌의 시조인 이알평이 이 바위에 내려와 세상을 밝혔다 하여 표암이 되었다고 전해진다. 기원전 69년에 진한의 여섯 촌장이 이곳에 모여 회의를 열고 신라 건국을 의결했고, 그 후 기원전 57년에 신라가 건국되었으니 표암이야말로 신라 건국의 모태인 셈이다.

향화 끊이지 않는 사방부처

소금강산은 높이가 150미터 정도밖에 되지 않는 야트막한 산이지만 신라인들은 북악으로 부르며 성스러운 산으로 여겼다. 금강산처럼 아름다운 작은 산이라서 소금강산이라고 부른다는데 이 소금강산 기슭에 굴불사터가 있다.

신라 제35대 경덕왕 때의 일이다. 하루는 경덕왕이 백률사로 오르려고 이 근처를 지나는데 땅속에서 염불 소리가 들려왔다. 이상히 여긴 임금이 땅을 파보게 했는데 땅속에서 커다란 바위가 나왔고 그 바위 네 면에 부처를 새기고 절을 지어 굴불사라고 했다는 이야기가 전한다. 그 부처바위가 지금도 절터에 있다. 동서남북 네 면에 불상을 새긴 사방불의 형태로 동쪽에는 약사여래불, 서쪽에는 아미타여래불, 남쪽에는 석가모니불, 북쪽에는 미륵불을 새겨 놓았다. 언제 가도 무엇인가를 간절히 비는 사람들이 끊이지 않는 것을 보면 이곳 부처님이 중생들의 하소연을 잘 들어 주시나 보다.

소금강산 속에 자리한 소박한 절집

사방부처를 뒤로 하고 본격적으로 산길을 오른다. 제법 경사가 급한 산길이라 쉬지 않고 오르다 보면 숨이 턱에 차는데 그때쯤 앞에 보이는 아담한 절이 백률사다. 백률사의 정확한 창건 연대는 알려져 있지 않으나 이차돈의 순교와 관련한 이야기가 전한다.

신라 제23대 법흥왕 14년(527), 신라에 불교를 전파하기 위해 애썼던 이차돈이 마지막으로 택한 방법은 순교였다. 이차돈의 목을 쳤는데 그의 목이 흰 피를 뿜으며 허공으로 한 길이나 솟구쳤다가 떨어진 곳이 북악이었다. 바로 그 자리에 자추사라는 절을 세워 이차돈의 명복을 빌었는데 자추사라는 이름이 언제부터인가 백률사로 바뀌었다는 이야기다. 예전 모습은 알 수 없지만 지금의 백률사는 경내에 대웅전, 삼성각, 종각, 요사채가 전부일 정도로 소박하고 작다. 대웅전 앞에 있는 바위를 잘 살펴보면 삼층석탑이 새겨져 있는데 대웅전 마당이 협소하여 탑을 세울 자리가 없자 바위에 탑을 조성했다고 한다.

대웅전보다 한단 위에 있는 삼성각 뒤로 난 길을 따라 올라가면 소금강산 정상으로 갈 수 있고 정상 조금 못미처 마애삼존불이 있다. 기왕에 여기까지 왔다면 정상까지 올라야 한다. 경주 시내와 남산을 한눈에 볼 수 있기 때문이다. 아예 전망이 좋은 곳에 자리 잡고 편하게 앉아 오늘 내내 걸어 왔던 곳을 반추해 본다. 산그늘이 짙어지고 저 건너 서쪽으로 태양이 돌아앉으면 경주 시내에 불이 들어오기 시작한다. 그러면 어둠이 내리기 시작하는 소금강산을 떠날 시간이다. 저기 저 세상 속으로…….

굴불사터 석불 모습. 바위 네 면에 부처를 새기는 것은 사방 정토를 상징하는 것이라고 한다.

신문왕릉 곁의 소나무는 시립하고 서 있는 신하의 모습이다.

03. 망덕사터부터 신문왕릉까지 | ★★

낭산이 품은 신라를 만나다

경주의 남산과 명활산 사이 너른 벌판에 마치 누에고치처럼 남북으로 길쭉하게 자리 잡은 나지막한 구릉이 있다. 100미터가 조금 넘어 산이라고 부르기에도 무엇하지만 '낭산(狼山)'이 가지는 의미는 그리 간단치 않다. 신라 실성왕 12년(413)부터 신성한 곳으로 여기며 나무 한 그루라도 함부로 베지 못하게 했던 성역이었고 불교의 성스러운 산으로, 왕실의 안녕과 복을 기원하는 장소로 보호 받았다.

길 하나로 이웃한 사천왕사터와 망덕사터, 보문들판을 사이에 두고 마주한 진평왕과 선덕여왕의 무덤, 낭산 기슭에서 천년을 우뚝 서 있는 황복사터 삼층석탑, 절은 무너졌지만 남아 있는 석물이 답사객을 즐겁게 하는 보문사터, 왕릉의 위엄을 보여 주는 신문왕릉 등 낭산은 이렇게 천년 신라를 품에 안고 있다.

여행 정보

- 출발 지점인 남산입구 버스 정류장까지는 경주 시내에서 11, 600, 601, 602, 603, 604, 605, 606, 607, 608, 609번 버스를 타면 된다. 차를 가져간다면 국립경주박물관 주차장에 세워 두고 버스로 이동하면 좋다.
- 도착 지점인 신문왕릉 앞에서 버스를 타면 시내로 들어갈 수 있고 7번 국도를 건너서 버스를 타면 불국사, 괘릉, 외동 방향으로 갈 수 있다. 양쪽 모두 600, 601, 602, 603, 604, 605, 606, 607, 608, 609번 버스가 있다.
- 매점이나 음식점이 거의 없으므로 간식이나 식수는 미리 준비하는 것이 좋다. 보문회관 옆에 작은 가게가 있다. 화장실은 진평왕릉, 신문왕릉 앞에 있다.

코스 연계

- 마치는 곳인 신문왕릉은 4코스의 시작하는 지점이다.

9.8km, 3시간

① 남산입구 버스 정류장

0.7km

남산입구 버스 정류장에서 버스가 가던 방향으로 200m 정도 가면 건너편에 사천왕사터가 있는 세거리이다. 오른쪽 화랑교육원 방향으로 간다. 세거리부터 170m 정도 가면 왼쪽에 논으로 내려가는 농로가 있다. 농로 끝까지 가서 오른쪽으로 논둑을 따라가면 숲 안에 당간지주가 있고 당간지주 뒤쪽이 망덕사터다.

② 망덕사터

망덕사터에서 당간지주 쪽으로 나온 방향 그대로 논둑길을 따라 나오면 남천 둑길이고 그곳에 장사, 벌지지를 알리는 표석이 있다.

0.2km

망덕사터

③ 장사 · 벌지지

0.7km

남천을 바라보면서 오른쪽으로 나오면 왼쪽에 화랑교가 있다. 오른쪽으로 사천왕사터세거리까지 가고 오른쪽 횡단보도로 길을 건너면 왼쪽에 사천왕사터가 있다.

④ 사천왕사터

사천왕사터를 등지고 왼쪽으로 마을길을 따라 간다. 철길 아래를 지나면 왼쪽에 작은 시멘트 다리가 있는 네거리다. 왼쪽으로 다리를 건너 120m 정도 올라가면 작은 세거리다. 오른쪽 숲길로 접어들어 계속 가면 선덕여왕릉이다.

0.8km

사천왕사터 당간지주

낭산 들판의 무너진 절터

낭산의 남쪽 기슭 들판에 무너진 절터가 하나 있다. 길 하나를 사이에 두고 있는 사천왕사의 이름에 눌려서인지는 몰라도 크게 주목받지 못하는 망덕사터다. 논으로 둘러싸인 절터에는 건물터와 목탑터가 남아 있고 조금 떨어진 솔숲에는 듬직한 당간지주가 남아 있지만 답사객의 발걸음은 사천왕사터 부근에만 머물기 일쑤다. 그 옛날 망덕사를 세운 목적이 건너편의 사천왕사를 당나라에게 감추기 위해서였다니 절터만 남은 지금도 뒷전으로 나앉아 있는 것일까?

망덕사터에서 논길을 걸어 남천 둑 위로 나가면 듬직한 자연석에 '長沙 伐知旨'라고 새겨져 있다. 신라의 충신 박제상은 고구려에 인질로 잡혀간 왕의 동생을 구해 오지만 또 다른 임무를 받아 떠나야 했다. 절망에 빠진 그의 아내가 남쪽의 모래벌에 기다랗게 누워 통곡했는데 그 후로 그 모래벌을 장사(長沙)라 하고 다리가 움직이지 않아 일어나지 못했다 하여 이곳 지명이 벌지지(伐知旨)가 되었다는 애절한 사연이 깃들어 있다.

신라의 호국 사찰 사천왕사

망덕사터 쪽에서 낭산 쪽으로 길을 건너면 사천왕사터다. 사천왕사는 당나라의 침공에 대비하기 위한 신라인의 호국 의지가 만들어 낸 절이다. 입구에는 당간

장사와 벌지지. 박제상을 왜국으로 떠나 보낸 아내가 목 놓아 통곡하던 곳이라고 한다.

지주가 하나 남아 있고 절터에는 목이 잘려 나갔지만 남아 있는 몸통만으로도 훌륭한 거북 모양의 비 받침인 귀부가 둘이나 있다. 또 사천왕사에는 향가 〈도솔가〉와 〈제망매가〉로 유명한 월명 스님의 자취도 남아 있다. 피리를 무척 잘 불던 월명 스님이 달밤에 피리를 불면 하늘의 달조차 멈출 정도였다고 한다. 그러나 일제 강점기에 건설된 동해남부선 철길이 절터를 반으로 가르고 지나는데다 절터 앞으로 난 길이 차량 통행이 아주 많은 7번 국도라 폐사지의 호젓한 맛은 없다.

수미산 꼭대기에 잠든 여왕

사천왕사터 뒤로 낭산의 속살을 파고든다. 소나무가 빽빽하게 자란 솔숲은 그늘이 하도 좋아 한낮이라도 어스레하다. 이곳 소나무들은 늘씬늘씬하게 자란 금강미인송도 아니고 아름드리 거목도 아니다. 고만고만하게 뒤틀려 자란데다 그나마 영양 상태도 좋지 않아 보이지만 늙고 굽은 소나무가 선산을 지킨다는 말처럼 이 낭산을 지켜 주고 있음이 고맙다.

숲길 저 앞으로 소나무 숲이 훤해지는 곳에 특별할 것은 없지만, 뗏장이 곱게 입혀진 듬직한 흙무덤이 있다. 선덕여왕(재위 632~647)이 잠들어 있는 곳이다. 선덕여왕은 아들이 없었던 진평왕(재위 579~632)의 큰딸이었고 신라 최초의 여왕이었다. 백제의 무왕과 선화공주 사이의 전설대로라면 선덕여왕은 선화공주의 큰언니 즉 백제 무왕의 처형이 되는 셈이다. 선덕여왕이 이곳에 잠들게 된 것은 "내가 죽으면 도리천에 묻으라"는 여왕의 유언 때문이

❺ 선덕여왕릉

선덕여왕릉 뒤로 난 솔숲 길을 따라 간다. 180m 정도 가면 갈림길인데 왼쪽으로 간다. 다시 200m 정도 내려가면 선덕여왕릉 표지판이 있는 세거리다. 왼쪽으로 100m 정도 가면 능지탑이다.

0.5km

선덕여왕릉

❻ 능지탑

능지탑 뒤쪽으로 마을길을 따라 300m 정도 들어가면 중생사다.

0.3km

능지탑

❼ 중생사

능지탑 입구로 나와서 능지탑을 등지고 왼쪽으로 간다. 선덕여왕릉 입구를 지나 언덕을 넘어 약사암 입구 갈림길에서 왼쪽으로 가는데 200m 정도 가면 농로 네거리다. 왼쪽으로 마을을 향해 간다. 190m 정도 가면 갈림길이고 왼쪽으로 산기슭을 따라 간다.
다시 400m 정도 가면 마을 입구 갈림길인데 오른쪽으로 간다. 이내 갈림길에서 왼쪽으로 100m 정도 가면 황복사터 삼층석탑이 있다.

1.5km

❽ 황복사터 삼층석탑

삼층석탑 앞에서 12시 방향으로 들판을 건너보면 진평왕릉이 보인다. 추수가 끝난 뒤라면 진평왕릉 방향으로 논둑길을 따라갈 수 있다. 석탑을 등지고 오른쪽으로 150m 정도 가면 넓은 농로 갈림길이고 오른쪽으로 800m 정도 가면 진평왕릉 입구다.

1.1km

라고 전한다. 도리천이란 불교에서 말하는 수미산 꼭대기고 사천왕 위에 있는 부처님의 나라라서 유언을 들은 신하들은 어리둥절했는데 여왕이 낭산이 바로 도리천이라고 일러 주어 이곳에 여왕을 모셨다는 것이다. 낭산에 장사 지낸 지 32년 뒤에 여왕의 유택 바로 아래에 사천왕사가 지어졌는데 사람들은 그제야 여왕의 신통력을 알았다고 한다.

탑이 아닌 듯한 능지탑

부산과 포항을 잇는 동해남부선은 낭산의 발치를 돌아간다. '첫배반'이라고 부르는 동네의 마을길을 따라 동해남부선 철길을 건너면 소나무 두어 그루가 호위하고 있는 능지탑이 있다. 안내판에 능지탑이라고 쓰여 있으니 탑이려니 짐작할 뿐 아무리 둘러봐도 우리가 아는 탑과는 거리가 한참 멀다. 원래는 십이지신상이 새겨진 기단 위에 오층석탑이 있었다는데 현재의 모습에서 원형을 추정하는 것은 상상력이 최대로 발휘되어야 가능하다. 주변에 선덕여왕릉과 신문왕릉 그리고 사천왕사터가 이웃하고 있고 능지탑 주변에서 문무왕릉비의 일부가 발견된 것으로 미루어 문무왕의 화장터였을 것으로도 추정한다. 언제나 찾는 사람이 별로 없어 조용하고 고즈넉하지만 탑 주변의 널찍한 공터는 동네 사람들의 가을걷이를 말리는 장소로도 제격이라 늦가을 이

황복사터 삼층석탑 앞 보문들판을 건너면 진평왕릉이 있다.

곳은 제법 분주해진다.

능지탑에서 마을길을 따라가면 길이 끝나는 곳에 중생사라는 작은 절이 있다. 대웅전 왼쪽에 있는 바위 면에는 마애지장삼존불이 새겨져 있다. 마모가 심하지만 가운데의 마애지장보살상은 모자를 쓴 피모지장보살로 아주 희귀한 유물이다.

벌판 향해 우뚝 선 삼층석탑

능지탑에서 다시 언덕을 넘어 보문들판을 향한다. 산기슭을 에둘러 농로를 따라가는 기분 좋은 걸음이다. 왼쪽은 낭산 자락이고 오른쪽은 너른 들판이다. 걷는 길 앞으로 마을이 보이고 저만치 마을 어귀쯤에 석탑이 삐죽하게 보이면 마음은 급해지고 발걸음도 덩달아 빨라진다. 석탑 앞에 선다. 보문들판을 배경으로 우뚝한 삼층석탑이 당당하다. 탑 주변에서는 건물의 주춧돌이나 석물, 기와 조각들을 어렵지 않게 찾아볼 수 있다. 황복사라는 절이 있었던 것으로 추정되므로 이곳의 석탑을 황복사터 삼층석탑으로 부른다. 신라 신문왕이 세상을 떠나자 아들인 효소왕이 아버지의 명복을 빌기 위해 세웠다는 기록이 있어 탑의 나이와 건립 목적을 확실하게 알 수 있다.

달빛 비친 임금님의 잠자리는 다른 세상이다

황복사터 삼층석탑 앞에서 보문들판을 건너면 몇 그루 나무들로 둘러싸인 무덤이 보인다. 선덕여왕의 아버지인 진평왕

❾ 진평왕릉

진평왕릉에서 주차장 쪽으로 작은 나무다리를 건너간다. 주차장 끝 네거리에서 똑바로 마을 안으로 들어가는데 중간의 좌우 마을길은 무시하고 가던 길로 계속 가면 보문회관 앞 갈림길이다. 왼쪽으로 80m 가면 왼쪽에 설총묘다.

0.6km

진평왕릉

❿ 전홍유후설총묘

설총묘 앞에서 가던 길로 조금 가면 볼록거울이 있는 네거리인데 오른쪽으로 간다. 골목을 빠져나가 갈림길을 만나면 왼쪽으로 가는데 100m 정도 가면 작은 네거리. 왼쪽의 좁은 마을길로 수로를 따라 간다. 중간의 마을길은 무시하고 220m 정도 가면 전봇대에 덕용암 표지판이 있는 작은 네거리다.
오른쪽으로 수로를 건너면 찻길 네거리인데 똑바로 길을 건너 보문동 연화문 당간지주 이정표 방향을 따라간다. 100m 정도 가면 네거리인데 오른쪽으로 80m 들어가면 연화문 당간지주가 있다. 다시 네거리로 돌아 나와 수로를 따라 똑바로 간다.
100m 정도 가면 갈림길인데 오른쪽 넓은 길로 간다. 140m 정도 가서 왼쪽으로 조금 가면 석조가 있다. 다시 석조 입구로 나와 왼쪽으로 30m 가면 갈림길인데 왼쪽으로 100m 정도 가면 보문사터의 금당 자리가 있다. 다시 입구로 나와 왼쪽으로 170m 정도 가면 보문사터 당간지주가 있다.

1.5km

전홍유후설총묘

의 유택이다. 황복사터 삼층석탑 앞에서 자동차도 다닐 수 있는 넓은 시멘트 농로를 따라가면 된다. 그러나 앞으로 보이는 들판이 가을걷이가 끝난 늦가을부터 이른 봄철 모내기를 준비하는 무논이 되기 전이라면 석탑 앞에서 진평왕릉 쪽으로 방향을 정하고 그대로 논둑길을 따라가도 좋다. 아니 원래 그렇게 가야 제맛이다. 1킬로미터가 채 안되지만 행복한 길이다. 특히 이른 봄 이곳 논둑에는 솜방망이가 지천으로 피어난다. 보송보송한 솜털을 품은 노란 꽃은 나그네의 걸음을 자꾸만 붙잡아 맨다.

논이 끝나면 늙은 나무들이 호위하고 있는 진평왕릉이다. 왕의 유택은 그 흔한 장식 하나 없이 조촐하지만 초라하지는 않다. 소박하지만 주위와 어울린 모습에서 왕릉의 위엄을 본다. 큰딸 선덕여왕이 잠들어 있는 낭산도 바로 눈앞이다. 소리쳐 부르면 들릴 것도 같다. 1천 300년을 훨씬 넘도록 마주 보면서 부녀는 무슨 말을 주고받을까? 사실 이 보문들판은 해거름에 오거나 둥근 보름달 아래에 찾아야 제격이다. 저녁 해가 낭산 너머로 자취를 감추며 들녘이 어둑해져 갈 무렵이거나 무덤 위로 달이 휘영청 올라올 무렵에 찾으면 임금은 감추어 두었던 자신의 잠자리를 아낌없이 보여 준다. 그렇지만 외지인이 쉽게 만날 수 있는 풍경이 아니니 인연이 닿을 날을 기다려 볼밖에.

보문들판 주변 답사는 걸어서 하는 것이 제격이다.

다시 보문들판을 향하여

진평왕릉을 지나 보문마을 안으로 들어가면 마을회관 옆에 정갈하게 정비된 무덤이 한 기 있다. 무심히 지나치기 쉬운 이곳은 원효 스님과 요석공주 사이에서 태어난 신라 시대의 학자 설총의 묘다. 보존 상태가 좋은 묘 앞에는 상석 하나만 있을 뿐 다른 석물은 없다.

다시 마을을 벗어나 보문들판을 향해 걷는다. 마을 앞 들판은 보문이라는 글씨가 새겨져 있는 기와 조각의 발견으로 보문사라는 절이 있었을 것으로 추정된다. 농로와 수로를 따라가다 보면 몇 가지 석물을 만날 수 있다. 연꽃 한 송이가 활짝 피어난 연화문 당간지주는 다른 곳에서는 좀처럼 보기 힘든 석물이다. 또한 큼지막한 화강암을 통으로 파낸 듬직한 석조, 금당터와 목탑터의 초석, 한쪽의 지주가 부러지기는 했어도 여전히 날렵한 모습을 간직하고 있는 소박한 당간지주들이 절터 여기저기에 흩어져 있다.

임금님 유택 찾아보기

시멘트 농로를 따라 7번 국도를 향해 걷는다. 농로가 끝나고 마을이 시작되는 곳 앞쪽의 언덕 자락을 보면 대나무를 잘라 울타리를 삼은 널찍한 마당에 한옥 몇 채가 그림처럼 앉아 있다. '수오재'라는 이름의 이 한옥들은 경주를 사랑하고 우리의 문화유산을 아끼는 분이 사라질 위기에 있던 옛 가옥들을 이곳으로 옮겨 다시 태어나게 한 것이다. 수오재 뒤편 아늑하게 솔 숲으로 둘러싸인 곳에 효공왕릉이 있다. 무덤 아래쪽에 무덤을 보호하기 위해 쌓

⓫ 보문사터

당간지주를 등지고 왼쪽으로 70m 정도 가면 농로 갈림길이다. 오른쪽으로 120m 정도 가서 파란색 축사가 있는 갈림길에서 왼쪽으로 간다. 340m 정도 가면 다시 갈림길이다. 오른쪽으로 간다. 수오재라는 한옥을 지나면 효공왕릉 표지판이 있는 갈림길이고 오른쪽으로 100m 정도 들어가면 효공왕릉이다.

0.8km

보문사터 연화문 당간지주

⓬ 효공왕릉

다시 입구로 돌아 나와서 오른쪽으로 간다. 150m 지점 볼록거울이 있는 갈림길에서 왼쪽으로 간다. 60m 가면 갈림길이고 오른쪽으로 간다. 110m 정도 가면 세거리인데 왼쪽으로 작은 다리를 건너서 오른쪽으로 큰길을 향해 간다. 동해남부선 철길 아래의 굴다리를 지나 계속 가면 7번 국도다. 7번 국도를 만나 오른쪽으로 270m 정도 가면 신문왕릉이다.

1.0km

효공왕릉

⓭ 신문왕릉

신문왕릉 앞에서 왼쪽으로 조금 가면 능마을 버스 정류장이 있다. 이곳에서 버스를 타면 시내로 갈 수 있다. 7번 국도 건너편 버스 정류장에서 타면 불국사, 외동 방면으로 갈 수 있다.

0.1km

● 신문왕릉 버스 정류장

았던 호석 몇 개만 남아 있을 뿐 아무런 장식 없이 조촐하다.

마을길을 따라 큰길로 나선다. 7번 국도와 동해남부선 철길 사이에 신문왕릉이 있다. 능역으로 들어서면 훌쩍 자란 소나무 몇 그루가 호위 신장인 양 능침을 지키고 있는데 평지에 조성된 능이라서 사철 어느 때라도 햇볕이 좋다.

신라 제31대 신문왕(재위 681~692)은 고구려를 멸망시킨 문무왕의 큰아들로 왕위에 오른 후 왕권 강화에 힘을 기울였다. 아버지 문무왕이 시작한 감은사의 불사를 마무리 짓기도 했고 문무왕의 화신인 동해 용으로부터 만파식적이라는 신물(神物)을 받기도 했다. 능은 둘레를 빙 둘러 메줏덩이 모양의 돌로 다섯 단의 축대를 쌓고 그 석축을 지탱하고 보호하기 위해 44개의 삼각형 받침돌을 세워 놓았다. 이러한 형식은 십이지신상을 새긴 호석이 나타나기 이전의 형식이라고 한다. 차량 통행이 아주 많은 길가에 있지만 능역 안으로 들어가 보면 생각보다 차분하고 한갓지다. 특히 능침을 향해 고개를 갸웃하게 숙이고 있는 소나무는 마치 임금 옆에서 시립하고 있는 신하의 모습이어서 왕릉의 위엄에 마침표를 찍는다. 그러나 이 능을 효소왕릉으로 보는 견해도 있다.

연꽃 한 송이가 활짝 피어 있는 보문사터 연화문 당간지주.

이 코스는 동해남부선 철길 주변 마을을 순례하는 길이기도 하다.

04. 동해남부선 철길 주변의 왕릉들 | ★★

기찻길 따라 만나는 임금님의 만년유택

부산광역시 부산진구와 경상북도 포항을 잇는 철도가 동해남부선이다. 일제 강점기에 완공된 후로 숱한 사연을 실어 날랐을 철도다. 시내를 빠져나온 철길은 동궁과 월지 뒤를 돌아 낭산 앞을 지나서 명활산 자락을 따라가는데 기찻길 옆에는 신라 임금들의 무덤이 있다. 능침 옆 소나무가 인상적인 신문왕릉, 푸른 대숲에 둘러싸여 있는 신무왕릉, 소나무 숲을 사이에 두고 형제간에 나란히 자리한 효소왕릉과 성덕왕릉, 누구의 무덤인지 알 수 없지만 신라 유일의 네모 무덤인 구정동방형분 등 모두 동해남부선을 따라가며 만날 수 있다.

드문드문일망정 아직은 기차가 지나다니지만 동해남부선이 복선 전철로 완공되면 이곳 기찻길은 할 일을 잃게 된다. 그때가 되면 무덤의 주인들은 조용해서 좋다고 하실까 아니면 심심하다고 하실까?

여행 정보

- 경주 시내에서 600, 601, 602, 603, 604, 605, 607, 608, 609번 버스를 타면 신문왕릉 버스 정류장에서 내릴 수 있다. 차를 가져간다면 신문왕릉 앞 주차장에 세우면 된다.
- 한국광고영상박물관 앞에서 600, 601, 603, 604, 605, 607, 608, 609번 버스를 타면 구정동방형분, 불국사, 괘릉 방향으로 갈 수 있고, 신문왕릉을 거쳐 국립경주박물관과 시내 방향으로 갈 수도 있다. 10번 버스는 경주 시내, 11번 버스는 불국사로 간다.
- 코아루아파트 부근에 음식점과 매점이 있다. 도지마을 안에도 음식점이 하나 있다. 화장실은 신문왕릉, 코아루아파트, 한국광고영상박물관에 있다.

코스 연계

- 도착 지점인 구정동방형분은 17코스의 출발 지점이다.

7.5km, 2시간 30분

0.3km

❶ **신문왕릉 버스 정류장**
경주 시내에서 버스를 타고 신문왕릉 버스 정류장에서 내린다. 7번 국도를 건너 왼쪽으로 가면 신문왕릉이다.

1.8km

❷ **신문왕릉**
신문왕릉 입구에서 능을 등지고 왼쪽으로 간다. 700m 정도 가면 왼쪽에 장골마을 표석이 있다. 마을길로 들어가서 동해남부선 철길을 넘는다. 첫 번째 갈림길에서 오른쪽으로 수로를 따라간다.
이어 만나는 갈림길에서 오른쪽, 다음 갈림길에서도 오른쪽으로 마을을 빠져나간다. 이후 농로를 따라가다 대숲이 있는 갈림길에서 수로를 건너 오른쪽으로 간다. 곧 만나는 갈림길에서 왼쪽 시멘트 길로 가고 다음 갈림길에서 오른쪽으로 조금 내려가면 오른쪽에 신무왕릉이 있다.

1.1km

❸ **신무왕릉**
신무왕릉을 등지고 오른쪽으로 간다. 볼록거울이 있는 갈림길에서 왼쪽의 계단으로 올라가서 앞으로 쭉 뻗은 넓은 길로 똑바로 간다. 네거리를 지나 계속 가면 상가가 있는 어긋난 네거리다. 가던 길로 똑바로 간다. 이후 좌우의 갈림길은 무시하고 800m 정도 가면 코아루아파트 정문이다.

1.9km

❹ **코아루아파트**
아파트 정문을 보고 오른쪽으로 간다. 아파트 담장을 따라 아파트 끝 115동까지 가면 갈림길인데 좁은 오른쪽 길로 간다. 철길 굴다리 앞 네거리에서 왼쪽으로, 이어 만나는 갈림길에서 오른쪽으로 간다.
이후 두 번의 갈림길에서 모두 오른쪽으로 가고 두 번째 철길 굴다리 앞 갈림길에서 왼쪽으로 간다. 수로와 같이 가다가 대숲이 끝나면 갈림길이다. 오른쪽으로 수로를 건너간다. 180m 정도 가서 만나는 갈림길에서 오른쪽으로 이어 만나는 갈림길에서는 왼쪽으로 간다.
120m 정도 가서 만나는 갈림길에서 왼쪽으로 가고 이어서 만나는 갈림길에서는 오른쪽으로 간다. 숲길을 빠져나가면 갈림길인데 오른쪽으로 간다. 다음 갈림길에서 똑바로 가는 왼쪽으로, 앞으로 지붕이 보이는 갈림길에서 오른쪽으로 간다. 200m 남짓 더 가면 갈림길인데 오른쪽에 도지마을회관이 있다.

마을 안에 자리한 소박한 무덤

조용하고 한갓진 신문왕 능역(3코스 56쪽 참조)을 한 바퀴 돌아 나와 동해남부선 기찻길을 따라가는 왕릉 순례를 시작한다. 신문왕릉에서 신무왕릉으로 가는 가장 간단한 길은 7번 국도를 따라가는 것이다. 찻길과 나란히 가지만 인도가 있어서 위험하지는 않다. 게다가 길가의 가로수가 모두 벚나무여서 때를 맞춘다면 벚꽃의 화사함은 봄날의 특별한 선물이 된다. 그러나 이 길은 단점이 있다. 7번 국도의 차량 통행량이 많아서 너무 시끄럽다. 호젓한 답사 걷기는 어렵다는 이야기다. 그래서 마을길로 둘러 간다. 조용한 장골마을을 지나면 마을 한가운데에 폭 파묻혀 있는 신무왕릉이 있다.

신라 제45대 신무왕(재위 839)은 임금이 되기까지 파란만장한 삶을 살았다. 청해진 대사 장보고의 도움으로 민애왕을 시해하고 우여곡절 끝에 왕위에 올랐지만 허무하게도 즉위한 지 3개월 만에 세상을 떠난다. 신무왕릉은 다른 능들과는 달리 마을 안의 살림집들 사이에 있고 민가에 둘러싸인 무덤답게 능침 좌우에 푸른 대숲이 우거져 있어 또 다른 느낌이다. 그러나 무덤 자체는 별다른 특징이 없고 이렇다 할 석물도 없어 왕릉의 느낌이 강하지는 않다. 능역 안에는 커다란 상수리나무가 한 그루 자라고 있다. 커다랗고 실한 나무답게 가을이면 도토리를 지천으로 떨어

신무왕릉은 마을 한가운데 숲 속에 폭 싸여 있어 다른 능과는 분위기가 다르다.

뜨린다. 왕릉을 지키며 사는 다람쥐의 한 겨울 양식으로 문제없겠다.

솔숲에 사이좋게 누운 형제 임금

형제 임금인 32대 효소왕(재위 692~702)과 33대 성덕왕(재위 702~737)의 유택을 찾아가는 길은 조금 복잡하다. 7번 국도를 따라가면 간단한데 그래서는 답사 걷기의 의미가 퇴색된다. 역시 마을길을 따라가는데 신식 아파트 단지도 지나고 그림처럼 고운 예쁜 마을도 지난다. 이정표가 있는 것이 아니어서 길 찾는 수고로움이 있지만 이리저리 마을길을 돌아가는 걸음이 나쁘지 않다.

동해남부선 철길을 건넌 솔숲에 효소왕릉과 성덕왕릉이 있다. 두 사람 모두 신문왕의 아들로 효소왕이 형이다. 숲으로 들어가서 먼저 만나는 능이 효소왕릉이고 성덕왕릉은 거기서 안으로 조금 더 들어가야 한다. 효소왕릉은 소박한 흙무덤으로 아무런 장식이 없어 왕릉의 위엄은 없다. 아버지 신문왕이 동해의 용으로부터 만파식적을 받아 서라벌로 돌아올 때 함월산 기림사까지 마중을 갔다는 이야기가 전해 온다.

효소왕릉을 뒤로하고 오솔길을 따라 조금 더 들어가면 성덕왕릉이다. 친형인 효소왕이 아들 없이 세상을 떠나자 뒤를 이어 왕위에 올랐다. 능역은 솔숲에 싸여 있는데 효소왕릉과는 달리 격식을 갖춘 석물들이 있어 왕릉의 위엄을 보여 준다.

능 앞 조금 떨어진 곳에는 능비를 세웠던 거북받침돌인 귀부가 목도 부러지고 이리저리 깨진 채 남아 있다. 성덕왕의 명복

❺ **도지마을회관**
마을회관 앞 갈림길에서 가던 길인 왼쪽 길로 간다. 이후 좌우의 마을길은 무시하고 가던 길로 마을을 빠져나가서 작은 다리를 건너면 갈림길이다. 오른쪽 청룡사 쪽으로 가는데 청룡사를 지나면 다시 갈림길이다. 굴다리가 보이는 오른쪽 길로 가서 굴다리 앞 갈림길에서 왼쪽으로 간다. 이정표상 효소왕릉·성덕왕릉 방향이다. 이어 만나는 갈림길에서는 가던 길인 오른쪽으로 가고 굴다리 앞에서 마을 안쪽으로 돌아가는 길을 따라간다.
축사가 끝나는 곳의 갈림길에서 오른쪽으로 가고 이어서 숲 앞의 작은 네거리에서는 가던 방향으로 작은 다리를 건너 똑바로 숲 안으로 들어간다. 숲길을 빠져나가면 오른쪽에는 효소왕릉, 왼쪽으로 조금 가면 성덕왕릉이 있다. 성덕왕릉 앞 논 가운데에 성덕왕릉 귀부가 있다.

1.4km

❻ **효소왕릉·성덕왕릉**
왔던 길을 거슬러서 축사를 지나고 마을 입구 굴다리를 통과해서 조금 더 나오면 오른쪽에 한국광고영상박물관 주차장이 있다. 주차장을 지나 7번 국도로 나오면 왼쪽에 시내로 갈 수 있는 버스 정류장이 있고 오른쪽의 건널목을 건너면 구정동방형분, 불국사, 외동 방면으로 갈 수 있는 버스 정류장이 있다.
효소왕릉을 보면서 왼쪽으로 가면 동해남부선 철길이다. 철길을 건너면 바로 한국광고영상박물관 버스 정류장이지만 기차가 다니므로 위험하다. 신규 동해남부선이 개통되면 그때는 철길을 넘을 수 있을 것이다.

1.0km

효소왕릉

❼ **한국광고영상박물관**
박물관 앞에서 600, 601, 603, 604, 605, 607, 608, 609번 버스를 타면 구정동방형분까지 간다. 걸어서 간다면 박물관을 등지고 왼쪽으로 7번 국도를 따라 2.1km 정도 가면 왼쪽에 구정동방형분이 있다.

2.1km

● **구정동방형분**

을 빌기 위해 아들 경덕왕이 만든 성덕대왕신종은 현재 국립경주박물관 마당에 있다(1코스 28쪽 참조).

베일에 싸인 네모 무덤

동해남부선 불국사역 건너편에 수수께끼 같은 네모 무덤이 있다. 네모 무덤은 흔한 무덤 양식은 아니다. 고구려나 백제에는 네모 무덤이 여럿 있지만 신라의 경우에는 이곳 구정동 산자락에 있는 무덤이 유일하다고 한다. 어찌 흔치 않은 네모 무덤이 여기에 있을까? 누구의 무덤인데 네모로 만들었을까? 아무리 궁금해도 답을 줄 수 있는 사람은 아직 없다. 현재까지는 밝혀진 것은 아무것도 없고 다만 무덤 주위에 십이지신상이 조각된 호석이 있어 통일신라 말기의 최고 귀족층 무덤으로 추정할 뿐이다.

이럴 때 필요한 것이 상상력이다. 신라가 백제와 고구려를 멸망시킨 후, 백제나 고구려 왕족 중에서 신라에 귀화한 인물이 있었는데 능력이 뛰어나서 신라 왕실에 공헌했고, 그가 죽자 고향의 무덤 양식을 차용했던 것은 아닐까? 상상은 자유니까.

성덕왕릉의 비석을 지고 있던 거북받침인데 이리저리 수난을 당했다(위).
신라 유일의 네모 무덤인 구정동방형분이다(아래).

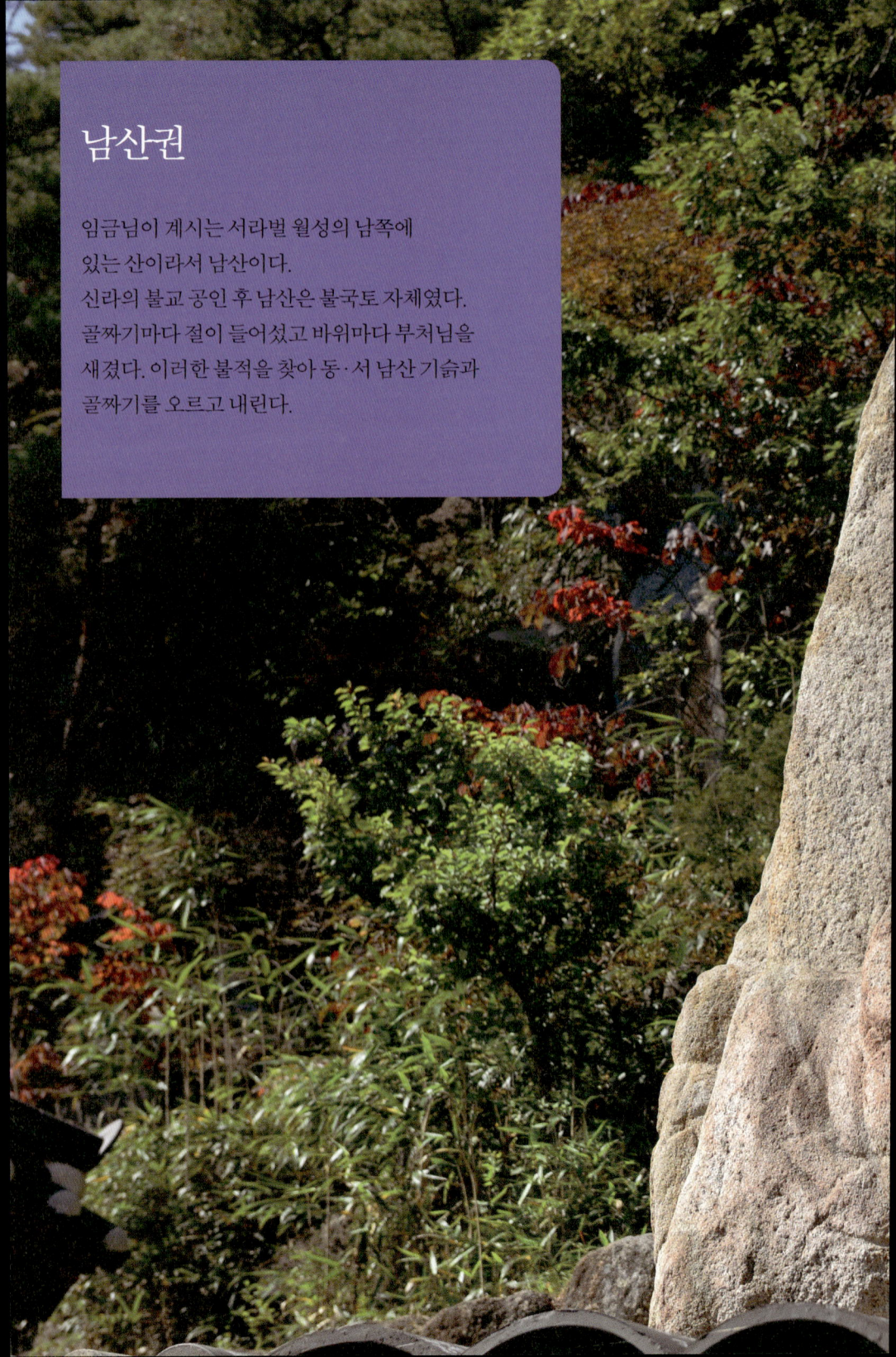

남산권

임금님이 계시는 서라벌 월성의 남쪽에
있는 산이라서 남산이다.
신라의 불교 공인 후 남산은 불국토 자체였다.
골짜기마다 절이 들어섰고 바위마다 부처님을
새겼다. 이러한 불적을 찾아 동·서 남산 기슭과
골짜기를 오르고 내린다.

남산 불곡 마애여래좌상이 정식 이름이지만 친근함을 담아 아지매부처 또는 할매부처로 부른다.

05. 동남산 기슭을 따라서 | ★★★
고개 갸웃이 숙인 고운 미소의 아지매부처

임금님이 계시는 서라벌의 궁궐 남쪽에 있는 산이라서 남산이고 궁궐의 남쪽을 흐르는 냇물이라서 남천이라고 했다. 남천은 남산 동쪽 면의 계곡물을 받아서 흐르기에 남천과 동남산 기슭은 동행을 한다.
남천을 거슬러 가며 만나는 남산의 동쪽 기슭에는 남산에서 가장 오래된 부처님도 계시고 남산에서 가장 잘생기고 고운 부처님도 계신다. 그런가 하면 커다란 바위 면에 부처며 탑이며 보살 등을 새겨 놓은 부처바위도 있고 골짜기 하나를 사이에 두고 나란히 잠든 형제 왕릉도 있다. 월성과 남산을 이어 주던 춘양교 터, 비운의 천재였던 고운 최치원이 임금에게 올릴 글을 썼다는 상서장도 남산 기슭에서 만날 수 있다.

여행 정보

- 시내에서 11, 600, 601, 602, 603, 604, 605, 607, 608, 609번 버스를 타면 출발 지점인 국립경주박물관 앞에서 내린다. 차를 가져간다면 박물관 주차장에 세워 두면 된다.
- 도착 지점인 통일전 버스 정류장에서 10번 버스를 타면 국립경주박물관, 경주 시내, 경주고속버스터미널로 갈 수 있고 11번 버스를 타면 불국사관광단지 쪽으로 갈 수 있다.
- 음식점과 매점은 박물관과 통일전 부근에 있다. 화장실은 박물관, 상서장, 남산 불곡 마애여래좌상 입구, 보리사, 경상북도산림환경연구원 주차장, 통일전 주차장에 있다.

코스 연계

- 마치는 지점인 통일전은 6, 7코스의 출발 지점이자 도착 지점이고 10코스의 마치는 지점이다.

7.7km, 2시간 50분

① 국립경주박물관
0.5km
박물관 정문을 등지고 왼쪽으로 계단을 내려가서 왼쪽으로 간다. 박물관 담장을 따라 월성교를 건너면 왼쪽 공터에 '동남산 가는 길' 종합안내판이 있다. 이후 중요한 갈림길에는 이정표가 있다. 골목 안으로 들어가서 120m 정도 가면 왼쪽에 작은 절이 있는 세거리다. 왼쪽으로 물가까지 나가면 춘양교터다.

② 춘양교터
0.6km
세거리로 돌아 나와 왼쪽으로 160m 정도 가면 다시 세거리인데 똑바로 가는 왼쪽 길로 간다. 50m 정도 가면 마을 안의 갈림길인데 왼쪽 길로 간다. 남천 냇물과 나란히 가는 길을 따라 고가도로 아래를 지나면 옹암사라는 절이 있는 세거리다. 오른쪽으로 급격히 꺾이는 길을 따라 올라가면 왼쪽 언덕에 상서장이 있다.

③ 상서장
1.2km
옹암사 세거리로 내려와 오른쪽으로 간다. 남천을 따라가는데 해맞이마을 버스 정류장을 지나면 이정표가 있는 작은 네거리다. 오른쪽으로 가는데 중간의 농로는 무시하고 가던 길로 남산 기슭으로 간다.
산길 입구에 이정표가 있다. 산길을 따라 능선으로 올라서면 갈림길인데 이정표상 왼쪽의 남산 불곡 마애여래좌상 방향이다. 잠깐 산길을 따르다가 계단 중간에서 왼쪽으로 들어가면 남산 불곡 마애여래좌상이 있다.

④ 남산 불곡 마애여래좌상(남산 감실부처)
1.1km
계단으로 돌아와 내려간다. 산길을 다 내려가면 큰길을 만나는데 오른쪽으로 간다. 탑골마을 입구 갈림길에서 오른쪽으로 가면 이정표가 있다. 이후 계곡을 따라가면 옥룡암 입구 갈림길을 만나는데 똑바로 가는 오른쪽 길로 간다. 계곡을 따라 조금 더 가서 오른쪽 다리를 건너면 옥룡암 대웅전이고 왼쪽으로 조금 올라가면 남산 탑곡 마애불상군이다.

남산 감실부처

고운이 꿈꾸던 세상은 어떤 것이었을까

국립경주박물관 담장을 따라 후문 앞을 지나면 남천에 월성교라는 작은 다리가 걸려 있다. 이 다리에서 물이 흘러오는 상류를 보면 춘양교터의 흔적을 찾을 수 있지만 이곳이 처음인 사람에게는 쉽게 눈에 들어오지 않는다. 동네 길을 돌아 작은 암자를 지나 물가로 나가면 다리가 있었던 흔적을 찾을 수 있다(11코스 113쪽 참조). 춘양교터를 돌아 나와 남산으로 향한다. 남천을 따라 마을을 빠져나가면 이내 남산의 북쪽 기슭이고 그곳에 비운의 천재 고운 최치원의 흔적이 남아 있는 상서장이 있다. 고운은 신라 6두품 집안 출신이었다. 엄격한 골품제 사회였던 신라에서

고운은 상서장에서 나라를 경영할 큰 뜻을 담은 글을 써서 임금님께 바쳤을 것이다.

아무리 능력이 뛰어나도 출세에 한계가 있었던 6두품들은 당나라로 유학을 많이 떠났다. 최치원 역시 12살의 어린 나이에 당나라로 유학을 떠났다. 당으로 건너가 18살에 과거급제는 물론 벼슬까지 살았던 그가 고국으로 돌아왔을 때는 아마도 커다란 뜻을 품었을 것이다. 그러나 꿈에도 그리던 고국의 현실은 원대한 포부를 펴기에는 너무 어지러웠다. 저물어 가는 나라가 으레 그렇듯 시대를 앞서가는 사람의 의견은 받아들여지지 않았으리라. 세상일에 실망하고 상심한 고운이 선택한 길은 명산대천에 은둔하는 것이었고 신라는 그렇게 허물어져 갔다. 이곳 상서장은 고운이 임금에게 글을 올리던 장소라고 한다.

부처골의 아지매부처

다시 남천을 따르다가 해맞이마을의 농로를 지나 동남산 자락을 넘어간다. 부처님이 계신 곳이라서 골짜기 이름도 부처골이다. 험하지 않은 산길을 기분 좋게 걷다가 산죽이 무성하게 자란 숲으로 들어간다. 그곳에서 커다란 바위 한 면을 파내고 앉아 계신 미소가 고운 남산 불곡 마애여래좌상을 만날 수 있다. 보통은 남산 감실부처라고 부르는데 동그란 얼굴, 살짝 숙인 고개, 입가에 머금은 엷은 미소, 머리를 틀어 올린 것 같은 작은 육계 등은 영락없이 친숙하고 마음씨 좋은 동네 아주머니 모습이다. 세상일이 내 뜻대로 안 풀려 힘들 때 앞에 앉아 온갖 투정과 푸념을 하더라도 모두 받아 줄 것만 같다. 그래서 이

❺ 남산 탑곡 마애불상군(남산 부처바위)

옥룡암 입구 갈림길로 돌아 내려와 오른쪽으로 간다. 마을길을 지나서 농로 시멘트 길을 만나면 오른쪽으로 간다. 200m 가면 갈림길인데 오른쪽으로 간다.
다시 180m쯤 가면 보리사입구 네거리다. 바닥에 박석이 깔린 오른쪽의 언덕길로 올라가면 주차장이 있고 주차장 끝 왼쪽에 이정표와 함께 숲으로 들어가는 산길이 있다. 산길로 들어서서 제법 가파른 산길을 따라 150m 정도 올라가면 보리사 마애석불이 있다.

1.2km

남산 부처바위

❻ 보리사 마애석불

다시 주차장으로 내려와 왼쪽 보리사 경내로 올라간다. 경내로 들어가 왼쪽 삼성각 쪽으로 올라가면 보리사 석불좌상이다.

0.3km

보리사 마애석불

부처님을 아지매부처니 할미부처니 하고 부르는 것인가 보다. 또 이 부처님은 남산의 여러 부처님 중 나이가 제일 많다. 부처님을 가만히 보고 있으면 무어라 말을 건네는 것 같은데 범부의 귀로는 들을 수 없으니 그냥 조용히 합장하고 산길을 내려간다.

바위에 빼곡히 그려 낸 완벽한 부처님 나라

부처골 입구에서 남천을 따라 300미터 정도 가면 다시 골짜기 입구다. 탑이 있는 골짜기라서 탑골이라고 부르는데 골짜기를 흘러내리는 계곡물을 따라 상류로 거슬러 올라간다. 나무숲 그늘이 좋아 걷기에도 그만이다. 어렵지 않은 산길을 오르다 보면 계곡 오른쪽 산자락에 옥룡암이라는 절이 있고 안양교라는 작은 시멘트 다리가 계류 위에 걸려 있다. 안양은 극락의 다른 말이니 부처님 나라로 건너는 다리 이름으로는 제격이다.

작지만 아기자기한 경내를 돌아 커다란 바위 앞에 선다. 고개를 있는 대로 젖혀야 한눈에 담을 수 있는 커다란 바위다. 정식 명칭은 남산 탑곡 마애불상군이지만 보통은 그냥 편하게 부처바위라고 부른다. 둘레 30미터, 높이 9미터 정도 되는 바위 네 면에 탑, 부처, 비천, 보살, 승려, 사자 등의 모습을 빼곡하게 담아 완벽한 불국토를 베풀어 놓았다. 특히 북면에 새겨진

낭산과 남산 사이 배반들판의 층층 논에도 가을이 깊숙이 들어왔다.

탑은 지금은 하나도 남아 있지 않은 신라 목탑의 형상이라고 하는데 황룡사 구층목탑의 원형으로 본다. 바위 주변을 오르내리며 열심히 살펴보지만 아쉽게도 마모된 부분이 많아 무엇이 무엇인지 짐작조차 못하는 경우도 있다. 그래도 상상력을 최대한 동원해 보자. 내 마음대로 그려본 부처님 나라를.

아이처럼 웃는 부처

마을길을 따라 보리사로 향한다. 보리사로 오르는 길은 언덕길이다. 그러나 사철 싱그러운 푸른 대숲이 반기고 거무스레한 박석이 깔린 기분 좋은 곳이라 걷기에 힘들지는 않다. 보리사 경내로 들어서기 전에 왼쪽 숲 속으로 들어간다. 찾는 사람이 별로 없어 산길은 희미하지만 길을 놓칠 정도는 아니다. 경사가 급한 산길을 기어오르면 바위에 자그마한 부처님이 계신다. 통통한 두 볼 한가득 웃음기를 머금은 모습에서 천진무구한 어린아이를 본다. 숲길 입구에 작은 표지판이 하나 있을 뿐이라서 일삼아 찾는 사람이 아니라면 이곳에 이리도 귀엽고 앙증맞은 부처님이 계신 줄 모른다.

부처님 앞에서 그분의 시선을 좇아간다. 배반들판 건너편으로 선덕여왕이 잠들어 있는 낭산이 보이고 낭산 자락의 사천왕사터며 망덕사터가 한눈에 잡힌다. 신라의 충신 박제상과 그의 아내 사이의 애절한 사연이 깃들어 있는 벌지지도 눈앞에 있다(3코스 50쪽 참조).

남산 제일의 고운 부처

비구니들이 가행정진하고 있는 보리사 경내로 오른다. 보리사의 연혁은 신라까지 거슬러 올라가지만 현재의 전각은 근래의 것들이다. 부지런한 스님들이 구석구석 쓸고 닦아 언제나 정갈한 마당을 지난다.

삼성각 쪽으로 올라가면 남산에 있는 신라 시대의 석불 가운데 가장 완벽하게 보존되어 있는 보리사 석불좌상을 만날 수 있다. 정식 명칭은 남산 미륵곡 석조여래좌상이다. 화려한 연화 대좌 위에 듬직하게 앉아 계신 이 부처님은 자비, 단아, 미려 같은 말들을 모두 더한 모습이다. 곱슬머리 나발에 반듯한 이마, 가늘고 긴 아미, 오뚝한 코, 신비한 미소가 감도는 입까지 어디 하나 모자람이 없다. 손 모양은 오른손을 무릎 위에 올려놓은 채 손끝이 아래로 향하고 왼손은 배 부분에 대고 있는 항마촉지인이다. 부처님을 뒤에서 장식하고 있는 광배 뒷면에는 가느다란 선으로 모든 질병을 구제한다는 약사여래불을 새겨 놓았다. 약사여래가 동방정유리정토의 부처이므로 앞에 앉아 계신 부처는 서방극락정토의 아미타여래로 본다.

태평성대 이루어 낸 임금의 유택

보리사 아랫동네를 갯마을이라고 부른다. 산기슭에 자리한 동네 이름이 갯마을이라니……. 그러나 이상할 것은 없다. 마

---

❼ 보리사 석불좌상
2.0km

보리사입구 네거리로 내려와서 똑바로 간다. 이정표상 경상북도산림환경연구원 방향이다. 마을길을 빠져나와 보리사입구 버스 정류장이 있는 곳까지 가면 네거리 조금 못미쳐 오른쪽으로 작은 다리가 있고 이정표가 있다.
다리를 건너서 숲길을 따라 경상북도산림환경연구원과 화랑교육원 앞을 지나간다. 화랑교육원 앞에서 500m 정도 가면 오른쪽에 헌강왕릉 표지판과 함께 숲으로 들어가는 오솔길이 있는데 140m 정도 들어가면 헌강왕릉이다.

❽ 헌강왕릉
0.4km

헌강왕릉 정면에서 능을 등지고 2시 방향에 솔숲으로 이어지는 오솔길이 있고 이정표가 있다. 이 오솔길을 따라가면 정강왕릉이다.

헌강왕릉

❾ 정강왕릉
0.4km

정강왕릉을 등지면 앞으로는 큰길에서 올라오는 솔숲 오솔길이 있다. 그 오솔길로 내려가서 찻길을 만나 오른쪽으로 200m 정도 가면 통일전 정문이다. 통일전 정문 앞에 버스 정류장이 있다.

정강왕릉

● 통일전 버스 정류장

보리사 석불좌상. 서방극락정토를 주재한다는 아미타여래인데 수인은 항마촉지인이다.

을 앞의 남천은 오늘날에는 물이 졸졸 흐르는 실개천 수준이지만 예전에는 이곳까지 나룻배가 들어왔고 그래서 마을 이름도 여태껏 갯마을로 불린다.

경주의 왕릉이 대부분 그렇듯 헌강왕릉으로 가는 오솔길도 소나무 숲길이다. 이리저리 구부러지고 뒤틀려 자란 소나무는 목재로써의 소용은 없지만 숲길에 운치를 더하는 데는 그만이다. 운치 있는 길 끝에 소박하지만 단아한 헌강왕릉이 있다. 제49대 헌강왕(재위 875~886) 시절의 신라는 태평성대였다. 백성의 집이라도 지붕을 기와로 덮었고 밥을 짓는데도 나무를 쓰지 않고 숯을 썼으며 거리마다 노랫소리가 가득했다고 전해진다. 한마디로 등 따습고 배불렀다는 이야기다.

형 헌강왕의 유택에서 동생 정강왕의 유택으로 가는 길은 큰길을 버리고 숲속 오솔길을 따라가야 한다. 헌강왕릉에서 소나무 숲 사이로 난 호젓한 길을 따라 작은 개울 두 개를 넘으면 정강왕릉이다. 동생의 유택도 형의 유택과 닮았지만 형이 11년간 재위했던 것에 비해 동생은 단 1년을 재위했을 뿐이다.

형제의 무덤이 있는 곳은 어쩌다 답사객들만 찾아오는지라 늘 조용하다. 차가 다니는 큰길에서 100미터 조금 더 들어왔을 뿐인데 마치 깊숙한 숲에라도 들어온 느낌이다. 사철 언제라도 좋지만 능침 주변으로 연분홍 진달래가 드문드문 피어나고 따스한 햇살이 숲을 뚫고 들어오는 봄이 제일 윗길이다.

허공에 떠 있다는 남산 부석으로 신라 팔괴 중 하나로 꼽는다.

06. 동남산 국사골과 지바위골 | ★★★★

허공에 걸린 바위와 애절한 사랑 바위

남산은 편의상 동남산과 서남산으로 나눈다. 서남산 쪽은 등산로가 산기슭을 따라 여럿이지만 동남산 쪽은 대부분 통일전에서 시작한다. 연못가의 배롱나무가 예쁜 서출지와 동서로 나란히 놓인 아름다운 쌍탑 남산동 동·서 삼층석탑을 찾아보고 나면 본격적으로 동남산 탐방이다.

남산순환도로를 잠깐 따르다가 오른쪽 계곡 국사골로 들어선다. 옛 절터에 놓인 삼층석탑과 눈맞춤하고 계속 산을 오른다. 금오정 전망대에서 눈 호사를 한 뒤 애절한 사랑 바위인 상사바위를 찾아보고, 사자바위와 팔각정터를 지나면 허공에 떠 있다는 남산 부석과 만난다. 지바위골(지암곡)로 접어들면 남산 부석을 가장 아름답게 바라볼 수 있는 탁자바위가 있다. 하산 길에서 지바위골 마애불과 바위를 기단 삼은 삼층석탑을 만나고 나면 다시 출발 지점인 통일전이다.

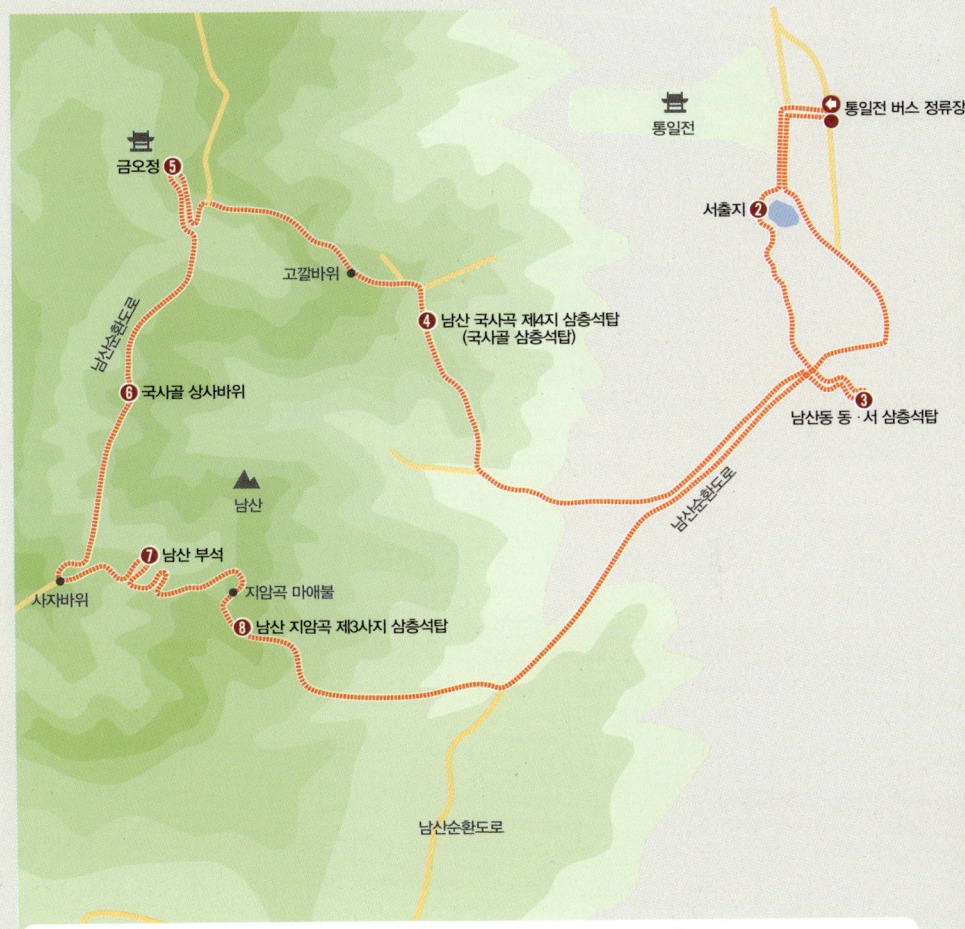

여행 정보

- 일부 구간을 제외하면 등산 수준이다.
- 경주 시내에서 출발 지점인 통일전까지 가려면 11번 버스를 탄다. 차를 가져갈 경우 통일전 앞 주차장에 세우면 된다.
- 걷기를 마친 후에는 시작할 때 내렸던 버스 정류장 건너편에서 10번 버스를 타면 국립경주박물관, 경주 시내, 고속버스터미널로 갈 수 있다. 시작할 때 내렸던 버스 정류장에서 11번 버스를 타면 불국사관광단지 쪽으로 간다.
- 음식점과 매점은 통일전 부근에만 있어 간식과 마실 물은 준비해야 한다. 화장실은 통일전, 금오정, 남산 지킴터가 있는 국사골 탐방로 입구에서 남산순환도로를 따라 120m 정도 올라가면 있다.

코스 연계

- 통일전은 7코스의 출발 지점이고 5, 7, 10코스의 도착 지점이다.

7km, 3시간

① 통일전 버스 정류장
통일전 정문을 등지고 오른쪽으로 간다. 화장실 앞을 지나 나무들이 우거져 있는 곳으로 똑바로 가면 서출지다.

0.2km

② 서출지
서출지를 바라보면서 오른쪽으로 서출지를 감싸고 돌아간다. 무량사 앞을 지나면 세거리다. 똑바로 가는 왼쪽 길로 작은 다리를 건너가면 할머니손국수가 있는 네거리다.
개울을 건너면 오른쪽 모퉁이에 남산휴게소가 있는 네거리다. 똑바로 길을 건너 남산5길 방향으로 간다. 다시 40m 정도 가면 세거리고 왼쪽 길로 골목을 빠져나가면 남산동 동·서 삼층석탑이 있다.

0.6km

③ 남산동 동·서 삼층석탑
남산휴게소 네거리로 돌아 나와 왼쪽으로 간다. 남산 지킴터를 지나고 조금 더 가면 공원 지킴터다. 지킴터 앞 등산로 갈림길인데 오른쪽으로 간다. 이정표상 금오봉, 팔각정터 방향이다.
지킴터 갈림길부터 약 300m 정도 가면 다시 갈림길인데 이정표상 남산 국사곡 제4사지 삼층석탑 방향인 오른쪽으로 계곡을 건너 산으로 오른다. 경사가 있는 산길을 올라 숲을 빠져나가면 언덕 위에 삼층석탑이 있다. 갈림길부터 400m 정도이다.

1.2km

남산동 동·서 삼층석탑

글이 나온 못

통일전을 지나 늙은 나무들이 만든 숲 그늘로 들어가면 연잎이 가득한 못을 만난다. '글이 나온 못'이라는 뜻의 서출지(書出池)다. 둑 위에는 배롱나무며 소나무가 운치 있게 자라고 연못 가장자리에는 기품 있는 정자가 있다. 서출지에는 신라 제21대 임금 소지왕(재위 479~500)이 연못에서 나온 노인이 건네준 글 덕분에 자신을 해하려는 음모를 막았다는 전설이 전해 온다. 시해 음모를 꾸몄던 사람은 궁주와 중이었다는데 이를 두고 불교가 공인되기 전, 신라의 민간신앙과 새로운 종교인 불교의 갈등을 이야기하는 것으로 풀이하기도 한다. 신라의 불교 공인은 제23대 법흥왕(재위 514~540) 때 이루어졌다.
여름이 다 가도록 쉼 없이 꽃을 피워 내는 서출지의 연꽃도 곱지만 석 달 열흘 동안 붉디붉은 꽃송이가 달리는 둑 위의 배롱나무들은 서출지의 보물이다.

예쁜 석탑이 있는 동네, 탑마을

연못 가장자리에서 물에 발을 담그고 있는 고운 건물은 '이요당'이라는 정자다. 조선 현종 시절인 1664년에 임적이 세웠다. 늘 문이 닫혀 있어 둘러보지 못하는 아쉬움을 뒤로 하고 발걸음을 옮긴다. 무량사라는 작은 절에도 잠시 들러 본다. 담장을 타고 오른 담쟁이덩굴이며 호박꽃에도 눈을 주고 정겨운 토담을 따라 한갓진

여름 내내 못을 메웠던 연꽃도, 석 달 열흘 붉었던 배롱나무도 내년을 기약하는 서출지.

탑마을 골목길을 걷는다. 잘생긴 쌍탑이 있는 동네라서 마을 이름도 탑마을이다. 탑은 부처님의 무덤이다. 부처님이 열반에 든 후 다비하니 여섯 말 네 되의 사리가 나왔다. 이 사리를 여덟 등분해 안치했는데 그때의 구조물을 근본팔탑이라고 한다. 인도의 근본팔탑에서 비롯된 탑파는 불교와 더불어 우리나라에도 들어온다. 처음에는 중국으로부터 불교를 수용한 까닭에 황룡사 구층 목탑 같은 다층 목탑을 세웠다. 이후에도 목탑은 계속 만들었지만 불에 타기 쉬워 다른 재료를 찾았고 그 결과 나타난 것이 벽돌을 쌓아 만든 전탑과 돌을 다듬어 세운 석탑이었다. 이후 전탑은 벽돌을 굽기보다는 주변에서 쉽게 구할 수 있는 돌을 벽돌 모양으로 잘라 쌓는 형식으로 바뀌었는데 이런 형식을 모전석탑이라고 한다. 분황사의 모전석탑이 현재 우리나라에 남아 있는 가장 오래된 예다. 다른 한 가닥은 돌을 그대로 다듬어 탑을 세운 것인데 결국 이런 석탑 양식이 우리나라 탑의 주류를 이루었다.

동서로 나란히 놓인 남산동 동·서 삼층석탑은 생김새가 확연히 다르다. 동쪽의 탑은 모전석탑이고 서쪽의 탑은 전형적인 삼층석탑이다. 이처럼 한 쌍의 탑이 다른 양식으로 세워진 좋은 예가 불국사의 석가탑과 다보탑이다. 탑의 몸돌과 지붕돌을 받쳐 주는 부분이 기단부인데 동탑의 기단부도 쉽게 볼 수 있는 양식이 아니지만 서탑의 기단부는 조금 더 특별하다. 상층 기단의 한 면을 둘로 나누어서 모두 여덟 개의 자리를 만들고 그곳에 팔부신중을 새겼다. 팔부신중이란 불법을 수호하

④ 남산 국사곡 제4사지 삼층석탑 (국사골 삼층석탑)

석탑 뒤편 왼쪽의 금경사 길로 간다. 70m 정도 올라가면 갈림길인데 왼쪽의 금오봉 방향으로 간다. 산길을 다 빠져나가면 남산순환도로와 만나는 세거리인데 길가에 이정표가 있다. 이정표상 금오봉 방향인 왼쪽으로 간다. 50m 정도 가서 오른쪽으로 나 있는 길을 따라 바위를 타고 넘으면 금오정이다.

0.8km

남산 국사곡 제4사지 삼층석탑

⑤ 금오정

남산순환도로로 돌아 나와 오른쪽 금오봉 방향으로 간다. 350m 정도 가면 왼쪽에 국사골 상사바위로 들어가는 입구가 있다. 전망대 옆의 바위가 상사바위다.

0.5km

금오정

⑥ 국사골 상사바위

가던 길로 간다. 400m 정도 가면 왼쪽에 사자바위, 팔각정터, 남산 부석으로 가는 계단이 있고 이정표가 있다. 계단을 다 올라가서 왼쪽에 있는 바위가 사자바위다.
거기서 조금 더 가면 팔각정터가 있고 계속 경사가 급한 내리막길을 100m 남짓 내려가서 왼쪽으로 가면 남산 부석이 있다.

0.7km

는 여덟 종류의 신을 말한다. 이렇게 탑에 팔부신중을 새기는 형식은 신라 중기 이후에 등장하며 단순한 장식이 아니라 탑을 부처님의 세계인 수미산으로 나타내려는 신앙의 한 표현이다.

탑 주변의 널찍한 공터는 동네 가운데 있는 까닭에 콩이며 고추를 널어 말리는 장소로도 그만이다. 파란 하늘 아래 우뚝 솟은 탑과 붉은 고추가 어울린 모습은 한가롭고 평화로운 그림이다.

등산로에서 만나는 삼층석탑

남산순환도로를 따라 남산으로 오른다. 잠깐 너른 길을 따르던 걸음은 조붓한 산길로 접어든다. 국사를 많이 배출했다고 해서 국사골일까? 이름의 정확한 유래는 알 수 없지만 이곳에 그만큼 절집이 많았다는 반증일 것이다.

계곡을 따르다가 골짜기를 건너 산으로 오르는데 제법 경사가 있다. 가쁜 숨을 몰아쉬며 숲을 빠져나가면 앞이 훤하게 트이고 언덕 위에 삼층석탑이 보인다. 정식 명칭은 경주 남산 국사곡 제4사지 삼층석탑이다. 무너져 주변에 흩어져 있던 부재들을 수습해 2001년 말에 현재와 같은 모습으로 복원했다. 9세기 중반 이후에 제작된 통일신라 시대 석탑으로 추정되는데 제법 아물게 생겼다.

석탑을 뒤로 하고 계속 산 위로 오르면 고깔바위가 나온다. 고깔처럼 생겨서 고깔

얽힌 이야기는 애절해도 상사바위 전망대에서 보는 풍광은 평화롭고 아름답다.

바위라고 하는데 걷는 길에서 보면 그리 와 닿지는 않는다. 그래도 바위 위에 오르면 시야가 터지면서 지금껏 거쳐 온 곳들을 하나하나 가늠해 볼 수 있다. 물 한 모금으로 목을 축이고 마저 오르면 남산순환도로다.

애절한 사랑 바위

금오정은 남산 금오봉 북쪽 능선에 세운 정자 겸 전망대다. 전망대에 서면 서쪽과 북쪽으로 시야가 터진다. 정자 근처에는 소나무 여러 그루가 바위틈을 비집고 자라 있다. 이리저리 굽고 늙은 소나무에서 강인한 생명력을 본다. 금오정에서 금오봉으로 가는 능선에는 상사바위가 있다. 걷는 길에서는 잘 보이지 않아 조금 들어가야 하는데 별다른 이정표가 없어 자칫 놓치고 가기 십상이다. 국사골에 살던 할아버지와 피리라는 소녀와의 이룰 수 없는 사랑 이야기가 전해 온다.

허공에 걸린 바위

남산순환도로를 따라가던 걸음은 남산관광일주도로 준공비 앞에서 지바위골로 내려선다. 준공비를 이고 있는 바위가 사자바위라는데 아무리 뜯어봐도 사자를 닮은 구석이 없다. 준공비를 지나면 기단과 주춧돌만 남아 있는 팔각정터가 있다. 1960년대에 남산순환도로를 건설할 때 세운 정자인데 어느 해인가 벼락을 맞아 불타 버렸다고 한다. 정자는 없어졌어도 그곳에서 보는 경주 들판의 모습은 그때

❼ 남산 부석

계속 내려간다. 50m 정도 내려가면 근세 민불로 내려가는 갈림길인데 현재는 탐방로 보호를 위해 막혀 있다. 다시 20m 정도 내려가서 만나는 왼쪽의 커다란 바위가 탁자바위인데 이곳에서 남산 부석을 가장 아름답게 볼 수 있다.

계속 경사가 급한 산길을 내려가면 지바위골과 국사골 갈림길을 만나는데 오른쪽으로 간다. 이정표상 '통일전 주차장 2.3km, 지바위골' 방향이다.

이후 오른쪽으로 급격히 꺾이는 길로 내려가면 왼쪽 길가에 소나무 두 그루가 있고 오른쪽 바위 면에 마애불이 있다. 마애불 앞에서 다시 30m 정도 더 가면 오른쪽에 있는 커다란 바위 아랫면에 다른 마애불이 있다. 마애불 앞에서 가던 길로 40m 정도 가면 남산 지암곡 제3사지 삼층석탑이 있다.

0.5km

❽ 남산 지암곡 제3사지 삼층석탑

석탑 아래로 내려간다. 경사가 급한 길을 150m 남짓 내려오면 길가에 '남산25번' 119구조 지점 표지판이 있는 갈림길이다. 오른쪽 길로 간다. 다시 250m 정도 내려오면 갈림길인데 길이 뚜렷한 왼쪽 길로 간다. 오른쪽은 흐릿한 길이다. 계속 산길을 따라 내려가는데 중간에 있는 이정표상의 통일전 방향이다.

산길을 내려와 남산순환도로를 만나면 이정표상 통일전 방향인 왼쪽으로 간다. 남산 지킴터를 지나 남산휴게소가 있는 네거리에서 똑바로 가는데 찻길을 만나면 왼쪽으로 가고 서출지 앞 세 갈래 길에서는 제일 왼쪽 길로 서출지 둑으로 올라가서 계속 가면 통일전이다. 통일전 앞에 버스 정류장이 있다.

2.5km

남산 지암곡 제3사지 삼층석탑

● 통일전 버스 정류장

나 지금이나 다름없을 것이다.

팔각정을 지나면 경사가 급해지고 조금 내려가면 남산 부석(浮石)이 있다. 부석 아래로 실이 통과할 정도로만 돌이 떠 있다는데 경북 영주 부석사의 이야기와 닮았다. 부석 앞에서 능선을 따라 조금 내려가면 널찍한 탁자바위가 있다. 이 바위는 이름값을 한다. 바위에 오르면 남산 부석이 눈에 들어오는데 남산 부석을 가장 아름답게 볼 수 있는 위치가 바로 이곳이다.

지바위골을 내려오며

지바위골(지암곡) 능선을 타고 계속 내려가다 계곡으로 내려서면 근세에 조성한 것으로 보이는 마애석불들이 있다. 항마촉지인을 하고 있는 마애불과 모자 혹은 두건을 쓰고 석장을 들고 있는, 부처로 보기 어려운 조각도 있다. 마애불들 부근의 분위기는 조금 음습한데 무속인들이 많이 찾는 곳인지 여기저기에 흔적이 남아 있다. 마애불들 아래에 조금은 독특한 삼층석탑이 있다. 남산 지암곡 제3사지 삼층석탑이다. 일반적인 석탑과는 달리 바위를 기단으로 삼고 그 위로 몸돌과 지붕돌을 올렸다. 국사곡 제4사지 삼층석탑과 마찬가지로 계곡에 흩어져 있던 것을 수습해 2003년 초에 지금의 상태로 복원했다. 석탑이 바라보는 방향과 눈을 맞추면 남산과 명활산 사이의 너른 들판이 한눈에 잡힌다.

항마촉지인을 하고 있는 지암곡 마애석불.

신비로운 미소를 띠고 있는 남산 신선암 마애보살반가상.

07. 칠불암, 신선암을 지나 봉화대 능선으로 | ★★★★
천심 절벽 바위에 그린 신라인의 미소

서남산에 용장골이 있다면 동남산에는 봉화골이 있다. 금오봉과 고위산 사이의 봉화대 능선을 사이에 두고 동·서로 흘러내린 골짜기다. 서남산의 용장골에도 빼어난 문화유적이 여럿 있지만 동남산의 봉화골에도 그에 못지않은 유물들이 답사객을 반긴다.

서출지와 남산동 쌍탑을 만나고 나서 봉화골 여행을 연다. 오랜 세월 제자리를 떠나 있었거나 제자리에 있었어도 흐트러진 돌무더기에 지나지 않던 염불사 쌍탑이 제 모습으로 돌아와 자리를 지키고 있는 것을 보며 산속으로 들어간다. 골짜기 끝자락에서 잠깐 힘들여 계단을 오르면 부처님 일곱 분을 모신 칠불암이 있다. 칠불암을 지나면 가파른 절벽 위 하늘에 떠 있는 신선암 마애보살과 마주한다. 봉화대 능선을 따라 이영재를 지나고 남산순환도로를 내려오면 처음 출발했던 통일전이 저만치에 있다.

여행 정보

- 일부 구간을 제외하면 등산 수준이다.
- 경주 시내에서 출발 지점인 통일전까지 가려면 11번 버스를 타면 된다. 걷기를 마친 후에는 시작할 때 내렸던 버스 정류장 건너편에서 10번 버스를 타면 국립경주박물관, 경주 시내, 고속버스터미널로 갈 수 있고 시작할 때 내렸던 버스 정류장에서 11번 버스를 타면 불국사 관광단지 쪽으로 갈 수 있다. 차를 가져가는 경우 통일전 앞 주차장에 세우면 된다.
- 음식점과 매점은 통일전 부근에만 있고 다른 곳에는 없으므로 간식과 마실 물은 가져가자. 칠불암 아래에 약수가 있다. 화장실은 통일전, 칠불암 가는 길, 칠불암, 남산순환도로에 있다.

코스 연계

- 통일전은 6코스의 출발 지점이고 5, 6, 10코스의 도착 지점이다.

8.5km, 4시간

① 통일전 버스 정류장
0.2km
통일전 정문을 등지고 오른쪽으로 간다. 화장실 앞을 지나 나무들이 우거져 있는 곳으로 똑바로 가면 서출지다.

② 서출지
0.6km
서출지를 바라보면서 오른쪽으로 서출지를 감싸고 돌아간다. 무량사를 지나면 세거리다. 똑바로 가는 왼쪽 길로 작은 다리를 지나면 할머니손국수가 있는 네거리다.
개울을 건너 똑바로 가면 오른쪽 모퉁이에 남산휴게소가 있는 네거리인데 똑바로 길을 건너 남산5길 방향으로 간다. 40m 정도 가면 세거리고 왼쪽 길로 골목을 나가면 남산동 동·서 삼층석탑이 있다.

③ 남산동 동·서 삼층석탑
0.7km
석탑을 등지고 왼쪽으로 나가면 찻길인데 오른쪽으로 간다. 길 왼쪽의 못이 양피못이다. 100m 정도 가면 갈림길인데 오른쪽으로 간다. 50m 정도 가면 청기와오리식당이 있는 작은 네거리인데 왼쪽 길로 간다. 이후 좌우의 마을 길은 무시하고 가던 길로 계속 가면 오른쪽에 쌍탑이 있는데 그곳이 염불사터다.

④ 염불사터
2.4m
염불사터 앞 초소가 있는 작은 네거리인데 가던 방향으로 똑바로 간다. 이후 중간에 좌우로 좁은 등산로도 몇 군데 있으나 무시하고 계속 넓은 주 등산로만 따라가면 칠불암이다.

칠불암 가는 길

⑤ 남산 칠불암 마애불상군
0.2km
칠불암을 바라보면서 오른쪽으로 가서 산죽이 무성한 곳을 지나면 산길이다. 바윗길이 시작되면서 계단이 있다. 계단으로 오르면 남산 신선암 마애보살반가상으로 가는 갈림길이 있다. 왼쪽 길로 신선암 마애보살반가상까지 간다.

부처님께 돌아가 의지하겠나이다

걷기 시작하면서 처음 만나는 곳은 삼국시대부터 있었다고 전해지는 연못 서출지(6코스 76쪽 참조)다. 한여름 동안 둑 위에는 귀태 나는 배롱나무가 붉은 꽃을 피우고, 연잎 가득한 연못에는 분홍색 연꽃이 한가득 피어난다.

마을 안에 탑이 있다고 해서 탑마을인 동네 고샅길을 돌아간다. 여유롭고 한갓진 시골 동네 길을 걷는 것도 걷기 여행의 빼놓을 수 없는 매력 중 하나다. 좁은 골목을 빠져나오면 잘생긴 남산동 동·서 삼층석탑(6코스 77쪽 참조)이 나그네를 반긴다.

동남산 봉화골 걷기는 최근에 복원한 쌍탑이 있는 옛 절터부터 본격적으로 시작된다. 옛 절터는 남리사터 혹은 전(傳)염불사터로 부르는데 《삼국유사》에 기록된 이야기가 있다. 옛날 서라벌의 남산 동쪽 피리사라는 절에 한 스님이 있었다. 이 스님이 나무아미타불을 외는 염불 소리가 얼마나 낭랑하던지 서라벌 전역에 들리지 않는 곳이 없었다. 사람들은 그 스님을 공경하여 염불사(念佛師)라고 불렀고 스님이 세상을 떠나자 피리사를 염불사(念佛寺)로 고쳐 불렀다고 한다.

이 옛 절터의 쌍탑에도 사연이 있다. 쌍탑 중 서탑은 허물어져 내렸고 동탑은 완전하지는 않았지만 남아 있었는데 1963년에 동탑을 동해남부선 불국사역 앞 공터로 옮기면서 부근에 있던 이거사터의

이제는 돌아와 제자리에 선 염불사의 쌍탑.

석탑 부재와 합하여 세웠다. 그것이 구정동 삼층석탑이다. 그 후 구정동 삼층석탑을 제자리로 옮겨야 한다는 여론이 일자 2009년 5월에 동·서탑 모두 제자리에 복원했다. 쌍탑은 전형적인 신라 삼층석탑의 모습이다. 빈터만 있어 황량하던 곳에 듬직하게 들어앉았는데 앞으로도 오랫동안 제자리를 지키며 답사객에게 즐거움을 주기를 빌어 본다.

사방정토에 부처님의 가피 가득하여라

염불사터부터 칠불암에 이르는 2킬로미터 남짓한 길은 봉화골 물길을 넘나들며 안으로 들어간다. 급하지 않은 완만한 산길이라 크게 부담이 없다. 길동무라도 있다면 도란대며 걷기에도 그만이다. 계곡이 끝나는가 싶을 즈음에 약수터가 있다. 물 한 바가지 시원하게 들이키고 산죽 계단을 올라서면 작은 암자 칠불암이다. 절벽 가까이에 있는 바위 면에는 삼존불을 새기고 그 앞 조금 작은 바위에는 사면불을 새겼다. 이렇게 일곱 부처가 있는 암자라고 칠불암(七佛庵)이다.

삼존불이란 본존불과 좌우에서 협시하는 두 보살을 합하여 부르는 이름이다. 석가모니를 본존불로 모시는 경우에는 일반적으로 문수보살과 보현보살을 협시보살로 모시고, 병들고 아픈 중생을 구제한다는 약사여래의 경우에는 일광보살과 월광보살이 협시보살로 봉안된다. 그리고 서방극락세계를 주재한다는 아미타불은 관세음보살과 대세지보살이 좌우에서 협시한다.

❻ **남산 신선암 마애보살반가상**
다시 갈림길로 돌아 나와 왼쪽 산으로 올라간다. 바위로 난 길을 따라 올라가면 제법 넓은 솔숲 공터를 만나고 갈림길이다. 오른쪽으로 가는데 이정표상 금오봉 방향이다.

0.2km

남산 신선암 마애보살반가상

❼ **솔숲 갈림길**
오른쪽 금오봉 방향으로 150m 정도 내리막길을 내려가면 이정표가 있는 갈림길이다. 가던 길은 오른쪽 금오봉 방향으로 간다. 이후 봉화대 능선을 따라간다. 외길이나 다름없는데 중간에 있는 이정표상 계속 금오봉 방향이다. 평탄한 능선길이 끝나고 경사가 급한 내리막을 다 내려서면 널찍한 공터인 이영재다. 이영재는 세거리인데 왼쪽 길은 용장마을로 가는 길이고 똑바로 가는 오른쪽 금오봉 방향으로 간다. 널찍한 오르막을 올라 조금 더 가면 남산순환도로와 만난다.

1.4km

❽ **남산순환도로 갈림길**
남산순환도로를 만나면 오른쪽으로 내려간다. 왼쪽은 금오산 정상과 전망대로 가는 길인데 그 길로 순환도로를 따라 끝까지 가면 반대편인 포석정으로 갈 수 있다.
남산순환도로를 다 내려오면 서출지에서 남산 동 · 서 삼층석탑을 찾아갈 때 지나갔던 남산휴게소가 있는 네거리를 만난다. 계속 똑바로 가서 찻길을 만나면 왼쪽으로 가고, 서출지 앞 세 갈래 길에서는 제일 왼쪽 길로 서출지 둑으로 올라간다. 계속 가면 통일전이다. 통일전 앞에 버스 정류장이 있다.

2.8km

● **통일전**

삼존불은 조각이 깊고 솜씨도 뛰어난 걸작으로 평가받는다. 본존불의 수인(手印)은 부처님이 막 깨달음을 얻는 순간의 모습을 표현한 항마촉지인이다. 본존은 서방극락세계를 주재한다는 아미타불, 부처님 오른쪽 협시보살은 정병을 쥐고 있는 것으로 보아 관세음보살로 보며, 왼쪽 협시보살은 대세지보살로 본다.

사면불은 사방불로도 부르는데 동서남북 사방 정토를 수호하는 방위불(防衛佛)이다. 네 면의 불상 명칭은 확실히 알 수 없으나 동쪽 면의 부처는 약합을 들고 있어 약사불로 보고 서쪽 면은 서방정토를 수호하는 아마타불이다. 옛 신라인들은 이곳을 극락정토로 보았던 모양이다.

구름 위에 새긴 신비한 미소

칠불암 옆 산죽을 지나 산길로 올라간다. 바위를 타고 넘어 한 구비 돌아가면 왼쪽 바위 면에 신선암 마애보살반가상이 있다. 얼핏 생각하면 신선암이 바위 암(巖)을 쓸 것 같은데 암자 암(菴)을 쓴다. 근처에 신선암이라는 암자가 있었기 때문이라고 한다. 그러나 신라 시대에 불렸던 이름은 전하지 않는다.

동쪽으로 향한 바위 면을 다듬어 뱃머리 모양의 감실을 얕게 파고 이를 광배 삼아 보관을 쓴 보살을 새겼다. 눈을 반쯤 뜨고 입가에는 알 듯 모를 듯 미소가 흐른다. 가부좌를 풀어 아주 편한 자세인데 발아래

칠불암은 무려 일곱 분의 부처님이 계시는 부처님 나라다.

에는 구름 문양을 새겨서 구름 위에 올라앉은 모습이다. 실제로도 천 길 절벽 바위에 새겨져 있어 마치 구름 위에 떠 있는 듯하다. 절묘한 위치 선택이다. 이런 자리를 찾아내 이렇듯 하늘에 떠 있는 모습으로 조각해 낸 그 옛날 신라 석공의 안목에 경의를 표한다.

능선 길은 행복한 길

대부분의 답사객들은 신선암 마애보살을 만난 뒤 다시 칠불암으로 내려가 왔던 길을 되짚어 간다. 걷기 좋아하는 사람들이 싫어하는 것 중 하나가 왔던 길을 다시 돌아가는 것이지만 앞으로 남은 길이 근 5킬로미터 가까이 되는 등산길이므로 체력에 자신이 없다면 돌아가는 것이 맞다.

신선암을 뒤로 하고 계속 바윗길을 올라간다. 시야가 터지는 바위에 서면 들판 건너편으로 낭산과 명활산은 물론 토함산 줄기까지 한눈에 들어온다.

바위 사이로 난 길을 따라 계속 올라가면 제법 너른 솔숲을 만나고 여기서부터 봉화대 능선을 따른다. 근처에 옛날 봉화대의 흔적이 남아 있다. 봉화대 능선으로 오르면 이후는 외길이나 다름없으므로 온전하게 걷기를 즐기는 일만 남았다. 가끔 시야가 터지는 곳에서 잠깐씩 쉬어 가며 걸음을 옮기는데 바람이라도 불라치면 마음은 풍선을 탄다. 이럴 때 제격인 노래는 글쎄……, 김광석의 〈바람이 불어오는 곳〉이 좋을까, 아니면 김동률의 〈출발〉이 좋을까?

천룡사터 삼층석탑. 산속치고는 너른 절터지만 남아 있는 것은 석탑뿐이다.

08. 남남산의 새갓골 · 봉화골 · 천룡골 | ★★★★
천룡고원 옛 절터에 석탑 홀로 외롭네

경주 남산은 비슷한 높이의 두 봉우리 금오봉(468m)과 고위봉(494m)이 중심이어서 종주가 아니라면 남산 코스는 두 구역으로 갈린다. 그중에서 고위봉 남쪽 계곡인 새갓골은 조금 멀어서 상대적으로 사람들의 발길이 적다. 새갓골 골짜기에서 우연히 부처님 한 분이 발견되었다. 2007년에 등산객에 의해 천행으로 발견된 마애불인데 아직은 넘어진 채여서 제대로 볼 수 없는 것이 안타깝다.
그 옆에 새로 발견된 부처님보다 먼저 알려진 부처님 한 분이 앉아 있다. 머리가 없었는데 근처에서 불두를 찾아 복원했다. 봉화대 능선 아래의 신선암 마애불과 칠불암은 발품을 더 팔더라도 꼭 들러야 한다. 산정호수 옆 숲 속에서 석탑 한 기를 찾아보고 나면 고위봉 등산로를 따라 옛 절터로 향한다. 너른 천룡사터에는 우뚝한 삼층석탑 한 기만 외롭게 남아 있다.

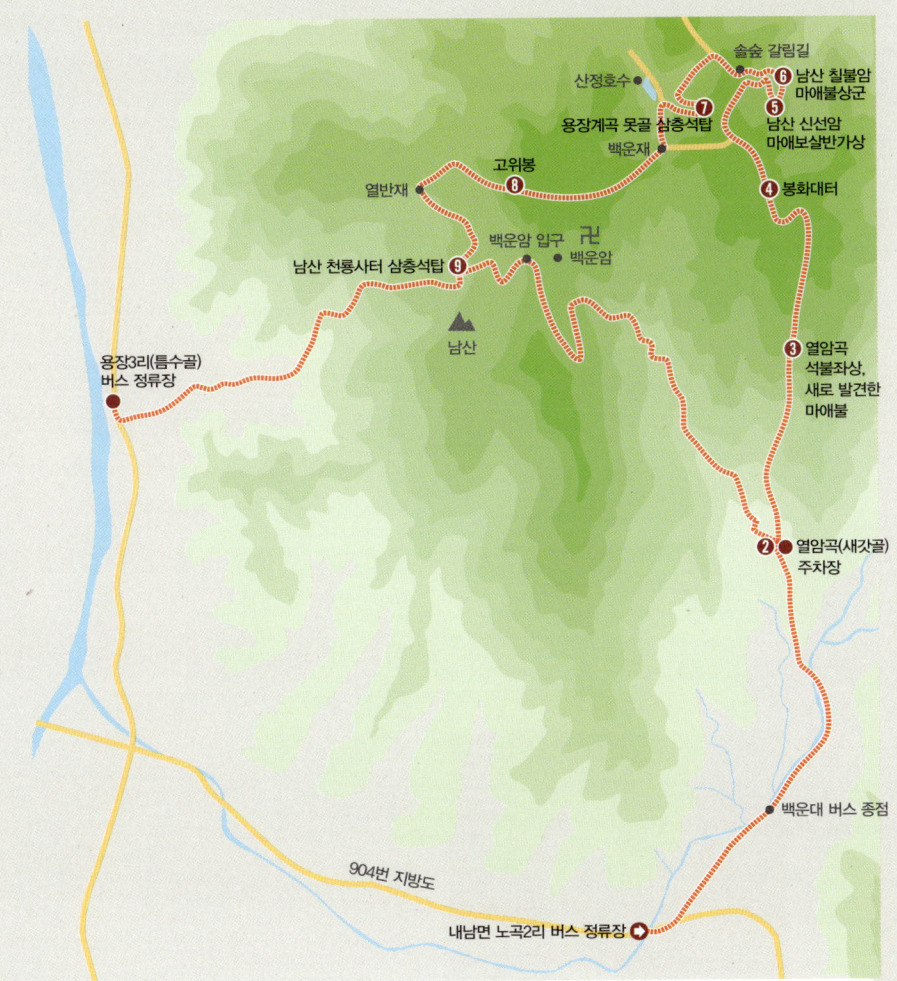

여행 정보

- 출발 지점인 노곡2리 버스 정류장까지 가려면 506, 508번 버스를 타면 된다. 그러나 두 노선을 모두 합하여 하루에 15회만 운행하므로 시간을 잘 맞추어야 한다. 506번 버스는 4회만 마을 안 백운대 버스 종점까지 들어간다. 차를 가져간다면 열암곡(새갓골) 주차장에 세워 두고 원점 회귀하면 된다.
- 마치는 곳인 용장3리(틈수골) 버스 정류장에서 500, 505, 506, 507, 508번 버스를 타면 서남산 주차장을 경유하여 경주 시내나 고속버스터미널로 갈 수 있다.
- 노곡2리 버스 정류장과 천룡사터에 음식점이 하나씩 있고 마치는 곳인 용장3리 버스 정류장에 매점 하나와 근처에 음식점이 있다. 그러나 다른 곳에는 아무것도 없어 간식과 마실 물은 가져가는 것이 좋다. 화장실은 열암곡 주차장, 칠불암, 천룡사터 식당, 천용사, 백운암, 와룡사, 용장3리 경로당에 있다.

9.7km, 4시간

📍 내남면 노곡2리 버스 정류장
노곡2리 버스 정류장에서 내려 버스가 가는 방향으로 조금 가면 세거리다. 왼쪽 마을길로 간다. 이정표상 열암곡 석불좌상 방향이다.
노곡2리마을회관 앞을 지나면 백운대 버스 정류장이 있는 세 갈래 길이다. 작은 다리를 건너서 개울과 같이 가는 제일 오른쪽 길로 간다. 이정표상 열암곡 석불좌상 방향이다.
이후 갈림길에서는 모두 왼쪽으로 백운암 또는 열암곡 석불좌상 방향으로 간다. 산길이 시작되는 입구에 넓은 주차장이 있다.

2.0km

② 열암곡(새갓골) 주차장
산길 입구 이정표상 열암곡 석불좌상 방향으로 산으로 올라간다. 등산로를 따라 산죽 밭을 지나면 열암곡 석불좌상이 있고 석불좌상 옆에 새로 발견한 마애불이 있다.

0.7km

③ 열암곡 석불좌상·새로 발견한 마애불
석불좌상 앞에서 올라가던 산길로 올라간다. 중간에 있는 이정표상 봉화대, 칠불암 방향이다. 능선 상에서 축대의 흔적이 있는 곳이 봉화대터다.

열암곡 석불좌상

0.9km

④ 봉화대터
봉화대터에서 가던 길로 400m 정도 가면 갈림길이다. 이정표상 금오봉, 칠불암 방향인 오른쪽 길로 간다. 다시 200m 정도 가면 널찍한 솔숲 공터 갈림길이다. 이정표상 칠불암 방향인 오른쪽으로 간다.
바위를 타고 내려오면 갈림길인데 오른쪽으로 가면 신선암 마애보살반가상이다.

0.8km

⑤ 남산 신선암 마애보살반가상
다시 갈림길로 돌아와 오른쪽으로 간다. 계단을 따라 산길을 내려오면 칠불암이다.

0.2km

넘어진 부처님 일어나시면

경주 남산 고위봉 남쪽에 노곡리라는 동네가 있다. 마을 앞의 무성한 갈대가 마을의 울타리 역할을 한다고 해서 노실이라고 부르던 곳이다. 이 마을에서 고위봉으로 오르는 골짜기가 열암곡인데 동네 사람들은 열암곡보다 새갓골로 더 많이 부른다.

마을 뒤쪽 농로를 따르다가 주차장에서 산길로 접어들면 본격적인 남남산 답사의 시작이다. 발에 전해 오는 감촉이 기분 좋은 부드러운 흙길을 오르다가 산죽 밭을 지나면 소나무들 사이로 부처님 한 분이 보인다. 바로 열암곡 석불좌상이다. 얼마 전까지는 목이 부러진 채 대좌와 광배도 깨지고 흐트러져 방치되어 있었는데, 2005년에 근처에서 부처님 머리를 발견한 뒤에 석재들을 수습하여 2009년에 복원해 놓았다. 부처님의 얼굴은 오랫동안 계곡에 방치되어 있었기에 많이 마모되었지만 전체적인 단정함에 어울리는 얼굴이었을 것이다. 수인은 항마촉지인이다. 부처님이 천만 마귀들을 제압하며 막 깨달음을 얻는 순간의 모습을 표현한 것이다.

2007년에는 이곳에서 부처님 한 분이 새로 발견되었다. 한 등산객이 우연히 발견했는데 커다란 육면체 바위에 새겨진 마애불이다. 부처가 조각되어 있는 바위가 넘어져 흙 속에 묻혀 있다가 발견되었다.

열암곡은 고위봉 남쪽 계곡인데 동네 사람들은 새갓골이라고 부른다.

살짝 보이는 부처님의 코와 넘어진 곳에 있는 바위 면과는 불과 몇 센티미터 정도밖에 떨어져 있지 않은데 조금만 더 넘어갔더라면 부처님의 상호(相好)는 바싹 깨졌을 것이다.

경주문화재연구소에 의하면 전체 높이가 약 5미터에 이르는 이 대형 마애불은 8세기 후반경에 조성된 것으로 추정된다. 정수리에 불룩 솟아오른 부분인 육계가 높고, 민머리(소발)다. 타원형의 얼굴에는 오똑하게 솟은 코와 아래로 내리뜬 길고 날카로운 눈매, 도톰하고 부드럽게 처리된 입술 등이 잘 표현되어 있다고 한다. 여전히 넘어진 채로 있는 이 부처를 세울 방법을 모색하고 있다는데 부디 안전하고 완전하게 세워질 날을 기대해 본다.

봉화골 절벽에 새긴 부처

산으로 오른다. 험한 길은 아니지만 능선으로 오르는 길이라서 얼마간의 경사는 있다. 급할 것 없는 걸음으로 쉬엄쉬엄 오른다. 능선 위에서는 봉화대터를 찾아볼 수 있는데 뚜렷하게 드러난 것도 아니고 안내판이 별도로 있는 것이 아니어서 무심히 지나가면 놓치기 십상이다. 능선에서 동쪽의 봉화골로 내려선다. 아무리 바쁜 걸음이라도 이곳까지 온 이상 빼놓고 가면 안 되는 곳이 있다. 아찔한 바위 절벽에 새겨진 구름을 탄 신선암 마애보살반가상(7코스 86쪽 참조)과 절벽 아래 작은 암자 칠불암(7코스 85쪽 참조)의 일곱 부처다. 사실 불상은 석가모니가 열반한 후에 바로 만들어진 것은 아니다. 확실한 기록이

❻ 남산 칠불암 마애불상군

0.7km

내려갔던 길을 거슬러 올라 다시 솔숲 공터로 온다. 이정표 앞에서 오른쪽으로 가는데 이정표상 금오봉 방향이다. 내리막길을 150m 정도 내려가면 이정표가 있는 갈림길이다. 직각으로 꺾이는 왼쪽 길로 가는데 이정표상 용장마을 방향이다.
120m 정도 내려가면 갈림길이다. 이정표상 용장계곡 못골 삼층석탑 방향인 왼쪽으로 가서 작은 계곡을 건너면 용장계곡 못골 삼층석탑이 있다.

❼ 용장계곡 못골 삼층석탑

1.1km²

갈림길로 돌아 나와 이정표상 용장마을 방향인 왼쪽 길로 간다. 150m 정도 가면 앞으로 산정호수가 있는 갈림길인데 이정표상 고위봉 방향인 왼쪽 길로 간다. 300m 정도 가서 만나는 백운재 갈림길에서 오른쪽 고위봉 쪽으로 간다.

❽ 고위봉

1.3km

고위봉 정상 표석 왼쪽에 내려가는 길이 있다. 계단과 산길을 따라 계속 내려가면 열반재 갈림길이다. 왼쪽 천룡재 방향으로 간다. 큰길을 만나면 왼쪽으로 가고 다음 갈림길에서도 왼쪽으로 간다. 숲을 빠져나가면 작은 네거리인데 가던 길로 똑바로 가면 천룡사터 삼층석탑이 있다. 왼쪽은 새갓골 주차장으로 넘어가는 길이다.

❾ 남산 천룡사터 삼층석탑

2.0km

고위봉과 삼층석탑을 등지면 앞으로 내려가는 길이 있다. 이후 이정표상 틈수골 방향으로 산을 내려간다. 마을로 들어서서 가던 길로 계속 가면 용장3리 경로당을 지나 찻길을 만난다. 오른쪽으로 몇 걸음 가면 용장3리(틈수골) 버스 정류장이다.

● **용장3리(틈수골) 버스 정류장**

차를 가져 왔을 경우

❾ 남산 천룡사터 삼층석탑

2.4km

다시 작은 네거리로 돌아 나와서 오른쪽 새갓골 주차장 방향으로 간다. 천룡사를 지나 산으로 오른다. 백운암 입구 갈림길에서 가던 길인 오른쪽 열암곡(새갓골) 주차장 방향으로 간다. 임도를 다 내려가면 주차장이다.

● **열암곡(새갓골) 주차장**

있는 것은 아니나 대개 열반 후 약 500년 정도까지는 불상이 만들어지지 않은 것으로 보며 이 시기를 무불상 시대라고 한다. 당시에는 중생과 구별되어야 하는 부처의 모습을 표현하는 것은 신성모독이라고 생각했기 때문에 불상을 만들지 않고 부처님의 무덤인 탑, 부처가 앉았던 자리인 금강보좌, 보리수 등을 예배 대상으로 삼았다고 한다.

산정호수 골짜기의 삼층석탑

칠불암에서 다시 봉화대 능선으로 올라온다. 갈림길을 몇 곳 거치면 산속 공터에 삼층석탑이 있다. 석탑 아래에 작은 저수지가 있어 지곡(池谷), 즉 못골로 부르는데 용장계곡의 가장 윗부분이다. 이곳에 삼층석탑이 있다. 등산로에서 살짝 비껴나 있어 자칫 놓치고 갈 수 있다. 오래전에는 절이 있었겠지만 절 이름도 전하지 않아 용장계곡 제17절터 또는 지곡 제3사지처럼 숫자로 불린다. 이곳의 삼층석탑은 돌을 벽돌처럼 다듬지는 않았어도 전탑의 특징인 지붕돌의 낙수면이 계단식이라 모전석탑 계열로 분류한다.

경주에는 이 석탑과 같은 계열의 석탑이 두 개 더 있다. 하나는 동남산 기슭의 남산동 동·서 삼층석탑이고 또 하나는 서악동 무열왕릉 부근에 있는 서악동 삼층석탑이다. 세 삼층석탑은 형제라고 해도 될 정도로 양식이 닮았다.

고위봉 꼭대기에서 본 천룡사터는 무심히 보면 그냥 산마을이다.

옛 절터에 외로운 석탑 하나

산속 저수지 산정호수를 지나고 백운재를 넘어가면 고위봉 바로 아래에 무너진 절터가 있다. 오래전에 천룡사라는 절이 있던 곳이다. 산꼭대기에 이만한 너른 터가 있으리라고는 생각지도 못했는데 여기저기 주춧돌, 석등 부재, 비석의 거북받침, 맷돌, 수조, 석종형 승탑 등을 모아 놓기도 했고 하릴없이 뒹굴고 있기도 하다. 절터 가운데에는 하늘을 향해 우뚝한 당당한 삼층석탑도 있어 향화는 끊겼어도 커다란 절이 있었음은 분명해 보인다.

《삼국유사》에 따르면 천룡사는 다른 이름으로는 고사(高寺)라 했다고 전한다. 조선 말기까지도 절은 유지됐던 것으로 보는데, 그후 어느 시절에 폐사가 되었던 모양이다. 의젓한 천룡사터 석탑은 전형적인 신라 삼층석탑 양식이지만 단 하나, 기단이 이중 기단이 아닌 단층 기단인 점이 다르다. 일부 부재가 깨지고 상륜부는 새로 만들어 끼운 것이지만 전체적으로 균형이 잘 잡혀 있다. 너른 절터에 석탑 한 기 외로울 법한데 그것을 눅여 주는 것이 석탑 주변의 여러 그루 나무들이다. 그중에는 감나무도 있다. 파란 하늘 아래 발갛게 물든 감은 사랑스러움을 넘어서는 무엇이 있다. 나뭇잎 모두 떨어지고 바람에 서걱대는 억새만이 절터를 지키는 인적 끊긴 스산한 가을날이라도 석탑과 함께 점점이 붉은 감이 있어 외로움이 덜어진다. 석탑과 작별하고 내려가는 길의 석양은 나그네의 심사와 꼭 닮았다.

용장사터 삼층석탑은 남산 전체를 기단으로 삼았다.

09. 서남산 삼릉골부터 용장골까지 | ★★★★

남산 바위에 피워 낸 부처님 나라

경주에서 남산이 차지하는 비중은 얼마나 될까? 경주를 이야기하면서 남산을 빼놓고는 말이 되지 않는 것은 확실하다. 그러기에 '남산을 오르지 않고는 경주를 보았다고 하지 말라'는 말이 있는 것이리라.

남산은 월성 남쪽에 남북으로 길쭉하게 자리한 산으로, 궁궐의 남쪽에 있는 산이라고 해서 남산이다. 금오봉과 고위봉을 중심으로 40개가 넘는 골짜기와 산줄기를 품고 있는데 골골이 유물과 유적이 자리하고 있어 남산 전체가 문화재라는 표현도 무리가 아니다. 짧은 일정으로 남산을 보겠다는 것은 큰 욕심이지만, 남산을 알차게 보고 싶은데 시간 여유가 없다면 답은 서남산의 삼릉골과 용장골을 걷는 것이다. 남산을 대표하는 여러 불상들을 비롯해 남산 전체를 기단으로 삼은 삼층석탑 등을 만나 볼 수 있어 남산 걷기의 백미 코스다.

여행 정보

- 이 코스는 전체적으로 등산 수준이다
- 출발 지점인 삼릉 버스 정류장까지 가려면 500, 505, 506, 507, 508번 버스를 타면 된다. 차를 가져간 경우 삼릉(서남산) 주차장에 세워 두면 된다.
- 도착 지점인 내남치안센터 버스 정류장에서 500, 505, 506, 507, 508번 버스를 타면 삼릉 주차장을 경유하여 경주 시내나 고속버스터미널로 갈 수 있다.
- 음식점과 매점은 시작하는 곳인 삼릉 주차장 부근과 마치는 곳인 내남치안센터 버스 정류장 부근에만 있으므로 간식과 마실 물은 가져가는 것이 좋다. 화장실은 삼릉 주차장, 상선암, 내남치안센터에 있다.

코스 연계

- 출발 지점인 삼릉은 11코스의 도착 지점이다.

6.8km, 3시간 30분

① 삼릉 버스 정류장
삼릉 버스 정류장에 내려서 시내 방향으로 200m 정도 되돌아오면 삼릉 주차장이다. 건널목을 건너면 남산 탐방지원센터가 있다. 산길로 들어간다. 오른쪽에 돌다리가 있는 갈림길에서 돌다리를 건너서 조금 가면 삼릉이 보인다.

0.5km

② 삼릉
삼릉을 등지면 오른쪽에 남산으로 올라가는 등산로가 있다. 등산로를 따라가면 갈림길이 나오고 그곳에 머리 없는 석불 좌상이 있다.

0.7km

③ 삼릉계곡 머리 없는 석불좌상
머리 없는 석불좌상 앞 갈림길에서 왼쪽으로 올라가면 오른쪽 바위 위에 삼릉계곡 마애관음보살상이 있다.

0.05km

삼릉계곡 머리 없는 석불좌상

④ 삼릉계곡 마애관음보살상
머리 없는 석불 좌상 갈림길로 내려와서 왼쪽으로 간다. 조금 올라가면 이정표가 있는 갈림길이다. 왼쪽으로 20m 정도 올라가면 삼릉계곡 선각육존불이 있다.

0.25km

삼릉계곡 마애관음보살상

몸통만 남은 부처

서남산 답사 걷기는 삼릉(11코스 122쪽 참조)부터다. 세 기의 왕릉이 나란히 있다고 해서 삼릉으로 불리지만, 삼릉을 찾는 이들은 정작 임금의 무덤보다는 능을 둘러싸고 있는 소나무 숲에 마음을 더 빼앗긴다. 삼릉 숲의 소나무들은 쭉쭉 뻗어 자란 미인송은 아니지만 이리저리 구불대며 자라 특별한 아름다움이 느껴진다. 소나무를 한자로는 '松'이라고 쓰는데 나무(木)의 공(公)이니 소나무가 모든 나무의 윗자리에 있다는 것을 뜻한다.

삼릉 계곡은 냉골이라고도 부른다. 사시사철 시원한 계곡물이 끊이지 않기 때문인데 이제는 냉골도 옛말이 됐다. 요즈음 우리나라 산하의 물줄기가 예전만 못한데 남산도 예외는 아니어서 물줄기가 많이 약해졌다.

삼릉 골짜기로 접어들어 처음 만나는 유물은 목이 잘린 부처님이다. 근처 계곡에 묻혀 있던 것을 옮겨 놓았다고 한다. 목뿐만 아니라 양손도 잘렸고 무릎도 파손되어 단정한 자세의 몸통만 남아 있는데 남은 부분의 조각이 무척 섬세하고 자연스럽다. 부처님의 수인이나 얼굴 표정을 그려 보는 것은 각자의 몫이겠다.

붉은 입술의 관세음보살

머리 없는 불상 근처 산자락 바위에 아담한 보살 한 분이 새겨져 있다. 왼손에 정병

삼릉계곡 마애관음보살상. 미소를 살짝 띤 관세음보살의 입술에는 붉은 기운이 돈다.

을 들고 있고 머리에 쓴 보관에는 화불이 새겨져 있어 관세음보살임을 알 수 있다. 관세음보살은 세상의 모든 중생이 해탈할 때까지 성불(成佛)하지 않겠다는 서원을 가장 잘 보여 주는 보살로 대중에게 가장 친숙하다. 또 석가모니의 입적 이후부터 미래불인 미륵부처가 나타날 때까지 세상의 모든 곳을 살피는 대자대비의 보살이다. 연꽃 대좌 위에 서서 살짝 미소를 머금고 있는데 입술에는 붉은 기운이 돈다. 입술의 붉은색은 인공으로 칠한 것이 아니고 붉은색의 자연 암석을 그대로 이용한 것이라는데 조각 솜씨가 절묘하다.

바위에 그린 여섯 부처

삼릉계곡 마애관음보살상을 뒤로 하고 삼릉계곡을 오르다가 개울을 건너 몇 걸음 더 옮기면 제법 커다란 암벽이 길을 막는다. 길을 막은 바위 면에 부처님 여섯 분이 그려져 있다. 삼릉계곡 선각육존불이다. 물론 바위를 정으로 쪼아서 가는 선으로 새긴 것이겠지만 새겼다는 표현보다는 그렸다는 표현이 더 와 닿는다. 정말이지 바위를 종이 삼아 활달한 필치로 쓱쓱 그린 것 같다. 오른쪽과 왼쪽 바위 면에 각각 삼존불을 그렸는데 오른쪽의 본존불은 좌상이고 좌우의 협시보살은 입상이며 왼쪽의 본존불은 입상이지만 좌우의 협시보살은 무릎을 꿇고 앉아 있는 공양상이다. 오른쪽과 왼쪽의 본존불을 모두 석가여래로 보기도 하고 왼쪽의 본존불은 아미타여래로 보는 견해도 있다.

❺ **삼릉계곡 선각육존불**
선각육존불을 바라보면서 왼쪽으로 바위를 타고 육존불 위로 올라가면 다시 등산로가 시작된다. 산길을 따라 계속 올라가면 삼릉계곡 선각여래좌상이다.

0.2km

삼릉계곡 선각육존불

❻ **삼릉계곡 선각여래좌상**
선각여래좌상을 마주 보고 서면 오른쪽으로 좁은 산길이 있다. 이 산길을 따라 200m 정도 가면 삼릉계곡 석조여래좌상이다.

0.2km

삼릉계곡 선각여래좌상

❼ **삼릉계곡 석조여래좌상**
석조여래좌상을 보면서 오른쪽으로 가는데 표지판에서 상선암 방향이다. 작은 계곡을 건너면 상선암으로 오르는 주 등산로를 만난다. 계속 산길을 따라 계단을 올라가면 상선암이다.

0.3km

삼릉계곡 석조여래좌상

❽ **상선암**
상선암에서 다시 산길을 오르면 삼릉계곡 마애석가여래좌상 안내판을 만나고 안내판 옆에 있는 이정표 상의 금오봉 방향으로 조금 가면 왼쪽 바위에 삼릉계곡 마애석가여래좌상이 있다.

0.2km

부처의 모습에서 아버지를 보다

선각육존불이 그려진 바위 위로 올라가면 등산로가 계속 이어진다. 조금씩 가팔라지지만 크게 어렵지는 않다. 시야가 트이는 곳에서 건너편 바위 자락에 숨어 있는 거북바위도 찾을 수 있다.

길은 조금씩 고도를 높여 가다가 바위 절벽에 막히는데 절벽 높은 곳에 부처님 한 분이 앉아 계신다. 삼릉계곡 선각여래좌상이다. 얼굴만 도드라지게 돋을새김하고 몸체는 선각했는데 불경스러운 표현이지만 참 못생긴 부처님이다. 부처님이 앉아 계신 바위 앞 공간이 협소해 부처님을 보려면 고개를 한껏 젖혀야 한다. 살짝 옆으로 돌아 부처님을 쳐다본다. 한참을 보고 있으니 겉으로는 무뚝뚝해 보이지만 속은 한없이 깊고 자애로운 우리네 아버지 모습이 부처님 얼굴에 겹친다.

삼릉계곡 선각여래좌상 옆 좁은 산길을 따라가면 뜻밖의 장소에서 정말 뜻밖의 부처님 한 분을 만난다. 야무진 연꽃 대좌 위에 당당하게 앉아 계신 잘생긴 삼릉계곡 석조여래좌상이다. 가까이 가서 보면 부처님의 얼굴이며 부처님 뒤에 세운 광배에 보수한 흔적이 보이는데 여기에는 사연이 있다. 일제 강점기 당시의 사진을 보면 불상은 목이 부러져 얼굴이 반이나 없어진 채 불두 따로 몸체 따로 놓여 있고 광배도 파손되어 주변에 뒹굴고 있었다. 그 뒤 불두는 시멘트로 엉성하게 보수

삼릉계곡 마애석가여래좌상. 땀 흘려 올라 부처님 앞에 서면 '예까지 오느라 수고했다'는 듯한 미소를 보게 된다.

하여 몸체에 붙여 놓았지만 솜씨가 워낙 없어 아주 고약한 인상의 부처님이 되고 말았다. 국립경주문화재연구소에서 발굴조사와 함께 석불의 제대로 된 복원을 추진했고, 2008년 12월에 지금의 모습으로 탈바꿈했다. 왼손을 무릎 위에 두고 오른손은 내리어 땅을 가리키는데 앞에서 봐도 옆에서 봐도 기대고 싶을 만큼 듬직한 모습이다.

부처님의 시선이 머무는 곳

이제 삼릉계곡 마애석가여래좌상을 향한다. 이 길이 삼릉계곡 답사길에서 제일 힘든 구간이다. 산길을 힘들여 오르면 작은 암자인 상선암이 있고 거기서 뒤쪽 등산로를 따라 조금 더 힘을 들이면 거대한 암벽에 새겨진 부처님을 만난다. 머리 부분은 돋을새김인데 몸체는 그림을 그린 듯한 선각이다. 사각에 가까운 풍만한 얼굴에 눈은 반쯤 뜨고 입은 굳게 다물고 있지만 알 듯 모를 듯 미소가 서려 있다.

부처님 앞에는 몇 사람이 같이 기도할 수 있을 만큼의 터가 있는데 이곳에 서면 형산강과 그 강이 만드는 경주 들판이 한눈에 들어온다. 여기까지 올라오느라 힘도 들고 땀도 제법 흘렸겠지만 배낭을 벗어 놓고 형산강 들판과 마주하면 시원한 바람으로 보상받는다. 한쪽 귀퉁이에 앉아 물 한 모금으로 목을 축이는 나그네 머리 위에는 부처님의 은은한 미소가 어린다.

❾ 삼릉계곡 마애석가여래좌상

다시 산 위로 놓여 있는 계단으로 올라가는데 계단을 다 올라가면 갈림길이다. 왼쪽으로 오솔길을 따라가면 널따란 바위가 나오는데 그곳이 바둑바위다.

0.1km

삼릉계곡 마애석가여래좌상

❿ 바둑바위

0.1km

다시 갈림길로 돌아와 왼쪽 이정표상 금오봉 방향으로 간다. 70m 정도 가면 오른쪽에 커다란 바위가 있는데 이 바위가 상사암이다.

⓫ 상사암

0.6km

상사암을 지나 계단을 오르고 이후 산길과 계단을 교대로 지난다. 금오봉 0.1km라는 이정표가 있는 갈림길에서 오른쪽으로 조금 가면 금오봉이다.

⓬ 금오봉(남산 정상)

금오봉 표석 뒤쪽에는 갈림길이 있다. 왼쪽의 경사가 급한 길로 내려간다. 120m 정도 진행하면 작은 공터가 나오고 이내 이정표가 있는 갈림길이다. 이정표상 통일전 방향인 왼쪽 길로 간다.

1.0km

다시 100m 정도 가면 남산순환도로를 만난다. 오른쪽으로 350m 정도 가면 용장계곡 갈림길이다. 오른쪽 용장사지 방향으로 간다. 바윗길을 따라 내려가면 석탑 부재가 있는 공터가 나오고 안내판에 쉬운 길과 어려운 길을 소개해 놓았는데 오른쪽 어려운 길로 가면 용장사곡 삼층석탑이 있다.

⓭ 용장사곡 삼층석탑

0.1km

삼층석탑 안내판 옆으로 내려가는 길이 있는데 무척 험한 바윗길이므로 조심해야 한다. 험한 길을 다 내려오면 길 앞으로 용장사곡 석조여래좌상이 보인다. 용장사곡 석조여래좌상 조금 못미처 오른쪽 바위에 용장사터 마애여래좌상이 있다.

남산과 바위 이야기

부처님의 미소를 뒤로 하고 다시 산으로 오르면 갈림길을 만난다. 왼쪽은 바둑바위로 가는 길이고 오른쪽은 상사암을 거쳐 금오봉 정상으로 가는 길이다. 조금 수고스럽더라도 바둑바위는 다녀오자. 그래야 남산 설화의 한 축인 망산을 볼 수 있고 신라 경문왕 시절의 거문고 명인 옥보고가 거문고를 타며 놀았다는 금송정터를 확인할 수 있기 때문이다. 갈림길에서 왼쪽 길로 조금 가면 시야가 터지는 너른 바위가 있는데 이곳이 신선이 내려와서 바둑을 두었다는 바둑바위고, 바위 옆 소나무들이 있는 곳이 금송정이라는 정자가 있던 곳이다.

이곳 남산에 전해 오는 이야기가 있다. 옛날 옛적에 부부 신이 경주에 내려왔다. 이들 부부 신은 경주의 아름다움에 반해 풍광을 감상하고 있었는데 이때 빨래를 하던 처녀가 산처럼 큰 부부 신을 보고 "저 산 봐."하고 소리를 질렀다. 이 소리에 깜짝 놀란 부부 신은 그 자리에 굳어서 산이 되었는데 남신은 기암괴석이 우람한 남산이 되었고 여신은 부드럽고 포근한 망산이 되었다는 이야기다. 한편 망산 주위에는 벽도산이며 선도산 같은 잘생긴 산이 있는데 망산은 이들의 유혹에도 흔들리지 않고 오로지 남산만을 바라보고 있다고 한다.

바둑바위에서 다시 금오봉 쪽으로 방향

바둑바위에 서면 형산강이 만든 너른 벌판과 그 너머의 산들이 한눈에 잡힌다.

을 돌린다. 왔던 길을 되짚어 몇 걸음 더 옮기면 우람하고 울퉁불퉁한 바위 절벽이 있다. 상사암이다. 오래전부터 상사병에 걸린 사람들을 낫게 해주고 아이를 원하는 사람들의 소원을 들어주는 영험한 바위로 알려져 있다. 상사암을 지나 조금 더 땀을 흘리면 남산의 꼭대기 금오봉이다. 이제는 용장골로 내려갈 일만 남았다.

남산 전체를 기단으로 삼은 탑

금오봉을 뒤로 하고 남산순환도로를 따르다가 용장계곡 쪽으로 내려선다. 길은 조금 험해지는데 조심조심 내려가며 길가의 바위를 찬찬히 살펴보면 오래전에 바위를 떼어 내려고 파둔 쐐기 구멍을 볼 수 있다. 이곳의 탑이며 부처도 이렇게 떼어 낸 돌로 만들었을 것이다. 어느 순간 갑자기 시야가 터지면서 세상 어디에도 없을 장엄한 장면과 마주하게 된다. 눈 아래로 펼쳐지는 용장계곡과 멀리 형산강이 만드는 들판, 그 들판 너머의 산자락들, 그리고 바위 위에 올라앉은 삼층석탑이 어울린 풍경에 말문이 막힌다.

신라 석탑의 전형 중 하나는 기단이 상하로 이중인 것인데 용장사터 삼층석탑도 그 전형을 충실히 따랐다. 다만 하층 기단을 별도로 만들지는 않고 바위 위에 바로 상층 기단을 올렸는데 남산 전체를 하층 기단으로 삼은 셈이다. 참으로 대담하고 통 큰 발상이다. 나무 그늘 아래서 이 기묘하고 장엄한 모습을 바라보고 있으면 자리를 털고 일어나기가 쉽지 않다.

⑭ **용장사터 마애여래좌상·용장사곡 석조여래좌상**

용장사곡 석조여래좌상 앞에서 밧줄을 잡고 내려가면 넓은 공터. 공터 오른쪽에 이정표가 있고 내려가는 길이 있다. 그 길로 30m 정도 내려가면 작은 세거리인데 똑바로 가는 오른쪽 길로 30m 정도 들어간다. 묵은 무덤 두 기가 있는 공터가 용장사터다.

0.2km

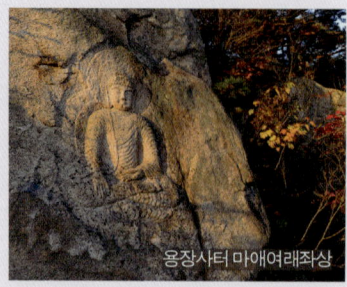
용장사터 마애여래좌상

⑮ **용장사터**

절터로 들어올 때 지났던 작은 세거리로 돌아나와서 오른쪽으로 내려간다. 한동안 산죽 사이로 나 있는 가파르고 험한 길을 내려간다. 500m 정도 내려가면 설잠교다.
다리를 건너서 오른쪽으로 간다. 이정표상 용장마을 방향이다. 계속 계곡을 따라 내려가서 징검다리를 건너 오른쪽으로 간다. 이후 마을 길을 따라 용장휴게소가 있는 큰길까지 내려가서 왼쪽으로 조금 가면 내남치안센터 버스 정류장이다.

2.3km

용장사터

● **내남치안센터 버스 정류장**

단정한 부처, 당당한 부처

헤어지기 싫은 연인을 두고 가는 것처럼 아쉬운 마음을 접고 계곡을 내려간다. 길은 더 험해진다. 밧줄을 잡고 내려가야 하는 험한 바윗길이 끝나면 길 앞으로 특이한 대좌 위에 앉은 목 없는 부처가 보이고 석불 조금 못미쳐 오른쪽 바위 면에 부처님 한 분이 새겨져 있다. 용장사터 마애여래좌상으로 부르는데 이 부처님을 처음 대하면 깔끔하고 단정하다는 인상을 받는다. 불경스러운 표현이기는 해도 정말 똑똑하게 생긴 부처님이다. 통통한 볼에 초승달 같은 눈썹과 웃음기 머금은 눈매, 오똑한 콧날, 꽉 다물었지만 미소 머금은 입술……. 정말 귀엽게 잘생기셨다.

용장사터 마애여래좌상 앞에는 특이한 대좌 위에 앉아 계신 머리 없는 부처님이 있다. 용장사곡 석조여래좌상이다. 위에서 내려가면서 만나므로 뒷모습을 먼저 보게 되는데 앞으로 돌아가면 안타까움은 더하다. 목 부분이 파손되어 불두 부분이 완전히 없어졌기 때문이다. 가공하지 않은 바위 위에 삼단의 대좌를 마련했는데 둥글게 가공한 원반형 돌을 삼층석탑의 형태로 쌓아 올렸다. 어디에서도 보기 힘든 특별한 대좌다. 대좌 위에 앉은 부처님은 목이 없기는 하지만 당당한 모습이다. 상상력을 발휘하여 허공에 부처님의 얼굴을 그려 본다. 문득 바로 옆 바위에 계신 부처님의 얼굴로 바꿔 보는데 정말 잘

용장사곡 석조여래좌상. 저녁 무렵 이곳에 오면 쉽게 만나지 못할 장면과 마주한다.

어울린다.

출발 지점인 삼릉 앞에서 점심을 먹고 시간을 맞춰 이곳에서 해넘이를 볼 수 있다면 오랫동안 기억에 남을 장면과 마주할 수 있다. 서산으로 넘어가는 부드러운 햇살이 부처님의 전면으로 비치면 환상적인 아름다움을 볼 수 있고 더불어 뒷모습의 실루엣은 아름다움을 뛰어넘는 숭고함이 있다.

무너진 절터에는 묵은 무덤만

용장사터는 몇 곳의 석축만 아니라면 이곳이 절터였다는 것도 모르고 지나칠 수 있다. 지금이야 폐허로 변해서 수풀이 우거져 있지만 그 옛날 용장사는 남산 전역에서도 손꼽히는 큰 사찰이었다고 한다. 생육신의 한 사람으로 비운의 천재로 꼽는 매월당 김시습이 한문소설《금오신화》를 쓰며 머물렀다고 하니 조선 초기까지만 하더라도 건재했던 곳이다.

용장계곡을 따라 내려오면서 가끔 뒤를 돌아보면 저 멀리서 용장사곡 삼층석탑이 계속 배웅한다. 조심스러운 걸음으로 계곡을 빠져나와 설잠교를 건넌 뒤에 마지막으로 삼층석탑과 눈을 맞추고 나면 남산 부처님 나라에서 사바세계로 나갈 때가 된 것이다. 설잠(雪岑)은 김시습의 법호다.

자리매김이 절묘하고 상승감이 돋보이는 늠비봉 오층석탑이다.

10. 서남산부터 동남산까지 남산 종주 | ★★★★
남산 길 더듬어 만나는 달빛에 젖은 전설

남산 답사 걷기는 시간과 거리 등의 이유로 대개는 한 구역의 유적을 찾아보는 동선으로 꾸며진다. 동남산, 서남산, 남남산, 동남산 기슭, 서남산 기슭 등으로 구분하는 식이다. 그렇게 남산을 몇 번 오르다 보면 남산 종주에 마음이 가고 종주를 위한 노선을 계획하는데 그때 가장 먼저 떠오르는 곳이 남산순환도로다. 남산순환도로를 중심으로 길 양쪽의 유적들을 찾아보면서 서남산에서 동남산으로 넘어가는 동선을 그리는 것이다.

저무는 신라의 모습을 기억하고 있을 포석정을 시작으로 서남산 골짜기에 숨어 있는 부처 몇 분과 달빛 아래서 보는 모습이 더욱 환상적인 늠비봉 오층석탑을 지난다. 동남산 구름 위에 앉아 있는 신선암 마애보살과 칠불암을 지나 동남산 기슭까지 이르는 길, 에스 라인으로 길게 이어지는 환상의 길이다.

여행 정보

- 일부 구간을 제외하면 등산 수준이다.
- 경주 시내에서 출발 지점인 포석정에 가려면 500, 505, 506, 507, 508번 버스를 탄다.
- 도착 지점인 통일전 버스 정류장에서 10번 버스를 타면 국립경주박물관, 경주 시내, 고속버스터미널로 갈 수 있고, 건너편에서 11번 버스를 타면 불국사관광단지 쪽으로 간다. 포석정과 통일전 앞에는 넓은 주차장이 있다.
- 음식점과 매점은 포석정과 통일전 부근에만 있고 다른 곳에는 아무것도 없으므로 간식과 마실 물은 충분하게 가져가는 것이 좋다. 부흥사에서 식수를 구할 수 있고 칠불암 아래에 약수가 있다. 화장실은 포석정, 부흥사, 금오봉 부근의 남산순환도로, 칠불암, 칠불암에서 염불사터로 가는 등산로, 통일전에 있다.

코스 연계

- 도착지인 통일전은 6, 7코스의 시작·종점이고 5코스의 마치는 지점이다.

10.8km, 4시간 30분

1.3km	**① 포석정 버스 정류장** 포석정 표지판을 따라간다. 포석정 입구를 등지고 왼쪽으로 가서 남산 입구로 들어선다. 공원 지킴터 앞 갈림길에서 가던 길의 왼쪽 길로 간다. 이정표상 '금오봉 4.3km' 방향이다. 300m 정도 가면 첫 번째 작은 시멘트 다리가 있고 이어서 두 번째 시멘트 다리를 지난다. 세 번째 다리를 건너면 왼쪽에 이정표가 있다. 왼쪽으로 비탈진 산길을 80m 정도 올라가면 윤을곡 마애여래좌상이 있다.
0.9km	**② 윤을곡 마애여래좌상** 순환도로로 내려와서 왼쪽으로 간다. 700m 정도 올라가면 오른쪽에 이정표가 있는 갈림길이다. 이정표상 '포석곡 제5사지 마애여래좌상' 방향인 오른쪽 좁은 산길로 올라간다. 산길을 따라 130m 정도 가면 갈림길이다. 똑바로 가는 오른쪽 마애여래좌상 방향으로 가면 왼쪽 바위에 부엉골 마애여래좌상이 있다.  윤을곡 마애여래좌상
0.3km	**③ 부엉골 마애여래좌상** 이정표가 있는 갈림길로 돌아 나와서 오른쪽 부흥사 방향으로 간다. 산길을 따라가면 넓은 길과 만나는데 오른쪽으로 가면 부흥사다.
0.2km	**④ 부흥사** 요사채 앞마당을 지나 장독대 앞으로 내려와서 왼쪽 산으로 올라간다. 산길을 따라가면 능선 갈림길을 만나는데 이정표상 오른쪽 오층석탑 방향으로 조금 가면 늠비봉 오층석탑이 있다.
0.3km	**⑤ 늠비봉 오층석탑** 다시 능선 갈림길로 돌아 나와서 이정표상 금오봉 방향으로 똑바로 간다. 계속 주 등산로를 따라 올라가면 금오정이다.
0.5km	**⑥ 금오정** 금오정 뒤쪽의 바위 지대를 지나면 남산순환도로 갈림길인데 오른쪽 '금오봉, 통일전' 방향으로 간다. 350m 정도 가면 왼쪽에 상사바위로 들어가는 입구가 있다. 전망대 옆의 바위가 상사바위다.

병든 이들아 내게로 오라

포석정(11코스 119쪽 참조)에서 시간을 보내고 근처의 지마왕릉까지 찾아보고 나면 남산순환도로로 접어든다. 안 만들었다면 더 좋았겠지만 그나마 포장을 안 하고 차량 통행을 막은 것만으로 다행이라 여겨야 할까? 남산 해목령에서 포석정 쪽으로 내려오는 계곡이 윤을곡인데 남산순환도로는 이 윤을곡을 따라 오른다. 길에서 조금 벗어난 윤을곡 바위에 배치가 독특한 부처님 세 분이 조각되어 있다. 윤을곡 마애여래좌상이다. 정면으로 보이는 바위 면에 두 분, 측면 바위 면에 한 분을 새겨 삼존불의 형식이다. 가운데 부처님을 중심으로 양쪽의 부처님은 손에 약그릇을 들고 있는 것으로 보아 약사여래로 본다. 측면 바위의 부처님 광배 왼쪽에 '太和 九年 乙卯(태화9년 을묘)'라고 새겨져 있어 신라 흥덕왕 10년(835)에 조성된 것임이 밝혀졌다.

외로운 부엉골에 부처님 한 분

금오봉에서 늠비봉을 거쳐 포석정으로 흘러내린 골짜기가 포석골이다. 낮에도 부엉새가 운다고 해서 보통 부엉골로 부르는데 그만치 깊숙한 계곡이라는 이야기다. 이곳 바위에 부처님이 한 분 계신다. 부엉골 마애여래좌상이다. 가는 길이 조금 까다롭고 등산로도 아니어서 찾는 사람은 많지 않다. 부처님은 짙은 황토색이

늠비봉 가는 길의 아침 안개 드리운 솔숲은 또 다른 선경이다.

도는 바위 면에 얕은 선각으로 조성되어 있다. 바위가 서향이라 늦은 오후 서산으로 넘어가는 햇살이 바위에 비치기 시작하면 바위는 온통 황금색으로 빛난다. 그래서 이 부처님을 황금불이라고도 부른다. 문화재로 지정되지도 않았고 외진 곳이다 보니 찾는 사람도 드물지만 천년 세월을 넘겨 그 자리에서 외로운 골짜기를 지키고 있다.

달빛에 젖은 석탑은 신화가 되고

황금불이 계신 곳에서 언덕을 오르면 부흥사라는 작은 절집이다. 부흥사 경내를 가로질러 계곡을 타고 넘으면 바위 능선에 우뚝한 오층석탑을 만난다. 늠비봉 오층석탑이다. 자연 암반 위에 단층 기단을 마련하고 늘씬한 오층의 탑신을 올렸는데 호리호리한 몸체 때문에 시원한 상승감이 느껴진다. 근처에 무너져 있던 탑의 부재들을 모아 2002년에 지금의 모습으로 복원했다. 새로 끼운 부재가 많아서 오래된 석탑이 주는 세월의 무게는 느낄 수 없지만 금방이라도 파란 하늘로 비상할 것 같은 동적인 아름다움이 있다.

늠비봉 오층석탑은 신라 탑의 양식을 충실히 따르지 않고 전체적인 모습으로는 백제계 탑에 가깝다. 경주 남산의 백제계 석탑을 어떻게 해석해야 할까? 신라 말에 백제의 장인이 세웠을 수도 있고 신라가 망한 후 고려 왕조로 바뀐 후에 백제의 후

❼ 상사바위

이후 가던 길로 남산순환도로를 따라 계속 간다. 400m 정도 가면 왼쪽에 사자바위, 팔각정터, 남산 부석으로 가는 입구가 있다. 100m 정도 더 가면 헬기장 공원 지킴터를 지나고 다시 150m 정도 가면 왼쪽에 화장실이 있다. 가던 길로 220m 정도 가면 금오봉 갈림길을 지난다. 350m 가면 용장계곡 갈림길인데 가던 길로 계속 간다. 800m 가면 솔숲 안에 있는 갈림길로 봉화대 능선 입구다. 남산순환도로를 버리고 칠불암 방향인 오른쪽으로 간다.

2.0km

❽ 봉화대 능선 입구

오른쪽 숲으로 들어가서 내리막길로 가면 이영재다. 오른쪽 길은 용장마을로 가는 길이고 똑바로 가는 왼쪽 칠불암 방향으로 간다. 이후 외길이나 다름없는 봉화대 능선을 따라가는데 중간에 있는 이정표상 칠불암 방향이다.
능선길이 끝나고 비탈길을 내려서면 이정표가 있는 세거리다. 왼쪽 칠불암 방향으로 언덕을 오르면 널찍한 솔숲 공터 갈림길이다. 이정표상 칠불암 방향인 왼쪽으로 간다. 바위를 타고 내려오면 갈림길인데 오른쪽으로 가면 신선암 마애보살반가상이다.

1.5km

❾ 남산 신선암 마애보살반가상

다시 갈림길로 돌아와 오른쪽으로 간다. 계단을 따라 산길을 내려오면 칠불암이다.

0.2km

❿ 남산 칠불암 마애불상군

칠불암을 등지고 서면 앞으로 산을 내려가는 길이 있다. 넓은 주 등산로를 따라 마을까지 내려오면 산불 감시 초소가 있고 왼쪽에 쌍탑이 있는 곳이 염불사터다.

2.4km

⓫ 염불사터

마을길은 무시하고 주 도로를 따라가면 왼쪽에 남산동 동·서 삼층석탑이 있다.

0.6km

⓬ 남산동 동·서 삼층석탑

가던 길로 간다. 400m 정도 가면 세 갈래 길이다. 왼쪽 길로 둑 위에 오르면 그곳이 서출지다.

0.4km

⓭ 서출지

서출지 둑을 따라 계속 나가면 통일전이고 통일전 앞 세거리에 버스 정류장이 있다.

0.2km

● 통일전 버스 정류장

손이 세웠을 수도 있다. 그러나 조성 연대나 탑의 족보를 알아내는 것은 전문가들의 소임이고 우리네 답사객들은 바위산을 딛고 서서 하늘을 우러르고 있는 단아한 탑의 모습을 즐기면 그만이다. 늠비봉 오층석탑이 최고로 아름다운 시간은 저녁 무렵 석양이 배리들판 너머의 벽도산과 선도산 뒤로 숨으려는 순간이다. 그보다 한 수 위는 보름달이 석탑 위로 떠오를 때다. 바로 이때가 햇빛에 바랜 역사가 달빛에 젖어 신화가 되는 순간이다.

남산관광일주도로를 따라서

늠비봉 오층석탑을 뒤로 하고 등산로를 따라 산으로 오르면 금오정이다. 금오정은 남산 금오봉 북쪽 능선에 세운 정자 겸

통일전 앞 벌판에는 가을이 오고 있다.

전망대다. 금오정을 지나면 널따란 남산 관광일주도로를 만난다. 편하게 남산순환도로나 남산일주도로라고 부르는데 서남산의 포석정과 동남산의 통일전을 잇는 도로다. 차량 통행이 금지돼 있어서 걷는데 불편은 없다.

국사골에 살던 할아버지와 피리라는 소녀와의 이룰 수 없는 사랑 이야기가 전해지는 상사바위를 지나고 금오봉 입구와 용장골 갈림길을 지나면 봉화대 능선 입구다. 반대편 봉화대 능선이 시작하는 부근에 예전의 봉수대가 있어서 이런 이름을 얻었다. 능선으로 접어들면 외길이나 다름없어 여유롭게 걸을 수 있다.

봉화대 능선을 벗어나서 울퉁불퉁한 바위를 타고 조심스럽게 내려가면 절벽 위에 올라앉은 바위 면에 경이로운 보살이 새겨져 있다. 신선암 마애보살반가상(7코스 86쪽 참조)인데 보살의 명칭은 알려져 있지 않다. 신선암 마애보살 앞에서 절벽 아래로 보이는 작은 암자가 칠불암(7코스 85쪽 참조)이다.

칠불암부터는 본격적인 남산 하산길이다. 험하지 않은 봉화골 숲길을 따라 일사천리다. 염불사터(7코스 84쪽 참조)에서는 최근에 복원한 쌍탑과 눈을 맞추고 탑마을 안에 있는 예쁜 남산동 동·서 삼층석탑(6코스 77쪽 참조)을 지나면 늙은 나무들이 둑 위를 지키고 있는 '글이 나온 못' 서출지(6코스 76쪽 참조). 곱게 나이를 먹은 못가의 정자를 돌아 나가면 통일전 마당이다.

쓰임새에 대해 여러 이견이 있는 포석정은 저무는 신라를 증언하는 장소다.

11 서남산 기슭을 따라서 | ★★★

신라가 깨어나고 신라가 잠든 곳

기원전 57년부터 기원후 935년까지 992년간 존속했던 동방의 아름다운 나라, 백제와 고구려를 평정했지만 외세를 끌어들였다는 이유로 미움 아닌 미움을 받는 나라, 우리나라 불교 미술을 궁극의 경지로 끌어올린 나라, 바로 신라다. 신라의 시조인 박혁거세가 태어나고 묻힌 나정과 오릉, 신라 최초의 궁궐을 세운 곳으로 전해지는 창림사터, 신라가 스러지는 모습을 보았을 포석정 등을 걸으며 신라의 시작과 끝을 본다.

김유신 장군과 천관녀와의 이야기가 전해 오는 천관사터, 서남산 자락에 자리한 당간지주와 삼층석탑, 고신라 불상 조각의 대표작으로 평가되는 삼존불, 사진을 좋아하는 사람들이 즐겨 찾는 소나무 숲의 삼릉을 비롯한 왕릉들, 길지 않은 길이지만 그 길에는 신라의 처음과 마지막이 함께 있다.

여행 정보

- 경주 시내에서 11, 600, 601, 602, 603, 604, 605, 607, 608, 609번 버스를 타면 국립경주박물관 앞에 내린다. 차를 가져간다면 국립경주박물관 주차장에 세워 두면 된다.
- 마치는 곳인 삼릉 버스 정류장에서 500, 505, 506, 507, 508번 버스를 타면 경주 시내나 고속버스터미널로 갈 수 있다.
- 음식점과 매점은 국립경주박물관과 사마소, 오릉, 포석정, 삼릉 입구 버스 정류장 부근에 있다. 화장실은 박물관, 오릉, 포석정, 배동 석조여래삼존입상 주차장, 삼릉 주차장에 있다.

9.8km, 3시간 20분

🔻 **국립경주박물관**

박물관 정문을 등지고 왼쪽으로 계단을 내려가서 왼쪽으로 간다. 박물관 담장을 따라 월성교를 건너서 오른쪽의 남천을 따라간다. 월성교부터 400m 정도 가면 왼쪽으로 넓은 벌판이 있는데 그곳이 인용사터이다.

월성교를 건너서 왼쪽으로 180m 정도 가면 작은 세거리다. 왼쪽으로 남천까지 나가면 춘양교터를 볼 수 있다.

0.6km

춘양교터

❷ **인용사터**

가던 길로 400m 정도 가면 남천 위에 복원 중인 월정교가 있다.

0.4km

인용사터

❸ **월정교**

월정교를 지나서 가던 길로 300m 정도 가면 오른쪽에 교촌교가 있는 세거리다. 교촌교를 건너면 네거리인데 왼쪽 길로 접어들면 바로 오른쪽이 사마소다. 월정교가 복원되면 월정교를 건너서 왼쪽으로 남천을 따라 350m 정도 가면 사마소다.

0.4km

세월은 가고 황량함만 남아

무너진 절터만큼 쓸쓸한 곳이 또 있을까? 대개의 폐사지는 황량한 들판이나 산자락에 몇 점의 석물이 자리를 지키는 경우가 대부분인데 사람들은 그런 모습을 즐기기 위해 일부러 찾는다. 폐사지의 미학이니 하는 수사학적인 표현도 하지만 사실 무너진 절터에는 스산함만 있는 것은 아니다. 고요함과 더불어 남아 있는 석물 몇 점이 주변의 풍광과 함께 만들어 내는 아름다운 그림이 있다.

그러나 아무것도 없는 폐사지라면? 발굴 조사를 마친 뒤에 발굴 현장을 모두 흙으로 덮어 버렸다면? 상상력을 발휘하려 해도 그럴 단초조차 없다면? 인용사터가 그렇다. 발굴 조사를 마친 후 현장을 흙으로 덮어 버린데다 미루어 짐작할 수 있을 만한 그 어떤 단초도 남기지 않았기에 그냥 지나치는 사람은 이곳이 절터라는 것도 알 수 없다. 인용사터의 아쉬운 점이다.

인용사는 당나라에서 외교 문제로 옥에 갇힌 신라의 왕자 김인문의 안녕을 빌기 위해 신라 사람들이 세운 절이라고 한다. 김인문은 태종 무열왕의 둘째 아들로 당 조정에서 숙위(속국의 왕족들이 볼모로 가서 머물던 것)하며 신라와 당 양국간의 외교 업무를 도맡아 했다. 뛰어난 외교적 수완을 발휘해 신라의 삼국 통일에 크게 기여한 인물이다.

남천에 복원 중인 월정교, 얼마 후에는 우리 곁으로 돌아온다.

아름다운 다리
우리 곁으로 돌아오다

월성 앞을 흐르는 냇물이 남천이다. 신라 시절에는 문천으로도 불렸던 남천에는 아름다운 다리가 두 개나 걸려 있었다고 한다. 춘양교와 월정교라는 다리였는데 세월이 흐르면서 아름답고 당당했을 두 다리는 모두 부서지고 교각을 받치고 있던 기둥 자리만 남아 있다.

춘양교는 효불효교, 칠성교 등의 여러 이름을 거쳐서 일정교로 정착된 것으로 추측된다. 궁궐이 있는 월성에서 일정교를 건너면 남산으로 바로 연결되었고 월정교는 궁궐의 서쪽에서 궁궐과 외지를 연결하던 다리였다.

요석공주와 원효 스님의 사랑 이야기가 전해지는 월정교는 한창 공사 중이어서 조금은 어수선하다. 현재 다리 위의 누각은 완성되었고 지금은 다리 양쪽의 문루를 짓고 있는데 2015년에 완공될 예정이다. 커다랗게 세워 놓은 복원 조감도를 보면 완공 후의 멋진 모습을 기대해도 좋겠다. 당시에는 돌을 쌓아 올려 교각을 세우고 교각 위에는 기다랗게 누각을 얹은 다리였을 것으로 추정되는데 대단히 화려했을 것이라고 한다.

일정교도 순차적으로 복원할 계획이라니 두 다리가 모두 복원되면 경주에 볼거리가 하나 더 생기는 것이다.

❹ **사마소**
사마소를 지나 냇물과 나란히 나 있는 길을 따라 150m 정도 가면 오른쪽에 재매정이 있다.

0.2km

사마소

❺ **재매정**
재매정에서 사마소 쪽으로 돌아 나와서 교촌교를 건넌 후 왼쪽으로 간다. 동해매운탕, 천원사 표지판이 있는 세거리에서 오른쪽으로 간다. 동해매운탕을 지나면 세거리다. 똑바로 가는 왼쪽 길로 간다.
다시 100m 정도 가면 천원사 표지판이 있는 세거리인데 역시 똑바로 가는 왼쪽 길로 간다. 오른쪽에 있는 집 몇 채를 지나 밭 사이로 난 길로 올라가면 농로 세거리다. 왼쪽으로 몇 걸음 가면 앞으로는 수로가 있는 세거리인데 수로를 건너지 말고 오른쪽으로 간다.
30m 정도 가면 다시 갈림길인데 오른쪽 길로 100m 정도 가면 오른쪽 길가에 천관사터를 알리는 표지판이 있다. 주변의 밭을 잘 살펴보면 석물들을 찾아볼 수 있다.

1.0km

❻ **천관사터**
가던 길로 간다. 250m 정도 가서 만나는 네거리에서 똑바로 간다. 마을을 빠져나오면 큰길이다. 길 건너에 오릉의 숭덕전 정문이 있다. 숭덕전 정문 쪽으로 길을 건너 왼쪽으로 담장을 따라 돌아가면 오릉 매표소다.

0.8km

천관사터

우리 집 물맛은 그대로구나

월정교를 건너 김유신 장군의 집터로 가는 길가에 사마소가 있다. 사마소는 조선시대 과거 시험에 합격한 지방의 선비들에게 유학을 가르치거나 정치 토론을 하던 곳이다. 처음에는 고장의 발전에 기여했으나 점차 세력이 커지면서 수령의 통치에 간섭하고 백성들을 함부로 잡아다 벌을 주는 등 폐단이 많아졌다고 한다. 예나 지금이나 초심을 잃지 않는 것은 힘든 일인가 보다.

사마소 옆 너른 터가 김유신 장군의 집터라고 전해지는 곳이고 그곳 우물이 재매정이다. 이 우물에 전하는 이야기가 있다. 오랫동안 전장에 머물던 김유신 장군이 서라벌로 돌아오는 길이었다. 집에 거의 다 도착했을 즈음, 전선이 급박해졌다는 보고를 받은 장군은 그길로 다시 전장으로 떠나야 했다. 김유신은 자신의 집 앞을 지나면서도 말에서 내리지 않고 물을 한 바가지 떠오게 해서 마시고는 "우리 집 물맛은 옛날 그대로구나." 하고 바로 떠났다고 한다. 몰락한 가야의 후예였던 김유신이 누이 문희와 왕족 출신인 김춘추와의 정략결혼을 위해 장작을 쌓아 놓고 거짓으로 화형 시위를 했던 마당도 이곳 어디쯤이겠다. 월성과는 불과 500여 미터 정도밖에 떨어져 있지 않아 선덕여왕이 월성 성벽으로 산책을 나왔다면 충분히 볼 수 있는 거리다.

신라의 명장 김유신 장군의 집에 있었다는 우물 재매정이다.

저기 남천 건너에 그리운 님이 있건만

서라벌 월성과 남산 사이의 야트막한 야산이 도당산이다. 이 도당산 서쪽 기슭 논 가운데에 절터가 하나 있는데 천관사가 있던 자리라고 전해진다. 김유신과 기생 천관의 로맨스, 김유신이 자신의 애마 목을 베어 버린 사건, 버림받은 기생 천관의 자살, 천관의 영혼을 위로하기 위해 세운 천관사 등이 우리가 아는 이야기다.

그러나 요즘 소설이나 드라마에서는 다른 해석을 내놓는다. 천관녀는 기생이 아니고 신녀 또는 여사제였다는 것이다. 드라마틱한 스토리텔링으로는 기녀보다 신녀 쪽이 이야깃거리가 많을 듯도 하다. 천관녀가 무슨 신분이었건, 이곳은 김유신 장군의 집과는 500미터 정도밖에 떨어져 있지 않아 크게 소리치면 들릴 만한 거리다. 멀지 않은 거리에서 기약 없이 사랑하는 사람을 기다렸을 천관녀의 마음을 헤아려 본다.

신라를 세운 임금, 이곳에 잠들다

신라 초기의 박씨 임금 네 사람과 신라 시조 박혁거세의 왕후인 알영 왕비의 무덤이라고 전해지는 오릉으로 향한다. 경주의 왕릉을 대표하는 곳이다 보니 수학여행 온 학생들도 많고 답사객도 끊이지 않는다. 게다가 능역 전체가 울창한 숲으로 둘러싸여 있어 가볍게 산책 삼아 찾는 이들도 많다. 손을 꼭 잡은 다정한 연인들, 가족과 함께 소풍 나온 사람들, 재잘재잘 귀여운 유치원 꼬맹이들, 아이의 손을 양

❼ **오릉**
0.9km

오릉을 등지고 왼쪽으로 가서 찻길이 나오면 오른쪽으로 간다. 오릉네거리에서 포석정, 남산 방향으로 똑바로 간다. 네거리에서 350m 정도 가면 길 왼쪽에 탑동주유소가 있는 세거리인데 왼쪽 길로 간다. 길모퉁이에 나정, 양산재 표석이 있다. 조금 가면 왼쪽에 나정이 있다.

오릉

❽ **나정**
1.1km

계속 가던 길로 간다. 160m 정도 가면 세거리인데 왼쪽으로 100m 정도 들어가면 양산재다. 양산재 입구 세거리로 나와 왼쪽으로 간다. 입구에서 360m 정도 가면 남간마을 앞 네거리다. 가던 길로 똑바로 가는데 이정표상 일성왕릉 방향이다. 250m 정도 가면 왼쪽에 경덕사가 있고 갈림길이다. 오른쪽으로 주차장을 지나 끝까지 가서 길을 따라 숲길을 지나면 일성왕릉이다.

나정

❾ **일성왕릉**
0.6km

갔던 길로 다시 남간마을 앞 네거리로 나온다. 왼쪽 들판 방향으로 가는데 이정표상 당간지주, 창림사지 방향이다. 조금 가면 왼쪽에 남간사터 당간지주가 있다.

일성왕릉

쪽에서 잡고 걸어가는 젊은 부부, 모두 행복한 풍경이다.

봉분의 능선이 만드는 부드러운 곡선이 일품인 이 무덤들은 경주에 있는 다른 신라 무덤들과 같이 흙을 둥글게 쌓아 올린 원형 봉토분이다. 제일 앞의 1호 무덤이 높이 10미터로 가장 크고 2호 무덤은 표주박형이다. 그런데 이러한 대형 원형 봉토분은 신라에서는 4세기 이후 등장하는 것으로 알려져 있고 박혁거세 임금 당시의 무덤 형식은 아니어서 오릉의 실제 주인에 대한 이견이 있다.

알 속에서 태어난 아이

오릉네거리에서 언양 방향으로 350미터 정도 가면 왼쪽으로 나정, 양산재, 일성왕릉을 알리는 표석이 서 있다. 길을 따라 200미터 남짓 걸으면 왼쪽에 소나무 여러 그루가 지키고 있는 빈터를 만난다. 얼핏 보기에는 그냥 그런 빈터로 보이지만 이곳이 신라의 역사가 시작된 나정이다.

지금부터 약 2천여 년 전, 고조선이 망하자 유민들은 살길을 찾아 이리저리 흩어졌다. 그중 일부는 한반도 남동쪽으로 내려와 진한 땅에서 여섯 개의 촌을 이루며 살았다. 그러던 어느 날 양산 기슭 우물가에서 흰 말 한 마리가 울고 있어 가보니 빛이 나는 큰 알이 있었다. 알 속에서 남자아이가 태어나자 박처럼 생긴 알에서 태어났으므로 성을 박(朴)이라 하고 세상을 밝

오릉 가는 길은 숲 그늘 좋은 행복한 길이다.

게 한다는 뜻에서 이름을 혁거세(赫居世)라고 지었다. 박혁거세는 13살 되던 해인 기원전 57년에 나라를 세우고 왕위에 올랐다. 나라 이름은 '아침 해가 제일 먼저 비치는 성스러운 곳'이라는 뜻의 서라벌이라고 하였다. 천년 왕국 신라가 시작된 것이다.

나정과 이웃해 있는 양산재는 여섯 촌장을 기리기 위한 사당이다. 알천 양산촌의 이씨, 돌산 고허촌의 최씨, 취산 진지촌의 정씨, 무산 대수촌의 손씨, 금산 가리촌의 배씨, 명활산 고야촌의 설씨 등이 여섯 촌장이고 여섯 성씨의 시조다. 양산재는 1970년에 건립한 것이다.

해목령 아래, 솔숲에 잠든 임금

길은 남간마을 안으로 이어지다가 금산 가리촌의 촌장 배씨 가문의 사당 경덕사를 지나 남산 자락으로 접어든다. 편안한 소나무 숲길을 따라 조금 더 들어가면 신라 제7대 임금 일성왕(재위 134~154)의 능이 있다. 능은 2단의 축대 위 소나무 숲 안에 조용하고 편안하게 자리하고 있다. 경주 지역의 다른 능처럼 흙으로 둥글게 쌓아 올린 원형 봉토분이라 별다른 특징은 없다. 일성왕은 북쪽 변방에 침입하는 말갈인을 막고 농토를 넓혀 제방을 쌓는 등 농업을 권장했으며, 백성들에게 금·은·보석의 사용을 금지해 사치 풍조를 멀리하게 했다고 전한다.

신라 첫 궁궐이 있던 곳

남간사는 신라의 승려 혜통의 집터에 창건한 사찰로 전하지만 정확히 언제 창건되었는지는 알 수 없다. 남산에 있던 여러 절 중에서도 이름이 높았던 절이었다고 한다. 남간사터에 서 있는 당간지주는 남산 지역에서 볼 수 있는 유일한 당간지주다. 소박하고 간단한 형태로 통일신라 중기의 작품이다.

남간사터 당간지주의 남쪽 산자락에 있는 창림사터는 경주 월성 이전에 박혁거세가 세운 신라 최초의 궁궐이 있었다. 그러나 궁궐과 연결 지을 수 있는 유물이나 유적은 없다. 창림사는 통일신라 시대에 창건되어 고려 때까지는 존속했는데 조선 초기에 폐사되었다고 한다. 삼층석탑 한 기와 목이 잘린 쌍귀부, 이곳저곳에 흩어져 있는 주춧돌이며 석탑 부재가 이곳이 절터였음을 알려 준다.

창림사터 삼층석탑은 남산 일대에서는 가장 큰 석탑이다. 현재 높이가 6.5미터고 상층 기단에는 사실적인 팔부신중이 조각되어 있다. 석탑 아래에는 목이 잘리고 비신도 잃어버린 쌍귀부가 남아 있다. 얼마 전까지만 해도 숲 속이라 찾아오는 길이 쉽지 않았는데 절터를 발굴하면서 주변의 나무를 모두 베어 내 이제는 멀리서도 석탑을 확인할 수 있다. 최근에 발굴 현장에서 금당 자리와 회랑 자리가 확인되었다.

---

⑩ **남간사터 당간지주**

가던 길로 계속 간다. 120m 정도 가면 작은 시멘트 다리를 건너고 다리부터 350m 정도 더 가면 세거리다. 왼쪽 길로 산이 있는 방향으로 간다. 220m 정도 올라가면 갈림길이다. '삼릉 가는 길' 이정표가 있다. 왼쪽으로 길을 따라 돌아가면 창림사터 삼층석탑이 있다.

0.9km

남간사터 당간지주

⑪ **창림사터 삼층석탑**

다시 '삼릉 가는 길' 이정표가 있는 갈림길까지 내려와서 똑바로 가는 왼쪽 길로 간다. 솔숲을 지나고 감나무 과수원을 지나면 마을 갈림길인데 왼쪽으로 간다. 이후 중간의 갈림길들은 무시하고 끝까지 가면 벽에 '삼릉 가는 길' 표시가 있는 갈림길이다. 오른쪽으로 간다.
골목을 빠져나오면 포석정 담장을 만나고 오른쪽으로 개울을 따라 내려오면 주차장이다. 주차장 끝에서 담장을 따라 왼쪽으로 나가면 포석정 주차장이다. 왼쪽에 매표소가 있다.

0.9km

⑫ **포석정**

포석정 입구에서 주차장의 가운데로 나와서 왼쪽을 보면 지마왕릉 표지판이 있고 그곳에서 길을 건너면 지마왕릉으로 들어가는 길이 있다. 길을 따라 들어가면 작은 주차장이 있고 주차장 위에 지마왕릉이 있다.

0.4km

석탑 하나만 외롭게 서 있는 창림사터는 신라 최초의 궁궐이 있었다는 곳이다.

시 한 수에 술 한 잔

우리나라 국보 제1호는 숭례문이고 보물 제1호는 흥인지문이다. 그렇다면 사적 제1호는 무엇일까? 바로 포석정이다. 신라 시대의 가장 아름다운 이궁이 있었다던 포석정이지만 현재는 묵은 나무로 둘러싸인 작은 공원이다.

중국의 명필 왕희지는 친구들과 함께 물 위에 술잔을 띄워 술잔이 자기 앞에 오는 동안 시를 짓지 못하면 벌로 술 석 잔을 마시는 잔치인 유상곡수연(流觴曲水宴)을 했다고 한다. 포석정은 이를 본떠서 만든 연회 장소다. 지금은 정자는 없고 물길만 남아 있다. 통일신라 시대에 만들어진 것은 분명하지만 정확한 축조 연대는 밝혀지지 않았다. 신라 제55대 임금인 경애왕(재위 924~927)이 재위 4년 되던 해에 포석정에서 잔치를 베풀다가 후백제의 견훤이 쳐들어오자 비참하게 자결했고 이로써 신라는 멸망의 길로 들어섰다. 이것이 우리가 포석정에 대해 알고 있는 두 가지 이야기다.

그런데 근래 들어 포석정에 대한 다른 해석이 나오기 시작했다. 포석정은 단순한 연회 장소가 아니라 왕과 귀족들의 중요한 회의 장소나 신성한 제사 공간이었을 것이라는 설이다. 포석정은 사당이었고 견훤이 쳐들어온 시기는 밖에서 유상곡수연을 하기에는 너무 추운 계절이었다는 이유를 드는데 포석정에서 문화 해설을 하고 있는 분들도 이런 취지로 해설을 한다.

⑬ **지마왕릉**
지마왕릉에서 내려와 왼쪽 길로 가고 저수지 앞에서 오른쪽으로 간다. 저수지 끝 갈림길에서 오른쪽 숲길로 가는데 숲을 빠져나가면 주차장이고 주차장 왼쪽의 계단을 올라가면 배동 석조여래삼존입상이 있다.

0.5km

⑭ **배동 석조여래삼존입상(배동 삼존불)**
주차장으로 내려와서 왼쪽의 화장실 쪽으로 가고 망월사 앞을 지나서 숲으로 들어간다. 이후 '삼릉 가는 길' 이정표를 따라간다. 숲을 빠져나오면 작은 돌다리가 있는 갈림길이다. 왼쪽으로 돌다리를 건너서 조금 가면 앞에 삼릉이 보인다.

0.7km

⑮ **삼릉**
삼릉 철책 문 앞에서 삼릉을 등지고 왼쪽의 솔숲 길로 150m 정도 가면 경애왕릉이다.

0.1km

⑯ **경애왕릉**
경애왕릉을 등지고 앞으로 난 길을 따라 큰길로 나가고 큰길에서 오른쪽으로 조금 가면 삼릉 버스 정류장이다.

0.3km

● **삼릉 버스 정류장**

솔숲 안 무덤의
진짜 주인은 누구일까?

포석정 건너편 보도블록이 깔린 길을 따라 들어가면 주차장이 있고 주차장에서 계단을 올라서면 울창한 솔숲 가운데에 지마왕릉이 있다. 입구 안내판에는 능에 대해서 간단하게 다섯 줄로 설명을 마쳤다. 사서에 전하는 내용이 많지 않은 임금이라는 뜻이다.

사서에 따르면 신라 제6대 임금인 지마왕(재위 112~134)은 파사왕의 아들로 재위 23년간 가야와 왜구, 말갈의 침입을 막았다. 무덤은 비교적 규모가 큰 둥근 무덤으로 별다른 특징은 없고 무덤 앞에 최근에 설치한 작은 석상이 놓여 있다. 그러나 무덤의 위치와 규모, 형태로 보아 신라 초기에 만든 것으로 볼 수는 없다는 설명을 보면 이 무덤이 지마왕릉이 아닐 수도 있다는 이야기다.

남산의 미소, 신라의 미소

지마왕릉에서 삼존불(三尊佛)을 만나러 가는 길은 서남산 기슭 발치를 따라간다. 탱자나무 울타리를 따라 저수지 둑길을 지나면 근래에 지은 삼불사가 있고 바로 옆 보호각에 삼존불이 있다. 삼존불의 정식 이름은 배동 석조여래삼존입상이다. 처음부터 이곳에 있던 것은 아니고 남산 기슭에 흩어져 있던 것을 모아 1923년에 지금의 자리에 세운 것이다. 또 이 석불들은

남산에서는 산 너머에 계신 감실부처와 더불어 나이가 가장 많은 배동 삼존불이다.

기본 양식이 똑같기 때문에 처음부터 삼존불로 모셔진 것으로 본다. 처음 이곳에 세웠을 때는 보호각이 없었기 때문에 햇살의 위치에 따라 달라지는 신비한 미소를 볼 수 있었다고 하는데 지금은 보호각 속에 있어 신비의 미소를 보는 것은 불가능하다.

가운데 본존불의 손 모양을 보면 오른손은 다섯 손가락을 모두 펴서 위로 치켜든 형태로 중생의 두려움을 없애 준다는 '시무외인(施無畏印)'이다. 왼손은 팔을 아래로 내리고 손바닥을 정면으로 향하게 했는데 중생의 모든 소원을 다 들어준다는 수인 '여원인(與願印)'이다. 두 수인을 합쳐서 '시무외여원인'으로 부르는데 '통인'이라고도 한다. 왼쪽에 서 있는 보살은 손에 정병을 쥐고 있는 점 등으로 보아 관세음보살로 보고 오른쪽 보살은 관세음보살의 짝이 되는 대세지보살로 보는데 그렇다면 가운데 부처님은 서방극락세계를 주재한다는 아미타불이겠다.

이 삼존불은 전체적으로 통통한 모습과 4등신에 가까운 몸집에 천진난만한 어린아이 같은 미소를 머금고 있다. 동남산 부처골의 감실부처(5코스 69쪽 참조)와 더불어서 남산에서 제일 나이가 많은 고신라 시대의 작품으로 본다.

안개 자욱한 소나무 숲은
꿈속처럼 아득하고

삼릉은 남산의 서쪽 기슭에 동서로 세 기의 왕릉이 나란히 있어 붙여진 이름이지만 이 이름이 남산에서 갖는 의미는 각별하다. 서남산 답사나 등산은 물론이고 더 나아가서 남산 전체의 답사 일번지로 꼽는 곳이 삼릉이기 때문이다. 그뿐이 아니다. 삼릉은 주변 솔숲의 풍광이 너무나도 아름다워 사진 애호가들의 단골 출사처이기도 하다. 소나무 사진을 찍는 대가들도 물론이고 아마추어 사진작가들도 삼릉을 즐겨 찾는다. 게다가 안개라도 낀 새벽이라면 삼릉의 소나무 숲은 몽환적이라고밖에는 표현할 수 없다.

삼릉에 묻혀 있는 사람들이 누구인가에 대해서는 여러 의견이 있다. 현재까지 공식적인 자료에는 아래로부터 신라 8대 아달라왕, 53대 신덕왕, 54대 경명왕 등 세 명의 박씨 왕릉이라고 되어 있다. 그러나 아달라왕과 신덕왕, 경명왕 사이에는 무려 700여 년의 차이가 있어 이들의 무덤이 한곳에 모여 있는 것은 부자연스러우며 신라 초기에는 이와 같은 대형 무덤 자체가 존재하지 않았다는 점 등을 들어 다른 견해를 내는 사람들도 있다.

삼릉 소나무 숲에는 능이 하나 더 있는데 삼릉에서 남쪽으로 150미터 정도 떨어진 곳에 있는 경애왕릉이다. 이곳도 역시 솔숲에 폭 싸여 있어 아늑한 느낌을 준다. 저무는 신라의 마지막을 지켜본 임금 경애왕의 능 위치에 대한 이견이 있다.《삼국사기》에는 경애왕을 남산 해목령에 장사 지냈다고 했는데 해목령은 현재의 경애왕릉에서 너무 멀리 떨어져 있어서 맞지 않다는 것이다.

무덤의 주인에 대해서는 이견이 있을지 몰라도 뗏장 곱게 입혀진 무덤과 소나무 숲이 어우러져 만드는 아름다움에 대해서는 이견이 없을 것이다.

삼릉 소나무 숲은 전문 사진작가부터 아마추어 사진가까지 모두가 즐겨 찾는 곳이다.

서경주권

신라의 두 영웅 태종무열왕 김춘추와
흥무대왕 김유신을 찾아간다.
벽도산 산속 바위에 새긴 부처님과
마을 한쪽에 자리한 삼층석탑, 왕릉 한 기를 만나고
신라 팔괴 중 금장낙안과 나원백탑을 확인하는 길,
동학의 창시자 최제우 선생을 추모하는 길을
걸어 보자.

삼국 통일의 주역인 순충장렬 흥무대왕 김유신 장군의 유택이다.

12. 송화산에서 선도산까지 | ★★★
마주하는 산자락에 잠든 신라의 두 영웅

월성 서쪽 서천가에는 남북으로 나란히 놓인 두 개의 산이 있다. 북쪽에 있는 산은 송화산이고 남쪽에 있는 산은 선도산이다. 두 산 모두 그다지 높지 않은 산이지만 신라의 역사에서 차지하는 비중은 엄청나다. 그곳에는 신라의 두 영웅이 잠들어 있기 때문이다. 북쪽의 송화산 기슭에는 김유신 장군이, 남쪽의 선도산에는 태종 무열왕이 잠들어 있다.

송화산 기슭에 위치한 김유신묘는 경주에 있는 어떤 왕릉과 비교해도 뒤지지 않을 만큼 당당하다. 서악이라고도 하는 선도산 자락에 자리한 무열왕릉은 무덤의 주인을 확실하게 알 수 있는 신라 왕릉이다. 무열왕릉 뒤로는 서악동 고분군이 자리하고 있고 서악서원, 도봉서당, 서악동 삼층석탑을 지나면 문성왕릉, 헌안왕릉, 진지왕릉, 진흥왕릉 등을 만날 수 있다.

여행 정보

- 경주의 어느 곳에서 버스를 타든 대부분 경주 고속버스터미널을 경유한다. 차를 가져갔을 경우 고속버스터미널 앞에 있는 형산강 둔치 주차장에 세워 두면 좋다.
- 마치는 곳인 무열왕릉 앞에서 60, 61, 300-1, 330번 버스를 타면 고속버스터미널과 경주 시내로 나올 수 있다.
- 음식점과 매점 그리고 화장실은 김유신묘와 무열왕릉 부근에 있다.
- 무열왕릉 앞에서 버스를 타고 율동 마애여래 삼존입상 입구인 율동(두대리) 버스 정류장까지 이동할 수 있다. 무열왕릉 앞에서 60, 61, 300-1번 버스를 탄다.

6km, 2시간

1.7km

① **경주고속버스터미널**
터미널을 등지고 오른쪽으로 간다. 터미널 네거리에서 서천교를 건너 오른쪽으로 간다. 벚나무 터널 길을 지나면 세거리고 똑바로 가는 오른쪽 길로 간다.
400m 정도 더 가서 산으로 들어가는 왼쪽 길로 가는데 이정표상 김유신 장군묘 방향이다. 주차장 끝에 매표소가 있다.

② **김유신묘**
주차장으로 나와서 오른쪽 길로 간다. 들어갈 때 지났던 큰길로 나오면 오른쪽으로 간다. 서천교네거리에서 가던 길로 길을 건너 똑바로 간다. 기찻길 아래를 지나 200m 정도 가면 서악서원 표지판이 있는 세거리인데 오른쪽으로 간다. 100m 정도 들어가면 경주직업전문학교 정문이고 왼쪽으로 조금 가면 서악서원이다.

2.7km

김유신묘 가는 길

③ **서악서원**
서악서원을 등지고 오른쪽으로 간다. 담장이 끝나면 갈림길인데 오른쪽으로 간다. 도봉서당 이정표가 있다. 다시 서악서원의 담장이 끝나면 갈림길인데 왼쪽으로 이내 만나는 갈림길에서도 왼쪽으로 간다.
다시 갈림길에서 오른쪽으로 간다. 작은 네거리에서 똑바로 가는 길로 골목을 빠져나가 만나는 갈림길에서 오른쪽으로 간다. 이후 150m 정도 올라가면 오른쪽에 도봉서당이 있다.

0.5km

④ **도봉서당**
도봉서당 담장을 따라 오른쪽으로 서당 뒤편으로 가면 언덕에 서악동 삼층석탑이 있다.

0.1km

도봉서당

순충장렬 흥무대왕

김유신묘를 찾아가는 길은 벚꽃이 아름답기로 이름 높다. 봄이면 도시 전체가 벚꽃으로 뒤덮이는 경주에서도 이 길은 그야말로 황홀하다. 벚꽃은 오래가는 꽃이 아니다. 잠깐 피었다가 바람이라도 불면 그만 후드득 지고 만다. 이렇게 한순간에 지는 꽃잎의 아쉬움을 나뭇잎도 그대로 닮았다. 가을이면 어떤 나무 이파리보다 일찌감치 화사하게 물들었다가 또 그렇게 속절없이 떨어지고 만다. 그래도 봄가을로 날짜를 맞춰 찾는다면 오랫동안 기억에 남을 것이다.

김유신묘는 송화산 동쪽 줄기의 울창한 소나무 숲에 싸여 있다. 어느 왕릉 못지않은 당당하고 화려한 모습을 통해 신라에서 김유신 장군의 위치가 어떠했을지 짐작하고도 남는다.

김유신은 신라에 귀순한 가야 왕실의 후손이었지만 타고난 정치 감각과 역량으로 신라의 주류로 성공한 입지전적 인물이다. 이번 코스의 도착지인 무열왕릉의 김춘추와는 혈연으로 맺어진 정치적 동지였다. 김유신은 660년에 당나라와 연합해 백제를 멸망시켰고 668년에 고구려를 정벌한 후 당나라 군사를 축출해 삼국 통일의 기반을 다졌다. 순충장렬 흥무대왕 (純忠壯烈 興武大王)은 사후 추증된 장군의 시호다.

서악서원은 김유신 장군, 설총, 최치원을 모신 조선 시대의 서원이다.

선도산 자락의 교육기관 두 곳

서악서원으로 가는 길은 차도를 걸어야 하지만 안전한 인도가 확보돼 있어 걱정은 없다. 마을 한가운데 위치한 서악서원은 연륜이 있는 곳답게 묵은 나무들로 둘러싸여 있다. 이곳은 신라 김유신 장군과 설총, 최치원을 기리기 위해 세운 조선 시대의 서원이다.

서악서원은 문화재로 지정되어 있지만 고택 체험을 할 수 있어 숙박이 가능하다. 처음에는 서악서원 숙박을 반대하는 의견도 많았다고 한다. 그러나 사람이 살지 않으면 금방 못 쓰게 되는 것이 목조 건축물이다. 그런 면에서 비워 두고 쇠락하게 하는 것보다는 잘 관리하면서 사용한다면 그것도 좋은 일이겠다.

마을길을 따라 선도산 기슭으로 올라간다. 산자락이 막 시작되려는 곳에 도봉서당이라는 정갈한 한옥이 있다. 조선 성종 시절 학자였던 황정(1426~1497)을 추모하기 위해 건립된 재실(齋室)이다. 이곳도 서악서원과 마찬가지로 문화재로 지정되었지만 숙박을 할 수 있다. 이들 고택에서는 숙박뿐만 아니라 민속놀이, 다도 체험 등 다양한 문화 체험이 가능하다.

아담하고 귀여운 삼층석탑과
선도산 기슭의 왕릉들

도봉서당 뒤쪽 언덕에는 아담한 서악동 삼층석탑이 있다. 이 석탑이 처음부터 제자리를 지키고 있는 것이라면 이 일대는 오래전 절이 있었던 곳이리라. 서악동 삼

⑤ 서악동 삼층석탑
0.2km
서악동 삼층석탑 건너편 산기슭에 왕릉들이 자리하고 있다.

⑥ 문성왕릉·헌안왕릉·진지왕릉·진흥왕릉 ~ 김인문묘·김양묘
도봉서당을 지나 올라왔던 마을길을 내려간다. 중간의 갈림길은 무시하고 가던 길로 350m 정도 내려가면 '간곡길26' 표찰이 있는 어긋난 작은 네거리를 만난다.
오른쪽 길로 가다가 능역 앞에서 왼쪽 길로 선도동주민센터를 지나 큰길로 나오면 오른쪽에 무열왕릉 매표소가 있고 길 건너에 김인문묘와 김양묘가 있다.

0.8km

김인문묘, 김양묘

무열왕릉·서악동 고분군

서악동 고분군

층석탑은 돌을 벽돌처럼 다듬지는 않았어도 전탑의 특징인 지붕돌의 낙수면이 계단식으로 되어 있어 모전석탑 계열로 분류한다. 몸돌과 지붕돌의 비례가 살짝 아쉽지만 기단부가 여느 탑과는 달리 독특하여 눈길이 간다.

서악동 삼층석탑 앞 선도산 기슭에 옛 무덤 네 기가 자리하고 있다. 현재는 아래로부터 신라 제46대 문성왕릉, 47대 헌안왕릉, 25대 진지왕릉, 24대 진흥왕릉으로 추정한다. 그러나 이 무덤들의 주인에 대해서는 이견이 있다. 특히 진흥왕릉의 경우 삼국 통일의 기반을 마련하고 불교 진흥에 힘썼으며 화랑 제도를 창시하는 등 신라 역대 임금 중에서 가장 위대한 업적을 남긴 임금의 무덤치고는 규모가 너무 작은 편이라는 견해다. 추사 김정희 선생은 무열왕릉 위에 있는 서악동 고분 네 기를 진흥왕릉, 진지왕릉, 문성왕릉, 헌안왕릉으로 추정하였다. 이곳에는 네 기의 왕릉 외에도 아래 도봉서원에서 추모하는 황정의 무덤도 있다.

선도산은 옛 서라벌 사람들이 신성한 곳으로 여기며 보호한 곳이었을 뿐 아니라 오늘날의 경주 사람들도 아끼며 사랑하는 곳이다. 그다지 높지 않은 산이어서 가벼운 등산을 즐기는 사람들이 많이 찾는다. 선도산 아침노을의 아름다움을 선도효색(仙桃曉色)이라 하고 신라 팔괴(143쪽 참조) 중 하나로 꼽는다. 이 풍광을 즐기는

선도산 기슭에 자리하고 있는 서악동 삼층석탑은 여느 탑과는 조금 다른 모습이다.

것은 부지런한 사람들만의 특권이다. 경주가 고향인 시인 박목월도 그의 시 〈선도산하〉에서 선도산을 다음과 같이 노래하였다.

선도산
수정 그늘
어려 보랏빛

청주 냄새
바람을
우는 여울을

주막집
뒤뜰에
산그늘이 앉는다.

큰길가에 자리한 무덤 두 기

다시 큰길로 내려와 길을 건너면 고분 두 기를 마주한다. 둘 중 큰 것이 김인문묘고 작은 것이 김양묘로 알려져 있다. 두 무덤 모두 별다른 석물이나 장식 없이 간소하다. 김인문은 태종 무열왕의 둘째 아들이며 문무왕의 친동생으로 학문을 좋아하고 식견이 넓어 신라의 삼국 통일에 큰 역할을 했다. 글씨도 잘 써서 태종 무열왕의 비문을 썼다고 한다.

김양은 태종 무열왕의 9대손으로 삼국 통일 후 당나라와의 외교 교섭에 많은 역할을 했다. 김인문묘 앞 비각에는 거북받침돌이 있는데 김인문의 공적을 새긴 비석의 받침돌로 여긴다.

선도산 자락에 잠든 신라의 영웅

선도산에서 동남쪽으로 흘러내린 산줄기가 형산강 가까이 구릉을 만든 곳에 다섯 기의 무덤이 있다. 그중 제일 아래에 위치한 무덤이 신라 제29대 임금 태종 무열왕(재위 654~661) 김춘추의 무덤이다. 정확한 무덤 주인에 대해 의견이 엇갈리는 경주의 많은 왕릉 중에서 무열왕릉은 무덤의 주인을 확실하게 알 수 있는 유일한 무덤이다.

김춘추의 어머니는 신라 제27대 임금 선덕여왕의 동생 천명공주다. 백제 땅이었던 익산 쪽에 전해 내려오는 서동요 이야기가 사실이라면 백제의 30대 임금 무왕과 선화공주가 무열왕에게는 이모부와 이모가 되는 셈이다.

무열왕이 김유신의 누이 문희와 혼인하게 된 이야기나 무열왕의 딸 요석공주와 원효 스님의 이야기처럼 유독 무열왕과 관련한 일화나 설화가 많다. 이는 무열왕이 신라 역사에서 차지하는 비중이 워낙 크기 때문일 것이다.

전하는 이야기에 따르면 김유신의 누이 문희는 언니 보희가 오줌을 눠 서울이 오줌으로 가득 차는 꿈을 꾸었다는 이야기를 듣고 길몽으로 여겨 꿈을 샀는데 덕분에 무열왕의 왕비가 되었다고 한다. 언니 보희가 꿈에 오줌을 누었다는 서악이 바로 선도산이다.

무덤 앞 비각에는 태종 무열왕의 비가 있다. 몸돌은 없어지고 거북받침돌과 머릿돌만 남아 있는데 신라 석조물의 걸작으로 꼽힌다.

무열왕릉 뒤쪽 언덕에 자리한 네 기의 고분은 주인이 밝혀지지 않았다. 첫 번째 무덤은 법흥왕릉, 두 번째는 진흥왕릉, 세 번째는 진지왕릉, 네 번째는 사후 추존된 무열왕의 아버지인 김용춘 즉 문흥대왕릉으로 추정하기도 한다. 무덤의 주인은 알 수 없어도 네 기 무덤의 봉분이 그려 내는 곡선과 선도산 능선이 어울려 보여 주는 기막힌 스카이라인은 쉬 잊지 않을 아름다운 그림이다. 이곳을 찾은 계절이 뭉게구름 피어오른 가을의 어느 날이라면 한지에 쪽물을 들인 듯한 푸름과 '청노루 맑은 눈에 도는 구름'을 실감하게 된다.

무열왕릉은 경주에 있는 많은 신라 왕릉 중에서 확실하게 주인을 알 수 있는 유일한 무덤이다(위). 무열왕릉비를 받치고 있던 거북받침돌과 머릿돌인데 사실적으로 묘사한 거북이 인상적이다(아래).

두대마을 뒷산 바위에 새겨진 율동 마애여래삼존입상은 서방극락정토를 주재하는 아미타불이다.

13. 벽도산에서 대천을 건너 | ★★
벽도산 바위에는 서방정토가 숨어 있다

무열왕릉이 자리한 서악 선도산 남쪽 발치를 흘러 서라벌의 서천인 형산강으로 들어가는 냇물이 대천이다. 대천을 사이에 두고 선도산과 마주하는 높지막한 산이 있다. 푸른 복숭아나무가 많이 자란다는 벽도산이다. 벽도산에 기대어 자리한 두대마을 골짜기 깊숙한 곳 바위에는 서방극락세계를 주재한다는 아미타불이 새겨져 있다. 경주 시내에서 멀지는 않지만 사람들의 발걸음이 쉽게 닿는 곳은 아닌데 발품을 팔더라도 다녀올 만하다.

두대마을 건너편 외와마을 안에는 작지만 단정한 삼층석탑이 한 기 있어 마을에 절이 있었음을 증언하고 있다. 의외의 곳에서 만나는 석탑이라서 더욱 반갑다. 외와마을을 감싸고 있는 나지막하고 한갓진 야산 솔숲에는 신라를 중앙집권적 고대 국가 체제로 완성시킨 임금인 법흥왕의 유택이 자리하고 있다.

여행 정보

- 어디에서 버스를 타든 대부분의 버스는 경주 고속버스터미널을 경유한다. 차를 가져갔을 경우 고속버스터미널 앞에 있는 형산강 둔치 주차장에 세워 두고 60, 61, 300-1, 300번 버스로 율동 버스 정류장까지 이동한다.
- 마치는 곳인 경주대학교 버스 정류장에는 노선이 아주 많다. 신경주역으로 갈 수 있고 고속버스터미널과 경주 시내로도 갈 수 있다.
- 음식점과 매점, 화장실은 전 코스에 걸쳐 불편한 편이다. 간식과 마실 물을 준비하자.

8.8km, 3시간

① 율동(두대마을) 버스 정류장

율동 버스 정류장은 주유소가 있는 세거리다. 마을 안으로 들어간다. 중간에 좌우로 있는 마을길은 무시하고 철길과 경부고속도로 아래를 지나 조금 더 가면 왼쪽에 마을회관이 있는 네거리다. 왼쪽 길로 가는데 50m 정도 가서 만나는 세거리에서는 똑바로 가는 왼쪽 길로 가고 다시 50m 정도 가서 만나는 세거리에서는 오른쪽 길로 간다.

이후 길을 따라서 가던 길로 똑바로 800m 정도 가면 주차장이 있고 주차장 위로 난 산길을 조금 올라가면 율동 마애여래삼존입상이 있다.

1.5km

율동 마애여래삼존입상 오르는 길

② 율동 마애여래삼존입상

다시 율동 버스 정류장까지 내려와서 주유소 쪽으로 길을 건너 똑바로 둑길을 따라간다. 둑길이 끝나면 효현교다. 다리를 건너 효현 버스 정류장이 있는 세거리까지 가서 왼쪽 길로 간다. 이후 중간에 갈림길이 몇 곳 있지만 모두 가던 길인 오른쪽 길로 간다. 외와마을, 자운사, 효현리 삼층석탑 표지판이 있는 세거리에서 오른쪽 길로 간다.

270m 정도 가면 세거리인데 똑바로 가는 왼쪽 길로 간다. 작은 시멘트 다리를 건너 50m 정도 가면 갈림길인데 왼쪽으로 가면 효현동 삼층석탑이다.

3.5km

율동 마애여래삼존입상 앞 시시각

푸르고 허연 이끼에서 천년 세월을 보다

선도산에서 남서쪽으로 대천을 건너면 벽도산이고 이 벽도산이 품고 있는 마을이 두대마을이다. 마을길을 따라 산으로 오르면 작은 암자 위 바위 면에 새겨진 부처님과 협시보살을 만날 수 있다. 가운데 본존불은 서쪽을 향하고 있는 모습과 손 모양에서 서방극락세계를 주재한다는 아미타부처님으로 본다. 그렇다면 왼쪽의 보살은 정병을 들고 있는 관세음보살이고 오른쪽은 대세지보살이다. 아미타불을 모시는 법당은 무량수전이니 천년 세월의 흔적이 담긴 푸르고 허연 이끼 낀 바위가 무량수전인 셈이다.

석가모니가 열반한 후 근본불교에는 부처가 석가뿐이었다. 그러다가 더욱 발달한 불교 논리 체계를 수립한 대승불교에서는 많은 부처와 보살이 나타난다. 부처를 한마디로 이야기하면 '깨달은 사람'이다. 그런데 석가모니 이전에도 깨달은 이가 있었다는 논리에서 과거칠불(지난 세상에 나타난 일곱 부처)이 등장하고 또 현세의 부처인 석가모니 외에도 진리 그 자체를 상징하는 비로자나불, 서방정토세계인 극락을 주재하는 아미타불, 병든 사람들을 구원하는 약사여래, 그리고 미래에 올 부처인 미륵보살 들이 나타난다. 여러 부처님 중에서 대중들이 많이 찾는 인기 있는 부처님이 아미타불이다. 불교 신자가

한갓진 외와마을 안에 소나무를 배경으로 자리한 효현동 삼층석탑이다.

아니더라도 익히 아는 '나무아미타불'이라는 진언이 있다. 아미타부처님께 귀의하겠다는 뜻인데 쉽게 말하면 '아미타불 당신을 믿고 따를 테니 나를 극락으로 인도해 달라'는 이야기다.

마을 안에 자리한 예쁜 삼층석탑

벽도산에서 다시 선도산 쪽으로 넘어간다. 선도산과 벽도산 사이를 흐르는 냇물이 대천인데 이 물길을 사이에 두고 두대마을과 마주 보는 곳이 외와마을이다.
이 마을 안에 잘생긴 소나무를 배경 삼아 서 있는 예쁘장한 삼층석탑이 하나 있다. 오랜 세월 그 자리를 지켰을 탑이지만 주변을 둘러봐도 절이 있었다는 흔적은 없다. 이곳이 법흥왕이 죽기 전까지 불도를 닦았다는 애공사가 있던 곳이라는 이야기가 전해 오지만 확실한 물증이 없어 탑 이름도 동네 이름을 딴 효현동 삼층석탑이다.

사실 우리나라에 있는 수많은 탑 중에서 확실하게 자기 이름을 가지고 있는 탑은 불국사에 있는 석가탑과 다보탑뿐이다. 그 외의 많은 탑들은 탑이 있는 자리의 형편에 따라 이름이 결정된다. 탑이 건립될 당시부터 현재까지 존재하는 사찰이 있다면 그 절집 이름을 붙이는데 '분황사 모전석탑'이나 '무량사 오층석탑' 같은 식이다. 탑이 건립될 당시에는 절이 있었지만 나중에 폐사되어 절터만 남아 있는 경우에는 '감은사터 동·서 삼층석탑'이나 '황복사터 삼층석탑'처럼 절터 이름을 붙인

❸ 효현동 삼층석탑

올라왔던 길을 거슬러 내려간다. 마을 표석, 자운사 표지판 등이 있던 세거리에서 오른쪽으로 간다. 똑바로 뻗은 길을 가는데 좌우의 농로는 무시하고 작은 시멘트 다리를 건너서 220m 정도 가면 왼쪽은 농로 오른쪽은 찻길인 네거리다. 이곳에도 외와마을 표석이 있다.
똑바로 네거리를 지나 100m 정도 가면 법흥왕릉 표지판이 있는 세거리다. 오른쪽으로 420m 정도 산으로 들어가면 법흥왕릉이다.

1.4km

❹ 법흥왕릉

법흥왕릉 입구 세거리로 나와서 왼쪽으로 간다. 100m 정도 가서 만나는 외와마을 표석이 있는 세거리에서 왼쪽으로 간다. 700m 정도 가면 외와마을 버스 정류장이고 뒤에는 평화원룸이 보인다.
정류장 앞에서 가던 길로 40m 정도 가면 왼쪽으로 들어가는 길이 있다. 이 길을 따라 중간의 농로는 무시하고 250m 정도 들어가면 마을 앞 갈림길이다. 왼쪽으로 들어가면 경주대학교 기숙사다. 기숙사 앞에서 오른쪽 길, 기숙사를 지나서 오른쪽 길, 본관 앞에서 왼쪽 길로 죽 내려가면 정문이고 오른쪽으로 몇 걸음 가면 버스 정류장이다.

2.4km

법흥왕릉

● 경주대학교 버스 정류장

다. 절집도 남아 있지 않고 절집 이름도 전하지 않는 경우에는 '남산동 동·서 삼층석탑' 이나 이곳 '효현동 삼층석탑'처럼 동네 이름을 빌려 쓴다.

신라의 불교를 공인한 임금

제23대 임금 법흥왕(재위 514~540)의 유택을 찾아가는 길은 기분 좋은 숲길이다. 농로를 벗어나서 숲으로 들어가는데 길이 조금 짧아서 아쉬움이 남는다. 법흥왕릉도 여타의 왕릉처럼 솔숲에 폭 싸여 있는데 경주 시내에서 좀 떨어진 외진 산속에 있는 까닭으로 찾는 사람이 별로 없어 언제나 조용하고 고즈넉하다.

법흥왕은 신라를 중앙집권적 고대 국가 체제로 완성시킨 임금으로 평가받는다. 금관가야를 합병하여 낙동강 유역으로 진출하였으며 신라 처음으로 건원(建元)이라는 독자적인 연호를 사용했다. 또한 율령을 반포하고 관등제를 정비하는 등 국가 체제의 확립에 힘을 기울였다. 527년에는 이차돈의 순교를 계기로 불교를 공인하여 고대 국가의 이념적 기초를 마련하였다.

능의 규모는 그리 크지 않다. 이곳이 법흥왕릉인지 여부에 대해서는 이견도 있어 서악동의 무열왕릉 뒤쪽 언덕에 자리한 네 기의 고분 중 첫 번째 무덤을 법흥왕릉으로 보기도 한다.

법흥왕릉 가는 숲길은 찾는 사람이 많지 않아 언제나 한적하다.

형산강 절벽 위에 세운 금장대로 날아드는 기러기의 모습이 금장낙안이다.

14. 형산강에서 오류리들판까지 | ★★★
날아가던 기러기도 쉬어 가던 곳

경주의 서쪽을 북으로 흐르는 강이 형산강이다. 이 형산강으로 월성 발치를 돌아온 남천과 덕동호와 보문호를 거쳐 온 북천이 합류하는데 이 두 냇물 사이의 형산강을 특별히 서천이라고 한다. 월성의 서쪽을 흐르는 강이라서 그런 이름이 붙었다. 서천과 북천이 몸을 섞는 강변 절벽에는 선사 시대 사람들의 흔적인 암각화가 남아 있다. 두 물이 합쳐지고 너른 벌판이 있어 먼 옛날에도 사람이 살기에 좋았다는 증거다.

나원마을에 있는 오층석탑은 신라 팔괴 중 하나다. 천년의 세월을 훨씬 넘겼지만 여전히 제 빛깔을 간직하고 있어 나원백탑이라고 불린다. 대지를 굳건히 딛고 서서 하늘을 향해 우뚝한 모습은 당당한 화랑의 기상과 닮았다. 나원백탑에서 산줄기 하나를 넘으면 신라의 두 번째 여왕인 진덕여왕의 유택이 있다.

여행 정보

- 경주 시내에서 출발 지점인 동국대병원까지 가려면 40, 41, 50, 51번 버스를 타면 된다. 차를 가져가는 경우 석장동암각화 입구 주차장에 세워 두면 된다.
- 도착 지점인 금장2리 버스 정류장에서 30, 31, 230, 231번 버스를 타면 경주 시내로 나올 수 있다.
- 음식점과 매점은 출발 지점인 동국대병원 주변, 금장교네거리 부근과 도착 지점인 금장2리 버스 정류장 주변에 있다. 화장실은 금장대, 나원리 오층석탑, 진덕여왕릉 주차장 등에 있다.

10.4km, 3시간 40분

🏁 동국대병원 버스 정류장

동국대병원 버스 정류장에서 동국대 쪽으로 30m 정도 가서 오른쪽 형산강 방향으로 간다. 철길 아래를 지나 왼쪽으로 가면 주차장이다. 주차장 끝에서 작은 다리를 건너 오른쪽으로 가면 솔숲 앞 갈림길이고 오른쪽으로 조금 더 가면 암각화-금장대 갈림길이다.
오른쪽 강변길로 가면 석장동암각화. 암각화-금장대 갈림길로 돌아와 오른쪽 언덕 위로 올라가면 금장대다.

0.7km

❷ 석장동암각화 · 금장대

금장대 화장실 옆으로 난 길로 간다. 중간에 갈림길이 있지만 계속 강변길로 간다. 언덕을 내려오면 찻길을 만나고, 찻길 오른쪽 강변으로 나가서 형산강 둔치길을 따라 금장교 아래를 지난다.
계속 가면 새한아파트 105동 쪽으로 계단이 있다. 계단을 넘어서 오른쪽으로 가면 구지교다. 구지교를 건너고 골프연습장 앞을 지나 철교 아래를 지나 조금 더 가면 왼쪽으로 들어가는 길이 있는 오류 버스 정류장이다.

2.2km

석장동암각화

금장대

기러기는 여전히 날아오고

경주 시내를 흘러온 서천과 북천이 합쳐지는 곳에 절벽이 있다. 절벽 위에 있는 정자인 금장대의 이름을 빌어 금장대 절벽이라고 부른다. 이곳 바위에 암각화가 있다. 암각화는 바위나 동굴의 벽면에 기호나 물건의 모양을 새겨 놓은 그림인데 선사 시대의 유적이다. 우리나라의 유명한 암각화로는 울산광역시 울주군에 있는 반구대 암각화와 천전리 암각화가 있다. 금장대 절벽의 암각화는 1994년에 발견되었다. 물건의 모습을 그리는 물상 암각화에서 기하학 문양 암각화로 넘어가는 과도기적 성격을 가졌으며 대략 청동기 시대 중기와 말기 사이에 제작된 것으로 본다. 풍요와 다산을 기원하는 목적으로 새겨진 그림들은 오랜 세월 비바람에 마모되어 선명하게 읽어 낼 수는 없지만 바로 옆에 안내 그림이 있어 비교하면서 보면 제법 확인이 된다.

암각화 바로 위에 있는 정자가 금장대다. 신라 시대부터 있었던 것으로 전해지는데 지금의 건물은 2012년에 복원한 것이다. 이 금장대로 날아드는 기러기의 모습이 금장낙안이며 신라 팔괴 중 하나로 꼽는다. 꼭 금장낙안이 아니더라도 금장대에 올라앉으면 서천과 북천이 합쳐지는 모습이며 서천 둔치, 경주예술의전당 전경 등이 한눈에 들어온다. 오래전 이곳에 정자를 앉힌 까닭을 알 것도 같다.

최근 복원한 금장대에 오르면 형산강과 경주 시내의 모습이 한눈에 보인다.

신라 팔괴는 하나하나 살펴보면 무슨 무슨 팔경과 일맥상통하는데 여덟 가지가 아니라 아래의 열 가지가 전한다.

1. 남산부석(南山浮石): 남산 국사골에 뜬 바위, 부석이 있다.
2. 문천도사(蚊川倒沙): 문천(남천)의 모래는 물위에 떠서 강물을 거슬러 올라간다.
3. 계림황엽(鷄林黃葉): 계림 숲에서는 여름에도 잎사귀가 누렇게 진다. 최치원은 이를 보고 신라의 국운이 다했음을 알았다고 한다.
4. 금장낙안(金丈落雁): 임금이 노닐던 금장대는 전망이 아름다워 날아가던 기러기도 반드시 쉬어 간다.
5. 백률송순(栢栗松筍): 재래종 소나무는 순이 생기지 않는데 백률사의 소나무는 가지를 친 뒤 새순이 난다고 한다. 이는 이차돈의 순교와 관련하여 불교 소생을 의미한다.
6. 압지부평(鴨池浮萍): 월지에 있는 부평초는 뿌리를 땅에 내리지 않고 물위에 떠 있다.
7. 불국영지(佛國影池): 영지에는 석가탑의 그림자가 비치길 기다린 아사녀와 아사달의 전설이 있다.
8. 나원백탑(羅原白塔): 나원리의 오층석탑은 통일신라 초기의 탑인데도 지금까지 제 빛깔을 간직하고 있다.
9. 선도효색(仙桃曉色): 선도산의 아침노을이 아름답다.
10. 금오만하(金鰲晚霞): 금오산(남산)의 저녁노을이 아름답다.

❸ **오류 버스 정류장**

왼쪽 길로 200m 정도 가서 철길을 건너 오른쪽으로 가고 오류낚시터 표지판이 있는 갈림길에서 오른쪽의 내리막 농로로 간다. 다시 철길을 건너 앞으로 보이는 마을로 간다.
마을 안 첫 번째 세거리에서 오른쪽으로 간다. 대성오리궁뎅이 식당을 지나면 갈림길인데 오른쪽으로 간다. 이후의 길은 왼쪽으로 꺾여 철길과 나란히 간다. 오른쪽에 다리가 있는 버스 정류장 앞 갈림길에서 똑바로 가는 왼쪽 길로 간다.
나원교차로를 지나 계속 가면 왼쪽에는 연두색 창고 건물이 있고 앞으로는 나원사 표지판과 작은 다리가 있는 갈림길인데 가장 왼쪽 길로 창고를 감싸고 돌아간다. 이후 시멘트 길을 따라서 500m 정도 산 쪽으로 가면 나원리 오층석탑이다.
만일 석장동암각화를 생략한다면 경주 시내에서 210, 216번 버스를 타고 나원입구 버스 정류장에서 내려서 철길 위로 놓인 다리를 건너 오른쪽으로 가면 나원교차로다. 232번 버스를 타면 나원교차로를 지나 나원사입구 정류장에서 내릴 수 있다.

2.9km

❹ **나원리 오층석탑(나원백탑)**

석탑에서 계단을 내려와 왼쪽으로 조금 가면 왼쪽에 산길 입구가 있다. 입구로 들어서면 앞으로는 승탑이 있고 오른쪽으로 산길이 있다. 산길을 따라 올라간다.
첫 번째 무덤 두 기를 지나 조금 더 가면 왼쪽으로 두 번째 무덤이 있고 이내 갈림길이다. 왼쪽 길로 70m 정도 가면 갈림길이다. 왼쪽은 뚜렷한 길이고 오른쪽은 희미한 길이다.
오른쪽 희미한 길로 간다. 표지판이나 리본이 없어 이곳을 잘 찾아들어야 한다. 이후 등산로를 따라가는데 묵은 무덤 두 곳을 지나면 능선 길이고 비탈길을 오르면 꼭대기다.
경사진 길을 따라 230m 정도 내려오면 갈림길이다. 왼쪽 길로 내려간다. 이곳도 이정표가 없어 잘 찾아들어야 한다.
이후 잘 조성된 가족묘를 지나서 만나는 갈림길에서 오른쪽으로 내려오면 왼쪽에 버들저수지가 있고 주차장 왼쪽에 진덕여왕릉 입구가 있다. 산길을 따라 올라가서 갈림길에서 오른쪽으로 올라가면 진덕여왕릉이다.

2.3km

대지를 딛고 선 당당한 오층석탑

탑은 간단하게 말하면 부처님의 무덤이다. 부처님이 열반에 드신 후 제자들이 부처님의 몸을 다비했더니 사리가 나왔다. 이 사리들을 여덟 등분해서 탑을 세웠는데 이것이 근본팔탑이다. 이후 아소카왕이 근본팔탑에 봉안했던 사리를 수습하여 전국에 8만 4천 개 탑을 세웠다고 한다. 이때부터 불교는 주변 국가로 확산되었고 탑파의 건립도 같이 전파되었다. 중국과 우리나라, 일본도 각각 탑을 만들었는데 각 나라의 형편에 맞게 탑의 양식이 발전했다. 그 결과 중국은 전탑, 우리는 석탑, 일본은 목탑의 양식으로 정착되었다. 우리나라를 석탑의 나라라고 부르는 것은 이 때문이다.

금장대 언덕을 돌아내려 마을길을 지나고 농로를 거치고 철길도 건너며 나원마을로 향한다. 두 그루 나무가 호위 신장인 양 지키고 있는 마을 입구에서 방향을 바꿔 산으로 파고든다. 500미터쯤 산으로 들어가면 오른쪽 산기슭에 우뚝하고 당당한 오층석탑이 있다. 정식 이름은 나원리 오층석탑이지만 다른 이름으로 나원백탑으로도 부른다. 천년 세월을 훨씬 넘겼는데도 여전히 바로 만들어 세운 듯 제 빛깔을 유지하고 있기 때문이다. 석탑 주변에서 기와 조각이 출토되어 이곳에 사찰이 있었을 것으로 추정할 뿐 전하는 절 이름은 없다. 경주에서는 오층석탑을 섭

나원리 오층석탑은 신라 탑 계보에서도 상위에 놓이는 오래된 탑이다.

게 볼 수 없을 뿐더러 이렇게 당당하고 듬직한 오층석탑은 더더욱 없다. 짜임새 있는 구조와 아름다운 비례를 보여 주고 있어 통일신라 시대인 8세기경에 만든 것으로 추측한다. 신라가 삼국을 통일한 후 자신감이 하늘을 찌를 무렵이다. 석탑 너머에는 근래에 건립된 나원사라는 작은 절이 있다.

신라의 마지막 성골 임금

나원백탑을 뒤로 하고 산속으로 파고든다. 큰길로 갈 수도 있지만 갓길이 안전하게 확보되어 있지도 않고 차량 통행도 많은 도로를 1킬로미터 이상 걸어야 하므로 부담스럽다. 살짝 힘은 들겠지만 산길로 넘어간다. 사실 이렇게 걸어야 답사 기분을 제대로 낼 수 있고 또 이리저리 한눈을 팔면서 걸을 수 있다. 급할 것 없는 걸음으로 쉬엄쉬엄 걷다 보면 산길도 별것 아니다. 걷는 길 주변의 작은 꽃들에게 눈길을 주기 시작하면 걸음은 자꾸 느려지지만 조금 늦어지면 어떠랴. 우리가 편한 표현으로 이름 없는 들꽃이라고 하지만 이름이 없는 것이 아니다. 우리가 이름을 모르니 불러 주지 못할 뿐 저들도 모두 자기의 이름이 있다. 다음은 시인 김춘수의 시 〈꽃〉의 일부다.

내가 그의 이름을 불러 주기 전에는
그는 다만 하나의 몸짓에 지나지 않았다.
내가 그의 이름을 불러 주었을 때
그는 나에게로 와서 꽃이 되었다. (후략)

시인 김춘수 님의 이야기가 맞는 말이다.

⑤ 진덕여왕릉

주차장으로 내려와서 오른쪽 길로 간다. 700m 정도 가면 동네길 네거리인데 작은 다리를 건너 왼쪽으로 간다.

50m 정도 가서 만나는 세거리에서 오른쪽 길로 가고 이후 좌우로 마을길이 있지만 무시하고 가던 길로 간다. 다리를 건너 오른쪽 두 시 방향 길로 가면 앞에 오류리 등나무가 있다.

1.7km

진덕여왕릉

⑥ 오류리 등나무

등나무 입구 갈림길에서 왼쪽 들판 방향으로 간다. 중간의 농로는 무시하고 가던 길로 계속 가면 904번 지방도를 만나고 왼쪽에 버스 정류장이 있다. 길을 건너서 버스를 타면 경주 시내로 갈 수 있다.

0.6km

오류리 등나무

금장2리 버스 정류장

금장2리 버스정류장에서 길을 건너지 않고 230번 버스를 타면 15코스의 시작 지점인 용담정(가정3리) 버스 정류장으로 갈 수 있다.

진덕여왕릉도 다른 신라 임금의 능처럼 솔숲에 싸여 있다. 28대 진덕여왕(재위 647~654)은 선덕여왕의 뒤를 이은 신라의 두 번째 여왕으로 신라의 마지막 성골 출신 임금이다. 진덕여왕의 뒤를 이은 태종 무열왕은 진골 출신이다.

진덕여왕은 재위 7년간 국력을 기르고 당나라와의 적극적인 외교를 통해 고구려와 백제를 견제하여 삼국 통일의 기초를 닦았다. 덕분에 태종 무열왕 때 삼국 통일을 하게 된 것이다. 기록에 의하면 654년에 왕이 승하하자 사량부에 장사 지냈다고 하는데 사량부는 현재 경주 시내의 서남쪽 일대로 짐작되므로 이곳과는 반대 방향이다. 또 무덤 형식이 진덕여왕 시기의 형식이 아닌 33대 성덕왕 이후에 발달한 형식인 점과 십이지신상의 조각도 신라 왕릉의 십이지신상 중 가장 늦은 수법인 점을 들어 이 무덤이 진덕여왕릉이 아니라는 견해도 있다.

사랑에 취하다

오류1리마을회관 앞에는 천연기념물로 지정된 등나무가 네 그루 자란다. 등나무는 봄이 깊어 가는 5월쯤 연보랏빛으로 꽃을 피우는데 대단히 낭만적인 빛깔이다. 등나무는 두 그루씩 모여서 같이 있는 팽나무와 얽혀 자라고 있다. 이곳은 신라의 임금이 사냥을 즐기던 곳으로 용림(龍林)이라 했고 용림에 있는 등나무라고 해

오류리 넓은 들판을 가득 메워 자라는 벼 이삭은 풍요로움의 상징이다.

서 용등이라 불렀다고 한다. 이리저리 구불대며 얽혀 있는 모습은 신령스러워 보이기까지 하는데 이곳에는 안타까운 전설이 하나 전한다.

옛적 신라 때 이 마을에 살던 한 농부에게 아름다운 두 딸이 있었다. 옆집에는 씩씩한 청년이 살았는데 자매는 둘 다 마음속으로 그 청년을 사모하였다. 그러던 어느 날 청년이 전쟁터로 떠나게 되었는데, 두 자매는 비로소 한 남자를 같이 사랑하고 있음을 깨달았다. 그러나 착하고 다정한 자매라서 서로 양보하기로 마음먹었는데 어느 날 그 청년이 죽었다는 소식을 듣자 자매는 서로 얼싸안고 슬피 울다 그만 연못에 몸을 던졌다. 그 후 연못가에는 두 그루의 등나무가 자라기 시작했다. 세월이 흘러 죽었다던 옆집 청년은 훌륭한 화랑이 되어 돌아왔는데 자신 때문에 죽은 자매의 이야기를 들은 청년도 스스로 연못에 몸을 던졌고 그 자리에서는 팽나무가 자랐다고 한다. 등나무는 이 팽나무를 칭칭 감아 올라가고 있는데 사람들은 살아있을 때 이루지 못한 사랑을 죽어서 이룬 것이라고 믿고 있다. 등나무의 꽃말은 '사랑에 취하다'이다.

수운 최제우 대신사가 크게 깨달음을 얻은 곳이라는 용담정이다.

15. 용담정부터 남사리 절터까지 | ★★★

사람마다 마음속에 한울을 모셨으니

경주 월성 서북쪽에는 건천읍과 현곡면에 걸쳐 있는 구미산이 있다. 높이가 600미터가 채 안되는 산이지만 이 산이 주는 무게는 그리 만만하지 않다. 구미산 북쪽 계곡에는 동학의 발상지인 용담정이 있고, 구미산 아랫마을에는 동학의 창시자인 수운 최제우 선생의 생가와 묘소가 있기 때문이다.

'사람은 저마다 한울님을 모시고 있으니 양반도 천민도 없이 모든 사람은 평등하다'는 시천주 사상이 태어난 곳이 용담정이다. 용담정에서 골짜기 하나를 건넌 산기슭에는 수운의 묘소가 있고 묘소 건너편 가정마을에는 수운의 생가가 있다. 수운 대신사가 태어나고 득도하고 묻힌 곳이 모두 구미산에 있는 것이다. 수운의 생가가 있는 가정마을 윗동네 남사마을 산속 저수지 위에는 의외로 단아한 삼층석탑이 한 기 있어 답사객을 즐겁게 한다.

여행 정보

- 경주 시내에서 출발 지점인 용담정(가정3리) 버스 정류장까지 가려면 230번 버스를 타면 된다. 차를 가져가는 경우에는 용담정 버스 정류장 부근 공터에 세워 둬야 한다.
- 마치는 곳인 남사리 버스 정류장에서 230번 버스를 타면 경주 시내로 나올 수 있다. 230번 버스는 하루에 9회 운행한다.
- 음식점과 매점은 불편하다. 시작 지점과 마치는 곳 부근에 매운탕집이 각각 한두 곳 있다. 화장실은 용담정, 최제우 생가, 남사리 북삼층석탑에 있다.
- 14코스의 종점인 금장2리 버스정류장에서 230번 버스를 타면 15코스 시작 지점인 용담정(가정3리) 버스정류장으로 올 수 있다.

9.3km, 3시간

① 용담정(가정3리) 버스 정류장

용담정 버스 정류장에 내려 마을 안으로 들어가는데 중간에 좌우로 나 있는 길은 무시하고 가던 길을 따라 1.4km 올라가면 주차장이다. 용담정은 정문으로 들어가서 산으로 500m 정도 올라가야 한다.

1.9km

용담정 입구

② 용담정

용담정 버스 정류장으로 돌아 나와 길 건너 농로로 들어간다. 첫 번째 세거리에서는 똑바로 가는 왼쪽 길로 가고 두 번째 과수원 세거리에서는 직각으로 꺾이는 왼쪽 길로 간다.
이후 첫 번째 네거리는 지나치고 두 번째 네거리에서 오른쪽으로 작은 다리를 건너 왼쪽 둑길을 따라간다. 느티나무를 지나 냇물을 따라가면 가정리 경로당을 지나고 계속 가던 길로 냇물을 따라 끝까지 가면 최제우 생가다.

2.9km

③ 최제우 생가

생가 계단을 내려와서 왼쪽으로 간다. 이후 좌우로 연결되는 마을길, 농로는 무시하고 계속 길을 따라 나오면 가정리 버스 정류장이 있는 904번 지방도를 만난다. 오른쪽으로 가는데 150m 정도 가면 왼쪽에 산으로 올라가는 길이 있다. 왼쪽의 산길로 230m 정도 가서 만나는 갈림길에서 오른쪽으로 가면 최제우 묘소다.

0.9km

최제우 생가

동학, 세상으로 나오다

19세기 후반, 무력을 앞세운 서양 세력들이 물밀듯이 밀려오고 명운이 다해가는 조선 조정은 바람 앞의 등불 신세가 된다. 사회는 당연히 불안했고 조선을 지탱해왔던 성리학은 급변하는 정세에 적극적으로 대처하지 못했다. 또한 서양의 학문과 천주교가 서학이라는 이름으로 교세를 확장해 가면서 조선에 또 다른 세계관을 심기 시작했다. 이러한 사회 분위기 속에서 새로운 이상 세계를 건설하고 서학의 침투에 대항하기 위해 태어난 것이 동학이다.

동학을 창도한 최제우 선생은 몰락한 양반 가문의 후손이었다. 따라서 당시 사회에서는 소위 입신양명할 수 없는 처지였다. 불우한 자신의 신세를 한탄한 적도 있었겠지만 선생은 커다란 뜻으로 세상을 주유하고 수행하다가 마침내 구미산 용담정에 머물면서 크게 깨닫는다. 이때가 1860년 4월 5일인데 천도교에서는 이날을 포덕 원년, 즉 천도교 원년으로 삼고 있다. 수운은 최제우 선생의 호이고 대신사는 천도교에서 선생을 높여 부르는 존칭이다.

입구의 포덕문을 들어서면 왼쪽으로 수운의 동상이 있고, 용담정은 산길을 따라 500미터 정도 더 올라가야 있다. 정갈하게 정비되어 있는 길을 따르다가 숲길 끝에 걸린 용담교를 건너면 막돌로 쌓은 석

수운 선생의 생가가 있는 가정리에서 모시는 느티나무 당산이다.

축 위에 동학 천도교의 성지 용담정이 있다. 용담정 위에는 사모 지붕의 정자가 있고 정자 아래서 석간수(石間水)가 흐르는데 선생이 기도할 때 쓸 청수를 받던 곳이라고 한다. 올라갔던 길을 내려오면서 하늘을 보니 현수막이 펄럭이는데 그곳에는 이렇게 쓰여 있다. '사람, 다시 하늘이 되다.'

사람이 곧 한울이니
사람 섬기기를 한울님같이 하라

동학이 민중의 지지를 얻고 점점 세력을 확대해 가자 조선 조정은 동학을 눈엣가시처럼 생각하여 수운을 체포한다. 이때가 1863년이다. 이듬해 3월, 조선 조정은 세상을 어지럽히고 혹세무민했다는 죄명으로 수운을 처형한다. 수운은 세상을 떠났지만 동학 세력은 약화되지 않고 오히려 교조의 억울한 죽음을 풀어 보려는 신원 운동이 지속적으로 이어졌다. 해월 최시형 선생이 2세 교조로 수운의 도통을 이었지만 그 역시 관군에게 체포되어 처형당한다. 이어서 해월의 수제자 의암 손병희 선생이 3세 교조가 되고 동학을 천도교로 바꾼다. 의암 선생은 3·1운동 민족 대표 33인 중의 한 사람으로 경찰에 체포되어 서대문형무소에서 복역하다가 출감한 뒤 곧바로 세상을 떠난다. 동학의 1, 2, 3대 교조 모두 천수를 누리지 못하고 순도한 것이다.

동학은 세 가지 큰 기본 교리를 근본으로 삼는다. '내 몸에 한울님을 모시고 있다'

❹ **최제우 묘소**

큰길로 내려와 904번 지방도로를 따라 왼쪽으로 간다. 800m 정도 가면 오른쪽에 남사저수지가 시작되고 거기서 400m 정도 더 가면 길 왼쪽에는 정자가 있고 오른쪽에는 남사리 마을 표석이 있는 마을길 세거리다. 왼쪽 길모퉁이에 남사리 삼층석탑 표지판이 있다. 남사리 북삼층석탑은 세거리에서 904번 도로를 따라 40m 더 가면 길 왼쪽에 있다.

1.6km

최제우 묘소

❺ **남사리 북삼층석탑**

세거리로 돌아와서 마을 안으로 들어간다. 중간에 좌우로 나 있는 마을길은 무시하고 가던 길로 300m 정도 올라가면 세거리다. 왼쪽 길로 가는데 수로와 같이 가는 길이다. 60m 정도 가서 만나는 갈림길에서는 오른쪽 길로 가고 다시 70m 정도 가서 만나는 갈림길에서는 왼쪽으로 간다. 20m 정도 가면 왼쪽에는 외딴 통나무집이 있는데 오른쪽 길로 간다. 이후 산으로 오르는 길을 따라 저수지를 지나고 저수지 끝에서 100m 정도 더 가면 갈림길인데 왼쪽으로 70m 가면 남사리 삼층석탑이다. 외딴집이 있는 세거리부터 450m 정도다.

1.0km

남사리 북삼층석탑

❻ **남사리 삼층석탑**

올라왔던 길을 되돌아 내려가서 큰길로 나가면 버스 정류장이 있다.

1.0km

● **남사1리 버스 정류장**

는 시천주(侍天主), '사람 섬기기를 한울님같이 하라'는 사인여천(事人如天), '모든 사람이 곧 한울님'이라는 인내천(人乃天)이 바로 그것이다. 동학이라는 이름은 수운 선생이 "도는 비록 천도(天道)이나 학은 동학(東學)이다."고 천명하면서부터 쓰였다고 한다. 신동엽 시인도 서사시 〈금강〉에서 다음과 같이 이야기했다.

(전략)

사람은 한울님이니라
노비도 장사꾼도 천민도
사람은 한울님이니라

우리는 마음속에
한울님을 모시고 사니라
우리의 내부에 한울님이 살아 계시니라

우리의 밖에 있을 때 한울님은 바람,
우리는 각자 스스로 한울님을 깨달을 뿐,
아무에게도 옮기지 못하니라.
모든 중생이여, 한울님 섬기듯
이웃 사람을 섬길지니라.

(후략)

수운 선생의 생가와 묘소를 돌아보며 문득 '요즈음의 우리는 서로를 한울님으로 대접하고 있을까?' 하는 생각이 들었다.

산속에 외따로 서 있어서 발품을 팔아야 하지만 그 보상은 충분히 해주는 남사리 삼층석탑.

석탑도 타고난 운명이 있는 것일까

수운 선생의 생가 윗마을이 남사마을이다. 남사마을로 가는 길에 저수지가 있는데 저수지 길가에 가수 배호의 노래비가 있다. 배호가 이 동네 출신이었나 하고 노래비 뒷면을 보니 그것이 아니라 배호의 노래 〈마지막 잎새〉를 작사한 정귀문 씨가 현곡면 사람이란다.

남사마을에는 삼층석탑이 두 기 있다. 하나는 마을 입구 큰길가에 있고 다른 하나는 산속으로 제법 들어가야 만날 수 있다. 마을 입구 길가에 있는 탑은 남사리 북삼층석탑인데 동네 이름을 딴 탑의 이름에서 짐작되듯 탑이 있던 사찰의 이름이나 탑의 유래에 대해서는 전혀 알려진 것이 없다. 지붕돌의 네 귀퉁이가 모두 잘려 나간 오종종한 모습으로 한 귀퉁이에 서 있으니 누구 하나 다정한 눈길 주는 사람도 없을 것 같다.

산으로 한참을 들어가야 만날 수 있는 탑은 남사리 삼층석탑이다. 역시 전하는 절 이름도 모르고 유래도 알 수 없는 탑이다. 작은 저수지 위에 외로이 서 있는데 상륜부를 제외하면 원래의 모습대로 잘 남아 있다. 각 부분의 비율도 좋고 날렵하게 들린 지붕돌의 경쾌함도 좋다. 힘들여 산속까지 찾아온 수고가 아깝지 않고, 아래서 망가진 탑을 보고 온 뒤라 잘생겼다는 느낌이 든다.

보문 · 토함산권

보문호수를 중심으로 조성된 보문관광단지에서 유유자적하고, 아사달과 아사녀의 슬픈 전설이 잠겨 있는 영지와 신라 왕릉 중 가장 화려하고 세련된 괘릉을 만난다. 그리고 경주를 대표하는 불국사와 석굴암을 잇는 길을 걷는다.

열기구를 타고 하늘 높이 오르면 명활산, 천군동, 보문호수 등이 한눈에 잡힌다.

16. 명활산에서 보문호수로 | ★★

천년 신라에 또 다른 천년이 이어지는 곳

월성의 동쪽에 명활산이 있다. 이 산은 궁궐이 있는 월성을 외호하는 나성의 역할을 했고 신라인들은 실제로 이곳에 성을 쌓았다. 지금 명활산에 쌓았던 옛 성은 세월의 무게를 이기지 못하고 무너져 내렸지만 아직도 그 흔적은 남아 있다. 명활성의 흔적을 따라 산을 가로지르지 못하는 아쉬움을 접고 찻길을 따라 명활산 동쪽 기슭으로 향한다. 그곳에 언제 지어졌고 어떻게 스러졌는지 알려진 것이 없어서 동네 이름을 따라 천군동 절터라고 부르는 곳이 있다. 절터에 남은 삼층석탑 두 기가 들려주는 옛이야기를 듣고 보문단지로 향한다.

보문단지에는 경주세계문화엑스포공원, 신라밀레니엄파크 같은 공원 외에도 편하고 기분 좋게 걸을 수 있는 보문호수의 호반길이 있다.

여행 정보

- 출발 지점인 북군삼거리 버스 정류장까지 가려면 경주 시내에서는 10, 16, 18, 100, 150번 버스를 타면 된다. 차를 가져갔다면 경우에 따라서 국립경주박물관 앞 주차장이나 고속버스터미널 앞의 형산강 둔치 주차장 등에 세워 두고 버스로 이동하면 된다.
- 마치는 곳인 북군동 버스 정류장에서 11, 16, 18, 700번 버스를 타면 경주 시내나 고속버스터미널로 나올 수 있고 10번 버스를 타면 보문단지를 거쳐서 불국사 쪽으로 갈 수 있다.
- 경주세계문화엑스포공원과 신라밀레니엄파크는 넓으므로 이곳에서의 동선을 고려하면 걷는 거리는 더 늘어난다.
- 음식점과 매점은 시작하는 곳인 북군삼거리 버스 정류장 부근, 경주세계문화엑스포공원, 신라밀레니엄파크, 보문호수 주변에 많이 있고 마치는 곳인 북군동 버스 정류장 부근은 음식점 밀집 지역이다. 화장실은 경주세계문화엑스포공원, 신라밀레니엄파크, 보문호수에 있다.

11.5km, 4시간

🏠 북군삼거리 버스 정류장

0.6km

북군삼거리 버스 정류장부터 걷기 시작한다. 경주 시내에서 버스를 탔을 경우 버스 노선 방향으로 걷고 보문단지 쪽에서 온 경우라면 버스 노선 반대 방향으로 걷는다.
100m 정도 가면 보문교세거리다. 오른쪽 길로 간다. 불국사, 감포 방향이다. 250m 정도 가면 오른쪽에 명활성 안내판과 함께 산으로 들어가는 길이 있다. 이 길로 200m 정도 가면 복원해 놓은 명활성이 있다.

② 명활성

3.6km

일부 복원해 놓은 성벽 왼쪽으로 올라가면 성의 흔적과 산길을 따라서 정토암이라는 암자까지 갈 수 있으나 현재는 길이 정비되지 않아서 관목과 잡풀이 많아 걷기 힘들다.
다시 입구로 돌아 나와 보문교세거리 쪽으로 100m 정도 내려오면 한우리가든 앞에 차선을 끊어 놓은 곳이 있다. 그곳에서 길을 건너 오른쪽으로 간다.
이후 인도를 따라 2.8km 정도 가면 서라벌초등학교 앞 세거리다. 횡단보도를 건너 서라벌초등학교 쪽으로 간다. 200m 정도 들어가면 서라벌초등학교가 있고 학교 담장을 따라 왼쪽으로 250m 정도 가면 왼쪽에 천군동 동·서 삼층석탑이 있다.

③ 천군동 동·서 삼층석탑

1.1km

석탑을 등지고 왼쪽으로 간다. 첫번째 갈림길에서 왼쪽, 두번째 갈림길에서 오른쪽으로 가면 늙은 느티나무가 있는 천군동쉼터다. 쉼터 입구는 어긋난 네거리인데 똑바로 작은 다리를 건너간다. 조금 더 가서 찻길을 만나면 길을 건너서 왼쪽으로 간다. 300m 정도 가면 천군네거리인데 오른쪽으로 간다. 약 400m 정도 가면 경주세계문화엑스포공원 입구다.

천군동 동·서 삼층석탑

성은 허물어져 돌무더기로 남아

명활성은 언제 쌓았는지 정확하게 알려지지 않았다. 다만《삼국사기》에 신라 실성왕 4년(405)에 왜구가 명활성을 공격했다는 기록이 있어 그 이전에 만든 것으로 짐작한다. 이후 431년 눌지왕 시절에도 왜구가 명활성을 공격했다는 기록이 있고, 473년 자비왕 시절에 성을 개축하여 475년부터 488년까지 임금이 이곳에서 거처했다는 기록이 있다. 이처럼 명활성은 왜구 침입과 고구려의 남하 정책에 대비한 산성이었다. 또 선덕여왕 16년(647)에 상대등 비담이 '여왕은 나라를 다스릴 그릇이 못 된다'는 명분으로 난을 일으키고 토벌군인 김유신 장군과 대치했던 곳도 이곳 명활성이었다. 비담은 드라마〈선덕여왕〉덕분에 우리에게도 낯설지 않은데 명활성에서 토벌군과 대치하다가 최후를 맞았다.

명활성은 둘레가 약 6킬로미터 정도라고 하니 작은 성은 아니다. 현재 성벽은 세월의 무게를 버텨 내지 못하고 대부분 무너졌는데, 북문터로 추정되는 곳에 일부 성벽을 복원해 놓았다. 성벽을 따라서 명활성 동쪽 기슭의 천군동 절터까지 갈 수 있다지만 잡목과 덤불이 우거져 있어서 길을 걷기도 또 찾기도 힘들다. 우선 명활성의 흔적을 따라 걸을 수 있는 이 길이라도 정비해 주면 좋겠다는 생각을 해본다.

현재는 대부분 허물어졌지만 명활성은 서라벌 월성을 바깥에서 지키던 전진기지였다.

노부부가 들려준 천군동 이야기

서라벌초등학교 담장을 끼고 마을길을 따라가면 너른 밭 가운데에 동서로 석탑 두 기가 우뚝 서 있다. 절이 있던 곳이기는 하지만 이름이 전하지 않아 동네 이름을 빌려 와 천군동 절터와 천군동 동·서 삼층석탑이라고 부른다. 서탑 기단에 기대어 해바라기하는 노부부에게 마을의 유래를 들어 볼 겸 인사를 하니 외려 질문이 이어진다. 어디서, 어떻게 왔냐는 질문에 대답하고 나서야 마을의 유래를 들을 수 있었다.

동네 이름 천군동에는 두 가지 유래가 전한다. 천군동을 한자로는 '千軍洞'으로 쓰는데 '천 명의 군사가 있는 동네'라는 뜻이라고 한다. 신라 시대에 명활성에 천 명의 군사가 주둔하면서 평상시에는 농사를 짓고 유사시에는 성으로 들어가서 나라를 지켜 천군동이라고 했다는 이야기다. 다른 하나는 마을 앞을 흘러가는 북천의 모습이 활처럼 생겼다고 해서 내 천(川)과 활 궁(弓)을 써서 천궁동이었는데 세월이 가면서 천군동으로 바뀌었다는 이야기다. 실제로 위성 지도에서 마을 앞을 흐르는 북천의 모습을 보면 활처럼 휘어 흘러간다. 지금은 보문호수가 되었지만 호수에 물길을 그려 보면 틀림없는 활 모양이다.

현대의 경주인이 만든 공원 두 곳

천군동 마을 안에는 수형이 늠름한 느티나무가 있다. 풍성한 가지 덕에 언제나 넉

❹ **경주세계문화엑스포공원**
공원 입구를 등지면 바로 앞이 엑스포세거리다. 똑바로 가서 신라교를 건너면 오른쪽에 신라밀레니엄파크 주차장이 있다. 주차장 담장을 따라 돌아가면 신라밀레니엄파크 매표소다.

0.6km

경주세계문화엑스포공원

❺ **신라밀레니엄파크**
다시 신라교로 돌아 나온다. 신라교 왼쪽에 북천으로 내려가는 길이 있다. 북천 둔치로 내려서서 오른쪽으로 신라교 아래를 지난다. 500m 정도 가면 신평교가 있고 오른쪽에 다리 위로 오르는 길이 있다. 다리로 올라 건널목을 건너서 오른쪽으로 돌아간다. 끝까지 가면 앞으로는 길이 막히는 갈림길인데 이 길이 보문호반길이다. 오른쪽으로 간다.

이후 보문호반길을 따라간다. 3.8km 정도 가면 물너울교다. 보문호반 갈림길에서 왼쪽으로 돌아도 물너울교로 갈 수 있다(약 3.2km). 물너울교를 건너지 않고 내려가서 길을 따라 경주동궁원 담장을 따라 돌아가면 큰 찻길 보문로를 만나고 왼쪽으로 250m 남짓 가면 북군동 버스 정류장이다.

5.6km

신라밀레니엄파크

보문호수

● **북군동 버스 정류장**

녘한 그늘을 만들어 주는데 마을에서 이곳에 쉼터를 만들었다. 천군동 쉼터 그늘에 들어앉아 건너편을 보면 특이한 구조물들이 눈에 들어온다. 한국인의 문화 자긍심을 높이고 우리 문화와 세계 문화의 접목을 통해 인류 문화 발전에 기여하겠다는 취지로 만든 경주세계문화엑스포공원이다. 이곳에서 1998년을 시작으로 2014년까지 총 여덟 번의 엑스포가 열렸고 2015년에도 8월부터 10월까지 열릴 예정이다. 〈플라잉〉, 〈바실라〉 같은 상설 공연 및 다양한 상설 전시가 열리며 세계화석박물관이나 신라문화역사관 같은 박물관과 애니메이션 작품을 상영하는 3D 애니메이션월드도 있어 찬찬히 구경하고 즐기려면 한나절로도 부족하다.

경주세계문화엑스포공원에서 경주 시내와 감포를 잇는 도로인 경감로를 건너가면 신라의 역사와 문화를 체험할 수 있는 놀이공원 신라밀레니엄파크가 있다. 이곳에서는 신라를 주제로 한 다양한 공연이 열리고, 드라마 촬영장과 신라 시대의 귀족 마을 건물도 재현해 놓았다. 이곳저곳에 만들어 둔 신라의 상징물들을 하나하나 찾아보는 재미가 있다. 공예 체험을 통해 나만의 작품도 만들어 보고 해설사가 들려주는 신라 이야기에 빠져 볼 수도 있다. 제법 넓어 두서없이 다니다 보면 동선도 흐트러지고 갈피를 잡지 못하므로 본격적으로 공원을 즐기기 전에 먼저 안

보문호수를 걷는 사람들은 너나할 것 없이 느긋한 걸음이다.

내판이나 지도에서 갈 길을 짚어 보는 것이 좋다.

북천에 호수가 생겼다

경주 동쪽에서 남북으로 길게 뻗어 내린 산줄기가 무장산, 함월산, 토함산이다. 이들 산줄기의 물을 받아 서쪽으로 흐르는 냇물이 북천인데 월성의 북쪽을 흐른다고 북천이라는 이름을 얻었다. 월성의 남쪽을 흐르는 냇물이 남천이고 남천과 형산강이 만나는 곳부터 북천이 형산강에 몸을 섞는 금장대 앞까지를 서천이라고 한다.

1970년대에 북천을 두 군데서 막았다. 위쪽에서 막은 곳은 덕동호, 아래쪽에서 막은 곳은 보문호가 되었다. 그 후 덕동호는 상수도 보호 구역으로 개발이 제한되었지만 보문호 주변에는 위락 시설들이 들어섰고 경주보문관광단지가 되었다.

경주에 온 관광객들이 가장 많이 찾는 곳은 어디일까? 역사의 향기에 취하고 싶다면 국립경주박물관, 동궁과 월지, 동부사적지대, 첨성대 등이 모여 있는 경주 시내로 갈 것이고 즐길거리를 찾는다면 보문관광단지를 찾을 것이다. 그 중심에 보문호수가 있다. 봄이면 호수 둘레를 따라 활짝 피어나는 벚꽃을 보려고 꽃잎만큼 많은 사람이 몰리는데 호숫가를 따라 산책로며 자전거 길이 있다. 특히 최근에는 보문호를 일주할 수 있는 약 8킬로미터의 보문호반길이 완전하게 열려서 걷기 여행자의 천국이 되었다.

맞은편 산자락에 불국사가 있어 영지의 전설이 터무니없는 것만은 아니다.

17. 외동들판을 건너 괘릉마을까지 | ★★

탑 그림자 기다리던 아사녀의 슬픈 이야기

동해남부선이 지나는 불국사역 건너편 산기슭에 신라 유일의 네모 무덤인 구정동방형분이 있다. 걸음은 이 네모 무덤을 살펴보는 것으로 시작한다. 발길을 돌려 동해남부선 철길을 넘으면 서라벌 월성 발치로 흘러가는 남천을 만나고 남천을 건너면 너른 외동들판이다.

들판을 빠져나가면 '그림자 못'이라는 영지다. 석가탑을 만들었다는 석공 아사달과 그의 부인 아사녀의 슬픈 전설이 전해진다. 영지 인근에는 얼굴을 알아보기 힘들 정도로 마멸이 심한 석불이 있는데 아사달이 아사녀의 모습을 조각했다는 이야기가 전한다. 7번 국도를 건너 괘릉마을길을 따라가면 솔숲에 폭 싸여 있는 그림 같은 괘릉을 만난다. 괘릉은 신라 제38대 임금인 원성왕의 무덤으로 추정되는데 통일신라 시대를 대표하는 아름다운 무덤이다.

여행 정보

- 출발 지점인 불국사역까지 가려면 경주 시내에서 11, 600, 601, 602, 603, 604, 605, 607, 608, 609번 버스를 타면 된다.
- 도착 지점인 괘릉입구 버스 정류장에서 600, 601, 603, 604, 605, 606, 607, 608, 609번 버스를 타면 시내나 고속버스터미널로 나온다. 차를 가져갔다면 구정동방형분 주차장이나 불국사역 주차장에 세워 두면 된다.
- 음식점과 매점은 불국사역 부근, 충효마을 입구, 괘릉입구 버스 정류장 부근에 있다. 화장실은 불국사역, 괘릉에 있다.

코스 연계

- 시작 지점인 구정동방형분은 4코스가 끝나는 지점이다.

7.8km, 2시간 30분

🔻 **불국사역 버스 정류장**

0.2km

불국사역 버스 정류장에서 경주 시내 방향으로 90m 가서 건널목을 두 번 건너 오른쪽으로 조금 가면 구정동방형분이다.

② **구정동방형분**

구정동방형분을 등지고 오른쪽으로 간다. 150m 가서 왼쪽 7번 국도의 건널목을 건넌 뒤에 똑바로 동해남부선 철길을 건너면 세거리다. 왼쪽으로 간다. 150m 정도 가면 세거리인데 경주여자정보고등학교 방향인 오른쪽으로 간다. 600m 가서 만나는 학교를 지나간다. 100m 정도 가면 세거리인데 왼쪽 길로 가고 다음 네거리에서는 똑바로, 다시 160m 정도 가서 만나는 네거리에서 왼쪽으로 간다.
이후 좌우의 농로는 무시하고 똑바로 가면 앞으로 냇물이 흐르는 둑길 세거리다. 오른쪽으로 간다. 90m 정도 가서 왼쪽의 시래1교를 건넌다.
다리를 건너 양쪽의 축사 사이를 빠져나오면 앞으로는 넓은 들판인데 똑바로 간다. 네거리 두 개를 지나면 세거리인데 왼쪽으로 간다. 왼쪽에 태영낚시터가 있다. 낚시터를 왼쪽에 두고 돌아가면 세거리인데 오른쪽으로 간다.

3.5km

영지 아랫마을인 방지마을

이후 첫 번째 세거리에서는 똑바로 가는 왼쪽 길로, 두 번째 만나는 세거리에서는 똑바로 가는 오른쪽 길로, 다음에 만나는 네거리에서는 왼쪽 길을 따라 마을 안으로 들어간다.
이후 좌우의 농로, 골목길은 무시하고 집들을 왼쪽에 두고 마을길을 따라 끝까지 가면 작은 다리를 건너 저수지 둑으로 오르는 좁은 길이 있다. 둑 위로 올라서면 그곳이 영지다.

영지둑

왜 무덤이 네모일까

구정동 로터리 산자락 양지바른 곳에 단정하게 정비된 네모 무덤이 있다. 입구를 막아 놓지 않아 무덤 내부를 들여다볼 수 있고 조심하면 안으로 들어가 볼 수 있는데 흔히 보는 무덤의 형태가 아니어서 눈길이 더 간다(4코스 62쪽 참조). 무덤 뒤로는 명활산이 있고 앞으로는 남천이 흐른다. 명당의 조건 배산임수를 갖추었으니 망자를 위한 유택이 아닌, 사람이 사는 주택이 들어서도 좋겠다는 생각을 해본다.

걸음은 불국사역 뒤로 이어진다. 역 이름은 불국사역이지만 실제로 불국사는 이곳에서 4킬로미터 정도 떨어져 있다. 수많은 관광객을 실어 날랐고 숱한 사연을 지녔겠지만 머지않아 역사 속으로 사라질 운명이다. 동해남부선 전철화 공사에서 비껴나 있는 구간이기 때문이다.

토함산과 남산에서 흘러내린 물을 받아 월성 발치로 흐르는 남천을 건너면 너른 외동 들판이다. 낚시터를 지나고 농로를 따라가면 방지마을에 닿는데 슬픈 전설을 간직한 영지는 방지마을 위쪽에 있다.

탑 그림자 기다리던 아사녀는 어디에

방지마을에서 언덕을 올라서면 석공 아사달과 아사녀의 전설을 안고 있는 '그림자 못' 영지(影池)다. 현재 영지의 둘레는 1.8킬로미터나 되니 못이라기보다 저수

영지에 몸을 던진 아사녀의 모습을 새겼다는 영지석불이다.

지에 가까운 규모다. 영지둑에서 동쪽을 보면 토함산의 능선과 그 아래 불국사관광단지가 눈에 들어온다. 아사녀는 이곳에서 탑 그림자가 비치기를 빌고 또 빌었을 것이다.

불국사의 석가탑을 만든 아사달은 백제의 후손이었다. 솜씨 좋은 석공으로 소문나 특별히 뽑혀 올라온 것이다. 아사달은 돌에 생명을 불어넣으려 온 힘을 다하였고 그러는 사이 한 해 두 해 세월이 흘렀다. 고향에서 남편이 돌아오기만을 학수고대하던 아사녀는 그리움에 지쳐 아사달을 찾아 불국사로 온다. 그러나 탑이 완성되기 전에는 절대 여자를 들일 수 없다는 금기 때문에 아사녀는 아사달을 만날 수 없었고 먼발치로나마 남편을 보기 위해 날마다 불국사 문 앞을 서성였다. 이를 딱하게 여긴 스님이 아사녀에게 일렀다. "저 아래 못이 있는데 탑이 완성되면 그 못에 그림자가 비칠 테니 그때 오면 남편을 볼 수 있을 것이오." 그 후 아사녀는 못가에서 탑 그림자가 비치기를 기다리고 또 기다렸다. 아무리 기다려도 탑 그림자가 비치지 않자 상심한 아사녀는 못에 몸을 던지고 만다. 아사달이 탑을 완성한 후 아내의 이야기를 전해 듣고 못으로 달려갔지만 이미 때는 늦었고, 망연자실해 못가에 주저앉아 있는데 건너편 바위에 아

❸ 영지

영지를 바라보면서 왼쪽으로 간다. 영지 물가에 만든 데크를 따라가고 데크가 끝나면 영지를 오른쪽에 두고 흙길로 끝까지 가면 찻길을 만난다. 왼쪽으로 찻길을 따라간다.
작은 세거리 둘을 지나면 길 오른쪽에 대숲과 솔숲이 이어진다. 솔숲이 끝나면 오른쪽으로 들어가는 길이 있는데 그 길로 80m 정도 들어가면 영지석불이 있다.

1.3km

❹ 영지석불

영지석불에서 돌아 나와 가던 길로 간다. 동해남부선 철길을 건너면 7번 국도를 만나는 세거리다. 오른쪽으로 가서 육교로 7번 국도를 건너 오른쪽으로 간다. 석거돈 음식점을 지나면 왼쪽에 마을로 들어가는 길이 있고 충효마을 괘릉동 표석이 있다.
마을길로 들어가서 처음 만나는 갈림길에서 오른쪽으로 간다. 560m 정도 가서 만나는 갈림길에서 가던 길인 오른쪽 길로 가고 이어 만나는 볼록거울이 있는 작은 네거리에서 오른쪽 들판 방향으로 간다. 이후 좌우의 농로는 무시하고 가던 길로 계속 가서 숲길을 지나면 괘릉초등학교 세거리다. 오른쪽으로 솔숲을 끼고 돌아가면 괘릉이다.

2.2km

❺ 괘릉

괘릉을 등지고 오른쪽으로 가면 7번 국도를 만나고 왼쪽에는 용천휴게소가 있는데 그곳에 버스 정류장이 있다.

0.6km

괘릉입구 버스 정류장

괘릉 무인상

내의 모습이 떠오르는 것이었다. 아내의 모습은 부처의 모습이 되기도 했다.
아사달은 그 바위에 아내의 모습을 새기기 시작했다. 조각을 마친 아사달은 고향으로 돌아갔다고 하는데 그 후의 소식은 전해지지 않는다. 훗날 사람들은 이 못을 영지라 부르고 석가탑은 그림자가 없다고 하여 무영탑(無影塔)이라고 했다.
영지를 지나면 오른쪽으로 대숲과 솔숲에 싸인 작은 암자가 하나 있다. 입구에 석불좌상이 있는데 이 석불이 아사달이 아사녀의 모습을 조각했다는 영지석불이다. 워낙 마모가 심해 표정은 알아볼 수 없지만 아마도 미소 짓는 모습이 아니었을까? 준비해 간 시 한 수 읊는 것으로 그들의 슬픈 사랑에 경배한다. 다음은 신동엽 시인의 〈너를 새기련다〉 일부다.

너를 조각 하련다, 너를 새기련다.
이 세상 끝나는 날까지
이 하늘 끝나는 날까지
이 하늘 다하는 끝 끝까지
찾아다니며 너를 새기련다.
바위면 바위에 돌이면 돌 몸에
미소 짓고 살다 돌아간 네 입술
눈물 짓고 살다 돌아간 네 입술
너를 새기련다.

(후략)

능역이 넓고 언제나 양지바른 원성왕릉은 꼬맹이들의 소풍 장소로도 그만이다.

웃는 사자가 지키는 임금님의 무덤

영지를 떠나 7번 국도를 건너 원성왕릉으로 향한다. 특별할 것 없는 심상한 마을길을 돌아 내려가면 솔숲에 폭 싸여 있는 단정하고 고운 무덤이 하나 있다. 신라 제38대 임금인 원성왕(재위 785~798)의 무덤으로 추정되는 괘릉이다. 능이 있는 이곳은 원래는 연못이었는데 왕의 유해를 수면 위에 걸어서 안장했다는 속설에 따라 괘릉이라 했다고 전한다. 2011년 7월부터 정식 명칭을 원성왕릉으로 부르고 있다. 경주에 있는 많은 신라 왕릉 중에서 가장 화려한 능으로 평가받고 있다.

봉분은 안쪽 소나무 숲에 둘러싸여 있고 진입로는 문·무인석, 돌사자 등이 지키고 있다. 문·무인석은 모두 사실적인 옷차림을 하고 있어 당시의 신라 복식 연구의 귀중한 자료다. 그중 무인석은 깊고 부리부리한 눈과 오뚝한 코 등 서역인의 특징을 잘 나타내고 있는데 이는 멀고 먼 나라 서역과도 활발한 교류가 있었음을 증명한다. 또 네 방위에서 능을 지키고 있는 네 마리의 사자는 벙싯거리기도 하고 장난기 가득 싱글거리는 모습인데 이런 유쾌한 사자의 모습을 조각한 신라인은 어떤 사람이었을까 궁금해진다.

불국사는 1천 300여 년 전 신라인들이 베풀어 놓은 장엄한 부처님 나라다.

18. 토함산의 유네스코 세계 문화유산 | ★★★

토함산을 넘으며 만나는 신라의 영광

천년 신라의 수도 서라벌을 동쪽에서 외호하는 산은 토함산과 함월산이다. 그 중에서 토함산은 신라 오악 중 하나인 동악으로 숭앙하던 산이다. 경주의 수많은 유물·유적을 대표한다고 해도 과언이 아닌 불국사와 석굴암이 토함산에 있고 지금은 상처 입은 오층석탑만이 절터를 지키고 있는 쓸쓸한 폐사지 하나도 토함산 자락에 숨어 있다. 불국사와 석굴암은 신라 경덕왕 시절 재상이었던 김대성이 지었는데 우리나라를 대표하는 문화유산일 뿐만 아니라 1995년 12월에는 그 가치를 인정받아 유네스코 세계 문화유산에 등재되었다.

많은 사람들이 여행으로 한두 번쯤은 불국사와 석굴암을 다녀갔겠지만 모두 한두 시간으로 볼 수 있는 곳이 아니다. 나라의 자랑 불국사와 석굴암 답사 걷기는 소설가 김동리 선생과 시인 박목월 선생을 만나는 것으로 시작한다.

여행 정보

- 경주 시내에서 출발 지점인 불국사 버스 정류장까지 가려면 10, 11, 700번 버스를 타면 된다. 차를 가져갔다면 불국사 주차장에 세워 두면 된다.
- 마치는 곳인 장항 버스 정류장에서 100, 150번 버스를 타면 경주 시내나 감포, 양남 방면으로 갈 수 있다.
- 음식점과 매점은 불국사 주변, 석굴암 주차장, 장항 버스 정류장 근처에 있다. 화장실은 답사처마다 불편하지 않게 있다.
- 석굴암부터 장항리 절터를 거쳐 장항 버스 정류장까지 가는 길은 찻길이다. 별도로 인도가 없으므로 주의해야 한다. 석굴암에서 장항리 절터로 가는 버스는 없다. 택시를 이용해야 한다. 택시를 탄다면 경주 시내에서 양북면까지는 버스로 가고 양북면에서 택시를 이용해서 장항리 절터까지 가는 방법도 있다.

15.4km, 5시간

① 불국사 버스 정류장

불국사 버스 정류장에서 주차장을 등지고 왼쪽으로 간다. 이내 만나는 불국사주유소가 있는 세거리에서 감포, 석굴암 방향인 똑바로 가는 왼쪽 길로 간다. 330m 정도 가면 오른쪽으로 들어가는 길이 있다. 작은 다리를 건너 계단을 올라가면 동리목월문학관이다.

0.5km

② 동리목월문학관

다시 입구로 돌아 나와 가던 길로 간다. 50m 정도 가면 왼쪽에 주차장으로 들어가는 길이 있고 그 길로 들어가면 불국사 매표소다.

0.3km

동리목월문학관

③ 불국사

불국사 매표소 앞에서 불국사를 등지면 왼쪽 길이 토함산 등산로다. 이 등산로를 따라 올라가면 석굴암 주차장이고 왼쪽에 매표소가 있다. 매표소를 지나 800m 정도 들어가면 석굴암이다.
석굴암 이후의 길을 포기한다면 불국사 주차장에서 버스를 타고 석굴암까지 간 뒤에 거꾸로 내려가는 것도 좋다.
장항리 절터를 지나 장항 버스 정류장까지는 12km 정도의 찻길을 걸어야 한다.

3.0km

석가탑

한국인 마음속의 영원한 금자탑

불국사 조금 아래 숲 속에는 우리나라 문단에 커다란 족적을 남긴 김동리 선생과 박목월 선생을 기리기 위한 문학관이 있다. 불국사 매표소가 지척에 있고 석굴암으로 오르는 찻길 초입에 있지만 불국사와는 동선이 어긋나서 찾기가 쉽지 않고 석굴암으로 오르는 차도 무심하게 스쳐 지나가기 쉽다.

작은 못 위로 얌전하게 놓인 다리를 건너고 계단을 오르면 문학관이다. 정면으로 보아 왼쪽에는 김동리 선생이, 오른쪽에는 박목월 선생이 계신다. 모두 경주 출신인지라 경주 곳곳에 두 분의 발자취가 서려 있는데 허영자 시인은 두 분을 일러 '한국인의 마음속에 영원히 서 있는 두 채의 금자탑'이라고 했다.

서라벌 푸른 하늘을 받들고 선
석가탑과 다보탑은
서라벌 천년의 불심이 어린
두 채의 보배탑
한국 문학사 그 면면한 흐름 위에 우뚝 선
목월과 동리는
한국인 마음속에 영원히 서 있는
두 채의 금자탑

동리목월문학관은 불국사로 들어가는 길에 혹은 나오는 길에 일부러라도 찾을 만하다.

불국사의 당간지주 두 쌍은 왜 이렇게 나란히 자리하고 있는지 알려진 것이 없어 궁금증을 일으킨다.

토함산 기슭에 펼쳐진
장엄한 부처님 나라

불국사는 늘 붐빈다. 그래서 관광객들과 덜 부딪히려면 아침 일찍 서두르거나 저녁 예불 무렵 느지막하게 둘러보는 것이 제일이다. 불국사는 중심 법당 이름에 따라 크게 대웅전, 극락전, 비로전 영역으로 나눈다. 대웅전 영역은 석가여래의 사바세계가 펼쳐지고, 극락전 영역은 아미타불의 극락세계가 펼쳐지며, 비로전 영역은 비로자나불의 연화장세계가 펼쳐지는데 이것이 1천 300년 전 신라인들이 염원한 장엄한 불국토다.

불국사에서 다보탑이나 석가탑과 같은 나라의 큰 보물에만 눈을 주다가는 숨어 있는 아름다움을 그냥 지나치기 쉽다. 여유를 갖고 작지만 아름다운 것들을 찾아보자. 청운교, 백운교와 연화교, 칠보교가 어울린 석축과 대웅전으로 오르는 길목에 옥로수가 담겨 있는 예쁜 석조를 눈여겨보자. 대웅전 계단 소맷돌에서 버선코 같은 곡선을 찾아보고 관음전 앞뜰에서는 대웅전 영역의 법당 지붕과 다보탑이 어울린 모습을 감상해 보며, 연화교 계단에 새겨진 연꽃무늬를 찾아 보자. 돌아 나오는 길에 보는 극락전 서쪽 측면의 석축의 짜임은 들어갈 때 보았던 정면 석축과는 또 다른 느낌으로 다가온다. 한 바퀴를 돌아 처음 그 자리로 가다 보면 당간지주 두 쌍과 다른 곳에서는 좀처럼 보기 힘든 뚜껑까지 있는 석조를 만날 수 있다.

❹ 석굴암

석굴암 매표소 앞에서 주차장을 지나 끝까지 가면 왼쪽에 차가 들어오는 길이 있다. 그길로 주차장 매표소를 지나 계속 내려가면 세거리다. 석굴암 매표소부터 약 2.6km 지점인데 똑바로 가는 왼쪽 길로 간다. 오른쪽은 불국사로 내려가는 길이다.

세거리부터 다시 3.4km 정도 내려가면 토함산 자연휴양림 입구 갈림길이다. 똑바로 가는 왼쪽 길로 간다. 1.5km 정도 내려가면 왼쪽에 주차장이 있고 계곡 건너 언덕에 탑신이 살짝 보인다. 다리를 건너 언덕 위로 올라가면 장항리 절터다.

8.3km

석굴암 가는 길

❺ 장항리 절터

계속 가던 길로 간다. 중간의 좌우로 있는 마을 길은 무시하고 가던 길로 죽 간다. 장항리 절터 앞에서 2.3km 정도 가면 왼쪽에 경주허브랜드가 있고 거기서 1km 더 가면 장항세거리다. 왼쪽은 경주 시내 방향이고 오른쪽은 감포, 양남 방향이다.

장항 버스 정류장에서 100, 150번 버스를 타면 경주 시내나 감포, 양남 방면으로 갈 수 있다.

3.3km

장항리절터

● 장항 버스 정류장

한 발 두 발 걸어서 올라라, 맨발로 땀 흘려 올라라

토함산은 신라인들이 동악이라고 부르며 그 어떤 산보다 신성시하던 서라벌의 진산이었다. 오늘날에도 이곳은 해마다 1월 1일이면 동해의 첫 해돋이를 보려는 사람들이 넘쳐나고 평소에도 일출을 기대하고 오르는 사람들로 새벽부터 깨어 있다. 그러나 삼대가 덕을 쌓아야 볼 수 있다는 지리산 천왕봉 일출만큼이나 토함산의 일출도 만나기 힘들다. 그래도 사람들은 기대 속에 오른다. 설사 날씨가 궂어 일출을 보지 못했더라도 그곳에는 이 땅 제일의 부처님이 계신다. 부처님을 보는 것만으로도 새벽잠을 설친 보상은 충분하고도 남는다.

석굴암은 돌을 다듬어 돔을 만들고 그 위에 돌과 흙을 덮어 마치 굴처럼 만든 석굴사원이다. 전실과 후실 두 부분으로 나뉘는데 전실은 방형이고 주실인 후실은 원형이다. 전실에는 팔부신중, 인왕상, 사천왕상이 있고 주실에는 본존불과 보살, 제자들이 들어서 있다. 전실은 속되고 삿된 잡인을 걸러 내는 인왕문인 동시에 불법을 수호하는 사천왕문이다. 주실은 부처님의 수인이 항마촉지인인 것으로 보아 석가여래가 상주하는 대웅전일 것이다. 부처님 뒤쪽 십일면관세음보살이 있는 곳은 관음전이며 석가모니의 뛰어난 제자 열 사람인 십대제자가 있는 곳은 나한

석굴암 마당에 서면 대종천과 동해가 한눈에 잡힌다.

전이다. 이렇듯 석굴암은 비록 작은 석굴사원이나 그 안에는 절집 하나가 통째로 들어앉은 부처님 나라다.

보물 제911호로 지정된 석굴암 삼층석탑은 팔각원당형 기단 위에 방형의 삼층 탑신이 놓여 있는 특이한 형태인데 일반인의 출입을 금하고 있어 찾아볼 수 없는 것이 아쉽다.

무너진 절터를 지키고 있는 저 꿋꿋함이여

석굴암을 뒤로 하고 토함산을 내려오면 대종천 계곡 건너편으로 삐죽하게 솟아오른 석탑을 볼 수 있다. 절 이름조차 전하지 않아 동네 이름을 따서 장항리 절터라고 부른다. 절터에 오르면 인간의 탐욕이 저지른 만행의 현장을 보게 된다.

이곳에는 원래 아름다운 불대좌 위에 부처가 한 분 계셨고 그 부처의 좌우로는 당당하고 화려한 오층석탑이 나란히 자리하고 있었다. 그런데 1923년, 부장품을 탐낸 도적의 소행으로 두 탑과 부처님이 파손되어 이렇게 민망하고 흉한 꼴이 되어버렸다. 부처님은 깨지고 부서진 채로 국립경주박물관 앞뜰로 옮겨 가고 두 탑과 불대좌만 남았는데 동탑은 형편없이 망가져 깨진 지붕돌만 남았고, 서탑은 깨어지기는 했어도 제 모습으로 놓여 있다. 서탑의 일층 몸돌에 새겨진 인왕상의 조각은 특별히 우수한 것으로 꼽는다. 아지랑이 아른거리고 봄볕 좋은 날, 토함산으로 오르는 찻길을 배경 삼은 서탑의 모습은 꿈결처럼 몽롱하다.

동해권

함월산 속살을 파고 들어 신문왕이 동해의 용에게서 얻은 만파식적을 가지고 돌아오던 길을 더듬어 본다. 대종천이 동해와 만나는 곳에는 1천 300년 세월을 넘겨 꿋꿋하게 자리를 지키고 있는 삼층석탑이 있다. 동해권 코스 모두 문무왕과 관련 있는 곳이다.

사천왕은 수미산 꼭대기 도리천에 있는 제석천의 명을 받아 사방 천하를 수호한다.

19. 함월산의 기림사와 골굴사 | ★★★

만파식적 쉬어 가던 달을 품은 산

신라 오악 중 동악으로 신성시하던 토함산과 산줄기로 연결되는 산이 함월산이다. 토함산과 함월산을 잇는 마루금은 경주의 산꾼들이 좋아하는 종주 코스다. 두 산은 추령고개로 이어지는데 추령고개 아래로 뚫린 터널로 경주와 감포를 잇는 도로가 지나간다.

달을 머금었다 토했다 한다는 낭만적인 이름의 함월산은 유서 깊은 절집들을 품에 안은 내력 있는 산이다. 신문왕이 동해의 용왕에게서 만파식적을 받아 서라벌로 돌아오던 길에 머물렀다는 기림사, 다른 곳에서는 볼 수 없는 독특한 석굴 사원인 골굴사가 함월산 기슭에 있다. 추령고개와 기림사를 잇는 산길은 신문왕이 문무왕을 장사 지내러 갔던 길이자 만파식적을 얻어 돌아오던 길이라는데 경주에서는 이 산길에 '신문왕 호국행차길'이라는 이름을 붙였다.

여행 정보

- 경주 시내에서 출발 지점인 추원 버스 정류장까지 가려면 100, 150번 버스를 타면 된다. 차를 가져갔다면 추원 버스 정류장 뒤편 공터에 세워 두면 된다.
- 마치는 곳인 안동 버스 정류장에서 100, 150번 버스를 타면 경주 시내로 나올 수 있다. 양북면소재지에서 출발해서 골굴사와 기림사를 거쳐 다시 양북면소재지로 가는 130번 버스가 하루에 5회 운행한다. 기림사 앞에서 대략 06:40, 09:15, 10:45, 13:45, 17:15경에 있는데 이 버스를 놓치면 걷거나 양북면소재지에서 택시를 불러야한다. 양북개인택시: 054-745-2025
- 음식점과 매점은 기림사 입구, 골굴사 입구, 안동세거리에 있다. 화장실은 기림사, 골굴사에 있다.

14.6km, 5시간

① 추원 버스 정류장

추원 버스 정류장에서 추령터널·감포 방향으로 50m 정도 가면 갈림길이다. 가장 오른쪽 길로 언덕을 올라간다.
300m 정도 올라가면 갈림길이다. 왼쪽 길로 간다. 추원사·왕의길 표지판이 있다. 다시 300m 정도 내려가면 갈림길인데 왕의길 표지판이 있는 오른쪽 길로 간다.
이후 추원사 앞 갈림길을 시작으로 모든 갈림길에서 가던 길인 왼쪽 길로 가면 모차골이다. 추원부터 모차골까지는 시멘트 포장길이다. 오르막이지만 완만하여 크게 힘든 곳은 없다.
추원 버스 정류장 뒤편에 공터가 있어 차를 가져간 경우 이곳에 세워 두면 되지만 공터가 넓지 않다. 차라리 100번, 150번 버스가 지나는 편한 주차장에 세워 두고 버스로 이동하는 것도 방법이다.

2.8km

② 모차골

이후 수렛재까지는 산길이지만 어렵지 않은 길이고 외길이다.

1.4km

모차골

③ 수렛재

용연폭포까지도 산길이지만 어려운 곳은 없고 외길이다.

2.5km

불령봉표

④ 용연폭포

용연폭포부터 기림사까지도 어렵지 않다. 갈림길이 두어 곳 있으나 가던 길로 가면 된다.

1.2km

왕의 길을 따라서

걷기 시작하는 곳은 추령고개다. 평지에서 한참 올라온 꼭대기부터 시작하니 산길이라고는 하지만 부담이 없다. 골짜기를 따라서 펜션이 제법 들어앉았다. 사람이 사는 곳이니 차가 다녀야 하고 그러다 보니 길은 시멘트 포장길이다. 한동안 시멘트길이 이어지다가 드디어 본격적인 숲 속 산길로 접어든다.

산길 초입에 커다란 안내판이 있어 앞으로 갈 길을 미리 짚어 볼 수 있다. 이곳이 모차골이라는 곳인데 마차가 들어올 수 있다고 해서 붙은 이름이다. 산으로 들어간다고 해서 급경사 구간이 있거나 길이 험해지는 것은 아니다. 순하디 순한 숲길을 따라 오르는 듯 마는 듯 슬그머니 고개를 넘는다. 고개 이름 수렛재는 '수레가 넘을 수 있는 고개'라는 말이라니 순한 고개 이름으로는 제격이다.

왕의 길을 따라 걷다 보면 佛嶺封標(불령봉표)라는 암각 글씨를 만난다. 불령은 부처 고개라는 뜻이다. 이 고개 아래쪽에 기림사가 있어 붙은 이름이겠고 봉표는 나라에서 벌채를 금하는 산의 경계에 세우는 표식이다. 조선 제23대 임금인 순조의 아들 효명세자의 묘에 사용할 제수 경비 마련을 위해 세웠던 봉표라고 한다.

내려오는 길에는 얼마 전까지도 숯을 구웠다는 숯 가마터 흔적도 만난다. 또 신문왕이 만파식적과 함께 가지고 돌아오던

왕의 길은 산길이지만 험하지 않고 유순한 길이다.

옥대의 용 장식이 용으로 변해 승천했다는 용연폭포도 지난다. 기분 좋은 숲길 끝에 기림사가 있다.

부처님 말씀을 듣는 숲

보리수 아래서 깨달음을 얻은 석가모니가 20년을 넘게 머물면서 설법한 곳이 기원정사고 그 기원정사의 숲을 기림이라고 한다. 기림사라는 절 이름은 그것에서 유래했다. 지금은 기림사가 불국사의 말사(末寺), 즉 불국사에 딸린 절이지만 해방 전만 하더라도 불국사가 기림사의 말사였다고 한다. 추령고개에서 산길을 넘어온 우리는 기림사의 뒷문으로 들어온 셈이지만 기림사를 제대로 즐기기 위해서는 앞에서 들어와야 하는데 어쩔 수 없는 아쉬움으로 남는다.

매표소와 주차장을 지나면 일주문이고 일주문을 지나면 깊숙한 느낌의 숲길이 시작된다. 묵은 나무 가득한 기분 좋은 길이지만 그리 길지는 않아 아쉬움이 진하게 남는다. 그 길 끝에 털북숭이 사천왕이 지키는 천왕문이 있다.

잘생긴 소나무가 호위하는 천왕문을 지나면 대적광전 영역이다. 대적광전은 온 우주에 두루 통하는 진리 그 자체를 형상화했다는 비로자나불을 모시고 있다. 대적광전을 중심으로 마당에는 부챗살처럼 퍼져 자란 반송, 진남루, 약사전, 응진전, 삼층석탑 등이 있다. 이들 유물·유적 하

❺ 기림사

기림사 경내를 빠져나와 일주문을 지나고 주차장을 지나면 기림사 매표소다. 매표소 바로 앞은 갈림길인데 오른쪽으로 기림교를 건너간다. 매표소 바로 앞에 버스 정류장이 있다.
이후 14번 도로를 따라 3.4km 정도 가면 골굴사 입구 갈림길이다. 오른쪽으로 약 800m 정도 들어가면 골굴사다. 기림사 입구부터 골굴사 입구까지는 인도가 없는 찻길이므로 조심해야 한다.

4.8km

기림사

❻ 골굴사

다시 골굴사 입구로 나와서 오른쪽으로 가는데 길을 건너면 걷는 길이 조성되어 있다. 안동세거리에서 오른쪽으로 조금 가면 안동 버스 정류장이다.

1.9km

골굴사

금강역사

● 안동 버스 정류장

나 하나가 나라의 보물이다.

대적광전 영역에서 왼쪽으로 한 단 높은 곳에는 삼천불전, 명부전, 삼성각, 관음전, 요사채가 자리하고 있고 삼천불전 앞마당 아래로 계단을 내려서면 성보박물관이 있어 이들 모두에게 눈길을 주려면 한두 시간으로는 어림도 없다.

석회암 절벽에 가득한 부처님 미소

신라 56명의 왕 중에서 그래도 우리가 잘 아는 임금은 제29대 임금인 태종 무열왕 김춘추일 것이다. 진골 출신으로는 처음으로 왕위에 올랐고 김유신 장군과 함께 삼국 통일의 기틀을 닦았다. 태종 무열왕과 김유신 장군의 누이동생 문희 사이에서 태어난 분이 바로 신라 제 30대 임금인 문무왕이다. 문무왕은 김유신과 함께 백제와 고구려를 멸망시키고 중국 당나라 세력을 몰아내어 삼국 통일을 이룩하였다. 죽어서라도 나라를 지키겠다는 문무왕의 유언에 따라 동해의 대왕암에 장사를 지냈다고 전해진다.

문무왕의 아들 신문왕이 부왕의 화신인 동해 용에게서 만파식적을 얻어 서라벌로 돌아가던 길이 바로 우리가 걷는 이 길이다. 기림사부터 골굴사까지는 우회할 수 있는 길이 없어 하는 수 없이 찻길을 걸어야 한다. 차량 통행도 많고 갓길도 없어 걷기에 불편할 뿐만 아니라 위험하므로 조심해서 걷도록 하자.

골굴사 부처님은 석회암 바위에 새겼기에 군데군데 세월의 흔적이 배어 있다.

골굴사 일주문을 넘어서면 금강역사가 떡 버티고 서서 잡인의 통행을 막고 있다. 험상궂은 얼굴에 종주먹을 들이대며 한 대 쥐어박을 것 같은 표정으로 을러대는 모습이지만 자세히 보면 어딘지 귀엽고 천진한 모습도 보인다.

금강역사의 통과 허락을 받아 골짜기를 따라 길게 나 있는 길을 따라 오르면 한국의 둔황석굴로 불리는 골굴사 석회암 석굴이다. 수십 길의 아찔한 절벽에 12개의 석굴이 나 있는데 부처님은 그중 제일 위의 석굴에 계신다. 그러니 부처님을 뵈러 가는 길이 만만할 리 없다.

바위를 파서 만든 계단은 가파르고 발을 딛기도 힘이 든다. 그렇게 어렵사리 오른 절벽 꼭대기에는 나를 보러 예까지 오느라 수고했다는 듯 빙긋이 웃고 계신 부처님이 계신다. 오랜 세월 비바람을 맞아 여러 군데 떨어지고 부서졌어도 얼굴 가득 잔잔한 미소는 천년 전 그 모습 그대로일 것이다.

바닷새만 제집인 양 넘나드는 대왕암은 여전히 유효한 호국 성지다.

20. 대종천을 따라서 동해 바다로 | ★★★

호국의 일념으로 동해의 용이 되었다네

경주 시내와 동해안 지역을 갈라놓은 산줄기가 토함산과 함월산이고 이 두 산의 동쪽 자락을 흘러내려 모인 냇물이 대종천이다. 아주 오래전에 이 냇물로 커다란 종이 지나가 대종천이라는 이름을 얻었다고 한다. 대종천이 동해로 막 합쳐지려는 곳에 오래된 절터가 있다. 장중하고 당당한 삼층석탑 두 기가 1천 300년을 훨씬 넘도록 꿋꿋하게 버티고 서 있는 곳, 문무왕이 미처 완공을 보지 못하고 세상을 떠나자 아들 신문왕이 부왕의 뜻을 이어 불사를 마친 곳, 바로 신라의 호국 사찰 감은사가 있던 자리다.

대종천이 바다에 제 몸을 부리는 곳에는 신문왕이 부왕의 화신 동해 용을 친견하고 만파식적을 얻었다는 이견대가 있고 이견대에서 건너 보이는 바다에는 바닷새들만 제집인 양 넘나드는 대왕암이 있다.

여행 정보

- 경주 시내에서 출발 지점인 감은사터까지 가려면 100, 150번 버스를 타면 된다. 차를 가져갔다면 감은사터 앞에 주차장에 세워 두면 된다.
- 마치는 곳인 문무왕릉 버스 정류장에서 150번 버스를 타면 양북면사무소를 경유해 경주 시내로 나올 수 있다. 1시간 간격으로 있다.
- 음식점과 매점은 시작하는 곳인 감은사터, 이견대 부근, 대왕암에 있다. 화장실은 감은사터, 대왕암에 있다.

3km, 1시간 10분

큰 종이 가라앉은 큰 냇물

① 감은사지 버스 정류장
감은사지 버스 정류장에 내리면 주차장이 있고 산기슭에 감은사지 동·서 삼층석탑이 보인다. 감은사터로 올라가는 계단을 다 오르면 삼층석탑이 있다.

0.2km

감은사터 동·서 삼층석탑

② 감은사터
감은사 금당터와 동탑을 지나 오른쪽으로 가서 계단을 내려가면 작은 주차장이다. 계단과 슈퍼 사이에 산 쪽으로 올라가는 마을길이 있다. 해파랑길 리본과 이정표를 따라간다.
마을길을 따라 끝까지 올라가면 막다른 집 앞에 오른쪽으로 산길 입구가 있고 해파랑길 이정표가 있다. 산길을 따라 올라가면 능선과 만나는데 갈림길이다. 오른쪽으로 간다.
이후 능선 길을 따라가면 능선 끝에서 무덤들을 만나고 계단을 다 내려가면 31번 국도를 만난다. 찻길로 내려서서 왼쪽으로 150m 정도 가면 길 건너 오른쪽에 이견대가 있다.

1.3km

대종천

신라가 망하고 고려가 들어선 지 320년이 지난 고려 고종 25년(1238), 원나라의 침략으로 나라 전체가 분탕질을 당할 무렵 경주도 예외는 아니었다. 결국 신라 제일의 사찰이었던 황룡사도 불타고 만다. 당시 황룡사에는 성덕대왕신종보다 무려 네 배나 더 큰 종이 있었는데 원나라 군대가 이 종을 탐내서 자신들의 나라로 가져가려고 마음먹었다. 그들은 육로보다 수월한 뱃길을 이용해 종을 운반하려고 토함산을 넘어 큰 냇물에 종을 띄웠지만 종을 실은 배가 바닷가에 이르자 갑자기 폭풍우가 몰아치고 풍랑이 일면서 배는 침몰하고 종은 바닷속으로 가라앉아 버렸다. 그 뒤로 이 냇물은 커다란 종이 지나간 곳이라고 해서 대종천이 되었다는 이야기다. 그 후 풍랑이 일면 바닷가에는 은은한 종소리가 들린다고 한다.

그러나 한편으로는 바닷속으로 들어간 종이 황룡사의 대종이 아니고 감은사에 있던 종인데 임진왜란 때 왜병들이 약탈해 가다가 빠뜨린 것이라는 이야기도 있다. 사실 이 냇물을 언제부터 대종천이라고 불렀는지는 확실하지 않다. 전하는 이야기대로일 수도, 훗날 지어낸 이야기일 수도 있겠지만 고산자 김정호의 대동여지도에는 대종천이 아닌 '동해천'으로 표기되어 있으니 궁금증은 쉽게 풀리지 않으려나 보다. 그러나 지금의 대종천 모습

감은사터 동·서 삼층석탑은 현존하는 우리나라 삼층석탑 중에서 가장 크다.

에서는 옛일을 상상하기 힘들다. 큰 종은 고사하고 작은 나룻배조차 띄울 수 없을 정도로 형편없는 몰골인데 그동안 홍수와 산사태로 강바닥도 높아졌고 물줄기도 말라 버려 졸졸대는 도랑물이 되어 버렸기 때문이다. 그렇지만 아무리 제 모습이 망가지고 형편없어졌더라도 이곳은 여전히 큰 냇물이다.

장중하고 아름다운 석탑이여

백제와 고구려를 멸망시킨 신라였지만 경주의 코앞인 동해안까지 출몰하는 왜구는 신라인들에게 늘 골칫거리였다. 감은사는 시도 때도 없이 이어지는 왜구의 침입을 부처님의 힘을 빌어 막아 보겠다는 생각으로 지은 절이다. 처음 감은사의 불사를 시작한 사람은 문무왕이었다. 그러나 문무왕은 감은사의 완공을 보지 못하고 세상을 떠나 동해의 호국 용이 되었고, 아들 신문왕이 부왕의 뜻을 이어 감은사를 완성하니 감은사는 호국 용이 지키는 호국 사찰이 된다.

동해와 가까운 들판 건너편 산자락에 커다란 석탑 두 기가 동서로 나란히 놓인 곳, 그곳이 감은사터다. 이곳에는 장중하고 당당한 삼층석탑 두 기가 1천 300년을 훨씬 넘긴 세월을 눈보라와 비바람 속에서도 꿋꿋하게 버티고 서 있다. 탑의 높이만 9.1미터이고 탑 꼭대기에 박힌 3.9미터의 쇠막대기 찰주(불탑 꼭대기에 세운 장식의 중심을 뚫고 세운 기둥)까지 합하면 높이가 무려 13미터나 되는데 현존하는 우리나라 삼층석탑 중에서 가장 크다. 현재 국립경주박물관 뒤뜰에 있는 고선사터 삼층석탑

❸ 이견대

이견대에서 왔던 길을 거슬러서 대본세거리로 나오고 왼쪽으로 대종교를 건넌다.

다리를 건너 500m 정도 가면 봉길리 버스 정류장이 있는 세거리인데 그냥 지나쳐 300m 정도 더 가면 왼쪽 길가에 봉길해수욕장 입간판이 있다. 그곳에서 바닷가로 내려가서 해변을 따라 오른쪽으로 200m 정도 가면 눈앞 바다에 대왕암이 있다.

1.4km

이견대

❹ 대왕암

대왕암 앞에서 식당 골목을 빠져나와 큰길로 나오면 문무왕릉 버스 정류장이 있다.

0.1km

대왕암

● 문무왕릉 버스 정류장

과 더불어 신라 삼층석탑의 계보 제일 위에 있다. 대지 위에 굳건히 뿌리내린 천년 고목과도 같은 이 웅장한 탑을 제일 아름답게 볼 수 있는 곳은 금당터 뒤편의 대숲 언덕이다. 이곳에 오르면 왜 이곳에 감은사를 세웠는지 별다른 설명이 없어도 알게 된다.

황룡사, 사천왕사와 함께 나라를 보호하는 호국 사찰이었던 감은사가 언제 왜 무너졌는지는 밝혀지지 않았다. 동탑 뒤쪽의 우람한 고목은 용당리 탑마을에서 지성으로 모시는 당산나무다.

만파식적이 세상에 나온 곳

감은사를 떠나 야트막한 산을 넘어 이견대로 향한다. 경주에서 조성한 감포깍지길의 일부 구간과 동행하는데 이런 곳에 이런 길이 숨어 있으리라고는 생각지도 못했다.

언덕을 내려오면 31번 도로를 만나고 길 건너편 나무 아래 '신라동해구'라는 표석이 있다. 그 아래로 난 길로 몇 걸음 더 옮기면 일제 강점기에 우리나라 미술사에 큰 획을 그은 우현 고유섭 선생을 기리기 위한 '나의 잊히지 못하는 바다'라는 기념비가 있다. 기념비를 돌아 나와 다시 찻길을 따르면 이내 길 아래로 건물이 하나 보이는데 그곳이 이견대다.

이견대는 죽어서도 용이 되어 나라를 지키겠다는 문무왕의 호국 정신을 받들어

대왕암 해변, 무엇을 저렇게 두 손 모아 절실하게 빌고 있을까.

681년에 아들인 신문왕이 세웠다고 한다. 이곳에서 신문왕은 문무왕의 화신인 동해 용을 친견했고, 그 용으로부터 세상을 구하고 평화롭게 할 수 있는 옥대와 만파식적이라는 피리를 받았다고 전한다. 이견대 위로 올라가면 저 멀리 대왕암이 보인다.

나는 죽어서 용이 되겠노라

대종천이 동해와 합하는 감포 봉길해수욕장 앞바다에 아담한 바위섬이 있다. 바닷새들만 제집인 양 넘나드는 이곳이 문무왕의 유골을 뿌린 산골처(散骨處)라고도 하고 문무왕의 수중릉이라고도 하는 대왕암이다. 신라 제30대 임금인 문무왕(재위 661~681)은 태종 무열왕의 맏아들로 백제와 고구려를 평정하고, 당나라 세력을 몰아내어 삼국 통일을 완수했다. 문무왕은 "내가 죽으면 동해의 용이 되어 나라를 지키고자 하니 화장하여 동해에 장사를 지내라."고 유언했는데 그 뜻을 받들어 장사를 치른 곳이 대왕암이다.

바닷가 표지판에는 문무왕의 수중릉이라고 설명되어 있지만 사실은 신문왕이 부왕의 유언대로 화장을 하여 뼛가루를 뿌린 곳이 대왕암이라는 이야기도 있다. 그러나 수중릉이면 어떻고 산골처면 또 어떠랴. 죽어서라도 나라를 지키겠다는 문무왕의 뜻이 더 소중한 것 아닐까.

오늘날에도 해변에는 대왕암을 향하여 지성으로 무엇인가를 비는 사람들이 있다. 대왕암은 아직도 유효한 문무왕의 화신이다.

안강권

경주의 북쪽 안강에는 조선 시대를 통틀어
가장 뛰어난 성리학자 중 한 분인
회재 이언적 선생과 관련 있는 장소가 두 곳 있다.
한 곳은 회재 선생이 태어난 양동마을이고
다른 한 곳은 회재 선생이 관직을 떠나 낙향한
옥산마을이다.

하늘이 내렸다는 명당이어서일까? 양동마을의 모습이 너무도 아름답다.

21. 설창산 기슭에서 안강들판으로 | ★★

설창산 품에 깃든 수수백 년의 양반마을

경주 시내를 남에서 북으로 흐르는 형산강이 안강읍에 이르면 북에서 남으로 내려오는 기계천과 합치고, 방향을 동쪽으로 바꿔 포항 앞바다 영일만으로 들어간다. 형산강과 기계천이 몸을 섞는 그곳에는 수수백 년을 동족 마을로 내려온 유서 깊은 양반 마을이 있다. 2010년에 유네스코 세계 문화유산으로 등재된 경주양동민속마을이다. 설창산 골짜기를 따라 자연스럽게 자리 잡은 마을 풍광이 너무나 아름다운 곳이다.

양동마을 앞에 펼쳐진 안강들판 건너편 산자락에 있는 흥덕왕릉은 외따로 떨어져 있어 답사객의 발길은 뜸하지만 왕릉을 둘러싸고 있는 소나무 숲은 사진을 좋아하는 사람들이 자주 찾는 명소다. 고려 후기의 학자이며 정치가인 익재 이제현 선생의 위패를 모신 구강서원도 근처에 있다.

여행 정보

- 경주 시내에서 출발 지점인 양동마을 입구까지 가려면 200, 202, 203, 205, 206, 207, 208, 212, 252번 버스를 타면 된다. 이 중 203번은 양동마을 주차장까지 들어가고 안강터미널을 거쳐서 옥산서원까지 간다. 하루에 9회 운행한다.
- 마치는 곳인 안강우방아파트 버스 정류장에서 201, 210, 222번 버스를 타면 안강터미널이나 경주 시내로 나올 수 있다.
- 음식점과 매점은 시작하는 곳인 양동마을, 산대리 안강우방타운 주변에 있고 화장실은 각 답사처에 불편하지 않게 있다.
- 구강서원에서 안강터미널까지는 3.3km 정도이므로 택시를 타고 이동하는 것도 방법이다.
  안강 택시 : 054-761-8788 / 054-761-6200 / 054-762-1515 / 054-763-1277
  054-763-6200

11km, 3시간 40분

1.3km

① 양동마을 입구 버스 정류장
양동마을 버스정류장에서 내려 철길과 나란히 가는 마을길을 따라가면 주차장이 있고 끝에 매표소가 있다. 양동초등학교 앞 세거리에서 오른쪽이 양동마을이다.

② 양동마을
양동초등학교세거리로 나와 오른쪽으로 간다. 둑길에서 오른쪽으로 가면 안락교가 있는 세거리다. 다리를 건너 400m 정도 가면 세거리다. 왼쪽 길로 작은 다리를 건너 600m 가면 네거리고, 다시 400m 가면 네거리인데 앞으로 굴다리가 보인다.

오른쪽으로 수로를 건너 똑바로 간다. 이후 확실한 네거리인 일곱 번째 네거리에서 왼쪽으로 간다. 450m 정도 가서 68번 도로를 만나면 오른쪽으로 간다. 100m 정도 가면 흥덕왕릉, 구강서원 표지판이 있는 버스 정류장 세거리인데 왼쪽으로 간다.

양동마을 초가집

6.3km

이후 좌우의 농로와 마을길은 무시하고 가던 길로 계속 1.4km 정도 가면 흥덕왕릉 표지판과 안성농장 표지판이 있는 네거리인데 왼쪽 길로 간다.

육통2리마을회관 앞 세거리에서는 똑바로 가는 오른쪽 길로 가고 이후 좌우의 마을길은 무시하고 계속 길을 따라 간다. 회관부터 450m 정도 가면 길모퉁이에 축사 창고와 흥덕왕릉 표지판이 있는 갈림길이다. 오른쪽으로 들어가서 첫 갈림길에서 왼쪽으로 가면 주차장이고 솔숲으로 들어가면 흥덕왕릉이다.

양동마을 기와집

하늘이 내린 명당에 자리한 마을

마을 입구 버스 정류장에서 내려 걸어간다. 양동마을 주차장까지 들어가는 버스도 있지만 시간 맞추기가 불편하기 때문에 안강읍으로 가는 버스를 타고 양동마을 입구에 내려서 걷는 것도 나쁘지 않다. 역사 건물조차 없는 간이역이기는 했어도 부지런히 사람들을 실어 날랐을 동해남부선의 양자동역은 역으로서의 기능을 완전히 잃어버린 채 쇠락해 가고 있다. 찻길과는 별도로 조성된 길이 있어 안전하게 걸을 수 있는데 1킬로미터 남짓 걸으면 마을 주차장이고, 한편에 양동마을문화관이 있다. 문화관은 마을의 역사와 생활상을 비롯해 마을 안의 여러 가옥 모형과 관련 문서를 전시하고 있다.

경주에서 동북방으로 20킬로미터 정도 떨어진 형산강과 기계천이 만드는 안강평야에 위치한 양동민속마을은 월성 손씨와 여강 이씨의 동족 마을이다. 우리나라의 대표적인 양반 마을로 2010년에 유네스코 세계 문화유산으로 등재되었다. 안동 하회마을과 함께 조선 시대 양반 마을의 전형이다. 이곳에는 양동마을이 형성되기 훨씬 이전부터 사람들이 살았다고 하는데 정확한 문헌 기록은 없지만 대략 기원전 4세기 이전 청동기 시대부터였던 것으로 본다. 두 물이 합쳐지고 넓은 들판이 있으니 사람이 살기에 좋은 환경이었을 것이다.

기와집과 초가집이 어울린 모습이 그림처럼 곱다.

마을이 위치한 자리는 주산인 설창산에서 뻗어 내린 산줄기가 네 줄기로 갈라져 산의 능선과 골짜기가 물(勿)자형의 지세를 이루고 있는 명당이라고 한다. 그래서인지 양동마을은 우재 손중돈, 회재 이언적 같은 훌륭한 선비들을 많이 배출했다. 조선 시대의 상류 주택을 포함한 양반 가옥과 초가 160여 호가 모여 있는데 마을 높은 곳에는 양반 가옥이 있고 낮은 지대에는 하인들의 가옥이 양반 가옥을 에워싸는 형태를 취하고 있다. 높고 낮은 지세에 따라 들어앉은 수백 년 된 기와집, 조촐하지만 정겨운 초가들이 어울려 있는 모습, 그리고 마을길을 따라 이어지는 나지막한 돌담장들이 보여 주는 모습은 그림처럼 곱다.

양동마을은 우리나라 최대의 전통 마을답게 넓기도 하고 볼 곳도 많다. 계획 없이 이리저리 마을길을 따라다니다 보면 갈피를 잡기도 힘들고 차분하게 즐기기도 어렵다. 따라서 마을 입구에 있는 양동마을문화관에 들러 사전 지식을 충분히 얻은 후에 마을 지도를 들고 다니는 것이 좋다. 그렇게 하더라도 하나하나 찾아보려면 시간이 꽤 걸린다. 무엇을 보고 어떻게 보느냐에 따라 달라지겠지만 주마간산으로 둘러본다고 해도 네댓 시간은 기본이다. 사실 가옥 수가 160여 호에 달하고 500년이 넘는 역사를 지닌 마을인데 몇 시간에 보겠다는 것은 욕심이다.

관광지가 아니라 실제로 주민들이 살고 있는 마을이므로 모든 가옥을 개방한 것은 아니니 조심조심 다니는 것이 좋겠다.

❸ 흥덕왕릉

1.7km

 육통2리마을회관 앞 세거리로 돌아 나와서 오른쪽으로 간다. 수로 위의 작은 다리를 건너 오른쪽으로 간다. 60m 정도 가면 세거리인데 왼쪽으로 가고 다시 80m 정도 가면 작은 다리 앞 네거리다.
다리를 건너 140m 정도 가면 노란색 작은 창고가 있는 네거리이고 똑바로 50m 가서 만나는 갈림길에서는 오른쪽 길로 간다. 250m 정도 더 가서 오른쪽으로 작은 다리를 건너면 구강서원이다.

흥덕왕릉

❹ 구강서원

1.7km

서원 앞 주차장 끝에 솔숲으로 가는 길이 있다. 솔숲을 다 빠져나가면 도로 차단기와 구강서원 표석이 있는 세거리인데 오른쪽으로 간다. 170m 정도 가면 산대2리금성마을 버스 정류장이다. 시간을 맞췄다면 이곳에서 버스를 타고 안강터미널로 갈 수 있다. 이후 좌우로 난 길은 무시하고 가던 길로 계속 가서 아파트 앞 세거리에서 왼쪽으로 간다.
90m 정도 가서 만나는 세거리에 홍천마을 버스정류장이 있다. 버스 시간을 맞췄다면 이곳에서 안강터미널로 간다. 오른쪽으로 가는데 200m 조금 더 가면 상가가 밀집한 네거리다. 오른쪽 우방아파트 101동과 201동 사이로 간다. 80m 정도 가면 우방아파트 버스정류장이다. 여기에서 버스를 타면 안강이나 경주로 나갈 수 있다.

구강서원

● 안강우방아파트 버스 정류장

명품 소나무 숲 속의 임금님 유택

양동마을 앞의 너른 들판이 안강평야다. 바둑판 같은 농로를 따라 이리 꺾고 저리 돌아 어래산 기슭까지 가면 신라 제42대 임금인 흥덕왕(재위 826~836)의 유택이 있다. 흥덕왕릉은 기록이나 무덤의 형식을 근거로 봤을 때 무덤의 주인이 비교적 확실한 몇 안 되는 무덤 중 하나다.

흥덕왕은 장보고로 하여금 오늘날의 완도에 청해진을 설치하게 해 해적을 없앴을 뿐만 아니라 청해진을 중계 무역의 요충지로 만들었다. 또 당나라에서 가져온 차(茶)의 종자를 지리산에 심게 했다고 전한다. 왕릉의 전체적인 배치와 장식물의 양식으로 볼 때 성덕왕릉(4코스 61쪽 참조)

홍덕왕릉 솔숲은 남산 삼릉 솔숲과 쌍벽을 이룬다.

과 원성왕릉(17코스 167쪽 참조)의 형식을 따른 것으로 평가한다.

이곳은 꼭 답사객들만 찾는 곳은 아니다. 왕릉 주변의 솔숲이 근사해서 사진을 좋아하는 사람들도 많이 찾는다. 늘씬늘씬하게 자란 미인 소나무는 아니지만 이리 구불 저리 구불 자란 소나무들이 남산 자락의 삼릉숲과 비슷한 풍광을 보여 준다. 소나무 숲에 안개가 끼는 계절이면 사진가들의 발길이 끊이지 않는다.

솔숲에 싸인 작은 서원

흥덕왕릉이 있는 육통마을 옆 동네에 작은 서원이 하나 있다. 고려 후기 학자이자 정치가였던 익재 이제현 선생을 추모하기 위해 세운 구강서원이다. 고종 8년(1871)에 서원 철폐령으로 폐쇄되었다가 1904년에 이 지방 유림에서 복원했다. 규모가 크지는 않아도 서원의 앉음새가 좋아 눈이 간다. 대개는 문이 닫혀 있지만 바로 옆 고직사에 서원을 관리하는 후손이 살고 있어 부탁하면 친절하게 안내도 하고 문도 열어 준다.

익재는 고려 후기의 유학자이자 초기 성리학자로 고려 말 성리학을 들여와 발전시켰으며 목은(牧隱) 이색도 그의 문하생이었다. 훗날 목은의 문하에서 정도전, 조준, 남은, 정몽주, 길재 같은 학자가 배출된다. 그림과 글씨에 능했고 《역옹패설》 등 많은 산문과 시문을 남겼다.

회재 이언적 선생이 마음을 닦아 바르게 하던 세심대다.

22. 옥산천 물길을 거슬러 | ★
옥산천 냇가에서 조선의 선비를 만나다

경주의 가장 북쪽 지역은 안강읍이고 안강읍에서 제일 북쪽에 있는 마을이 옥산마을이다. 마을 북쪽은 자옥산, 도덕산, 봉좌산, 어래산이 병풍을 두르고 있고 남쪽으로는 넓게 열린 모습인데 마을을 관통해서 흐르는 냇물이 옥산천이다. 옥산천 물가에는 조선 시대 성리학의 정립에 선구자 역할을 한 회재 이언적 선생과 관련 있는 유적이 두 곳 있다. 회재 선생을 배향한 옥산서원과 선생이 벼슬을 내려놓고 고향에 돌아온 뒤에 거처하던 사랑채 독락당이다. 선생이 태어난 곳은 옥산마을 동쪽에 있는 양동마을이고, 이곳 옥산마을은 벼슬길에 올랐던 선생이 관직을 떠나 낙향한 곳이다.

옥산천 상류의 정혜사는 지금은 폐허가 되어 석탑 한 기만이 절터를 지키고 있지만 선생이 독락당에 거처할 때는 이곳의 스님과 교분을 나누었다고 한다.

여행 정보

- 경주 시내에서 옥산서원 버스 정류장까지 가려면 203번 버스를 타면 된다.
- 마치는 곳인 독락당 앞 버스 정류장에서 203번 버스를 타면 경주 시내로 나올 수 있다. 그러나 버스 시간을 맞추지 못했다면 안강까지는 택시로 나오고 안강에서 버스로 환승하면 경주 시내로 나올 수 있다.
- 음식점과 매점은 옥산서원과 독락당 주변에 있고 화장실은 옥산서원, 독락당에 있다.
- 옥산서원에서 안강터미널까지는 6km 정도다. 안강 택시: 054-761-8788 / 054-761-6200 / 054-762-1515 / 054-763-1277 / 054-763-6200

1.8km, 40분

0.4km

① **옥산서원(옥산2리) 버스 정류장**
옥산서원 버스 정류장에서 내리면 왼쪽에는 옥산교가 있고 오른쪽에는 옥산상회가 있다. 거기서 버스가 가는 길로 50m 정도 가면 갈림길인데 오른쪽으로 간다. 다시 100m 정도 가서 만나는 갈림길에서도 오른쪽 길로 250m 정도 들어가면 옥산서원이다.

② **옥산서원**
옥산서원 정문인 역락문을 등지면 앞은 계곡이다. 계곡을 가로질러 외나무다리가 걸려 있다. 외나무다리를 건너 계단을 올라가면 넓은 공터인데 오른쪽 길로 간다. 이후 중간 좌우의 길은 무시하고 마을길을 따라 끝까지 가면 오른쪽에 옥산리마을회관이 있다. 회관 앞을 지나면 독락당 주차장이다.

0.6km

옥산서원 앞뜰
옥산서원

③ **독락당**
독락당 앞 큰길로 나와서 오른쪽으로 가는데 독락당의 담장이 끝나고 조금 더 가면 세거리다. 오른쪽으로 간다. 120m 정도 가서 만나는 네거리에서는 똑바로 간다.
다시 70m 정도 가서 만나는 볼록거울과 자옥사 표지판이 있는 세거리에서 왼쪽으로 조금 들어가면 오른쪽에 정혜사터 십삼층석탑이 있다. 정혜사터 앞 세거리에서 옥산천을 따라 상류로 460m 정도 올라가면 장산서원이다.

0.4km

④ **정혜사터 십삼층석탑**
다시 독락당으로 돌아오면 독락당 앞이 버스 종점이다.

0.4km

● **독락당 버스 정류장**

조선의 선비가 마음 닦고 학식 쌓던 곳

연륜이 있는 서원이나 향교가 그렇듯이 옥산서원 입구에서 길손을 반기는 것은 잘생긴 노거수들이다. 수형도 좋고 나무 그늘도 넓어 서원 안으로 들기 전에 한숨 돌릴 수 있다.

서원이란 조선 중기 이후에 인재들을 키우고 또 받드는 명현들에게 제사를 지내기 위해서 세운 사설 교육기관이다. 요즘으로 치면 사립대학교라고 할 수 있다. 우리나라 서원의 효시는 조선 중종 37년(1542), 풍기군수 주세붕 선생이 고려의 학자였던 안향을 제사하기 위해 사당을 만들고 사당 옆에 학사를 지은 백운동서원이다. 그 백운동서원의 후신이 경북 영주시 순흥면에 있는 소수서원이다.

옥산서원은 김굉필, 정여창, 조광조, 이황 같은 분들과 함께 동방오현(東方伍賢)으로 꼽는 회재 이언적(1491~1553) 선생을 모신 서원이다. 조선 말에 국가 재정과 군역, 당쟁의 폐단이 서원이라고 생각한 홍선대원군이 서원을 철폐할 때에도 훼철되지 않은 47개 서원 가운데 하나다. 소수서원, 도산서원, 병산서원, 도동서원과 함께 우리나라 5대 서원으로 꼽힌다.

서원은 건물 배치에 규범이 있어 크게는 전학후묘(前學後廟)라는 두 공간으로 나눈다. 전학후묘라는 말은 앞쪽은 교육을 하는 곳이고 뒤쪽은 제사를 모시는 공간이

곱게 늙어가는 정자와 냇물, 울창한 숲이 그림처럼 어울린다.

라는 뜻으로, 옥산서원도 전학후묘의 배치 규범을 충실하게 따르고 있다.

옥산서원에서 눈여겨볼 만한 것이 서원 건물에 걸린 편액들이다. 누각인 무변루의 편액은 석봉 한호의 글씨이고, 강당인 구인당에 걸려 있는 커다란 현판 '玉山書院(옥산서원)'은 추사 김정희의 글씨다. 강당 한편에는 구인당이라는 편액도 걸려 있는데 이 글씨 역시 한석봉의 솜씨라고 한다. 강당 마당 한쪽에 돌로 만들어 세운 정료대라는 석조물은 횃불을 올려 두던 석대다. 서원 앞에는 백여 명도 앉을 만한 너른 바위가 있는데 회재 선생이 마음을 닦는 장소라는 뜻으로 세심대(洗心臺)라고 이름 붙인 곳이다.

'사자암 노피 올라 도덕산을 바라보니'

경주나 포항의 산꾼들이 쓰는 말 중에 '자도봉어'라는 말이 있다. 경주 안강읍의 자옥산, 도덕산, 포항 기계면의 봉좌산, 안강읍의 어래산들의 능선을 이어서 종주하는 것을 이야기하는 것인데 이 종주 노선은 옥산서원과 독락당을 기준으로 보면 말굽 모양이다. 자도봉어 네 산의 능선 사이로 흐르는 냇물이 옥산천인데 독락당은 옥산서원에서 옥산천을 따라 상류로 600미터 정도 위에 있다.

독락당은 회재 이언적 선생이 정계에서 물러나서 7년 동안 은거할 당시에 지내던 살림집의 사랑채를 부르는 당호다. 이 집에는 사랑채인 독락당 외에도 안채와 행랑채, 임금님께 하사받은 서책들을 보관하던 어서각과 사당 등이 남아 있다.

독락당 현판은 조선 선조 때 영의정을 지낸 이산해, 옥산정사 현판은 퇴계 이황, 계정의 편액은 한석봉, 양진암은 퇴계 이황의 글씨라고 한다. 조선 중기의 문인 노계 박인로(1561~1642)가 독락당을 찾은 뒤에 지은 독락당이라는 가사도 전한다.

노계 박인로는 59세가 되던 해에 옥산서원과 독락당을 찾았다. 물론 이때는 회재가 세상을 떠난 지 한참 되었을 때지만 노계는 회재 선생을 사모하는 마음에서 옥산서원과 독락당을 방문하고 노래를 짓는다. 가사 독락당은 노계 박인로가 지은 가사 중에서 최장편으로 꼽힌다. 독락당과 옥산서원, 주변 경치를 노래한 내용으로 내용상 크게 열 단락으로 나뉘고 모두 123행으로 이루어져 있다.

독락당 뒤로 흐르는 옥산천과 독락당의 계정이 어우러진 모습은 너무나 곱고 운치 있다. 독락당에서도 고택 체험이 가능하다.

귀엽고 앙증맞고 아주 예쁜 탑

독락당에서 옥산천 상류로 300미터 정도 떨어진 곳에 정혜사라는 절이 있던 무너진 절터가 있다. 이곳에 유래를 찾기 힘들만큼 독특하게 생긴 이형 석탑 한 기가 남아 있다.

우리나라 석탑의 역사를 보면 처음에는 백제계 석탑과 신라계 석탑이 각자의 개성을 가지고 조금은 다른 형태로 만들어졌다. 그러다가 신라가 삼국의 패권을 쥐게 되면서 두 양식은 하나로 합쳐져 통일된 양식으로 정착되는데 그 결과 나타난 석탑의 완성을 불국사의 석가탑으로 본다. 그 뒤로는 대개 석가탑과 같은 형식의 석탑들이 만들어진다. 그러나 예외 없는 법칙이 없듯이 석탑에도 예외가 생겼고 그렇게 예외적으로 만들어진 석탑이 이형 석탑이다. 경주 불국사의 다보탑이나 구례 화엄사의 사사자 삼층석탑이 이형 석탑의 대표적인 예다.

정혜사터에 있는 십삼층석탑도 이형 석탑이다. 단출한 기단 위에 높다란 1층 몸돌과 두툼한 지붕돌이 있고, 2층부터는 지붕돌을 받치는 몸돌이 거의 생략되어 있어서 마치 지붕돌만 계속해서 12개를 포개 놓은 듯한 모습이다. 비슷한 예가 없는 아주 특이한 형태지만 균형미나 조형미가 대단히 뛰어나 국보로 지정되었다. 십삼층이지만 높이는 6미터에 조금 못 미치니 어지간한 삼층석탑 높이 정도이다. 귀엽고 앙증맞고 아주 예쁜 석탑이다.

우리나라 어디에서도 볼 수 없는 독특하고 귀여운 석탑 정혜사터 십삼층석탑이다.

부록

유물·유적 찾아보기

※ 해당 부록은 문화재청(www.cha.go.kr) 자료를 참고하여 작성했습니다.

1코스

1. 성덕대왕신종(국보 제29호)
신라 경덕왕이 아버지인 성덕왕의 명복을 빌기 위해 만들기 시작했다. 경덕왕 때 완성하지 못하고 그 뒤를 이어 혜공왕이 771년에 완성하였다. 처음에 봉덕사에 달았다고 해서 봉덕사종이라고도 하며 종을 만들면서 어린아이를 제물로 넣어 '에밀레 에밀레'하는 아기의 울음소리가 난다 하여 에밀레종이라고도 한다. 우리나라에 현존하는 종 중에서 가장 크다.

2. 경주 동궁과 월지(사적 제18호)
신라 왕궁의 별궁터다. 신라는 삼국을 통일한 후 문무왕 14년(674)에 큰 못을 파고 못 가운데에 3개의 섬과 못의 북·동쪽으로 12봉우리의 산을 만들어 꽃과 나무를 심고 진귀한 새와 짐승을 길렀다고 전해지는데 이 못을 월지로 추정한다. 임해전은 다른 부속 건물과 함께 왕자가 거처하는 동궁으로 사용하면서 나라의 경사가 있을 때나 귀한 손님을 맞을 때 이곳에서 연회를 베풀었다고 한다. 임해전은 별궁에 속해 있던 건물이지만 그 비중이 매우 컸던 것으로 보이며 월지는 신라 원지(苑池)를 대표하는 유적이다.

3. 경주 월성(사적 제16호)
신라 궁궐이 있던 왕성이다. 성의 모양이 반달처럼 생겼다 하여 반월성이라고도 한다. 성의 동·서·북쪽은 흙과 돌로 쌓았고 남쪽은 자연 지형인 절벽을 그대로 이용하였다. 성벽 아래에는 방어 시설인 해자가 있으며 동쪽으로는 임해전으로 통했던 문 터가 남아 있다. 성 안에 많은 건물터가 남아 있는데 1741년에 월성 서쪽에서 이곳으로 옮겨 온 조선 시대의 석빙고도 있다.

4. 경주 석빙고(보물 제66호)
조선 영조 14년(1738)에 만든 얼음 창고다. 기록에 의하면 우리나라에서 얼음을 저장하던 시설은 이미 신라 지증왕 6년(505)부터 있었다고 한다.

5. 경주 계림(사적 제19호)
김씨의 시조인 김알지의 탄강설화를 간직한 숲이다. 신라가 건국될 당시부터 있던 숲으로, 원래는 시림(始林)이었으나 김알지가 태어난 뒤로 계림(鷄林)이라 하였다.

6. 경주 내물왕릉(사적 제188호)
신라 17대 임금 내물왕(재위 356~402)은 김씨로서는 두 번째로 왕위에 올랐다. 이후로 김씨 성에 의한 독점적 왕위 계승이 이루어졌다. 마립간이란 왕의 칭호를 처음 사용했고 중국 전진과의 외교를 통해 문물을 수입했다. 백제와 왜의 연합 세력이 침입하자 고구려 광개토대왕에 도움을 요청해 위기를 모면했다. 내물왕 시기에 신라의 국력이 비약적으로 발전했다. 내물왕릉을 황남대총으로 보는 견해도 있다.

7. 경주 향교(경상북도 유형문화재 제191호)
오늘날 국립 대학에 해당하는 교육기관이다. 경주 향교가 처음 지어진 시기는 잘 알 수 없으나 조선 성종 23년(1492)에 서울의 성균관을 본 떠 고쳐 지었다고 한다. 임진왜란 때 불탄 뒤 선조 33년(1600)에 대성전과 전사청을 다시 지었다. 이어서 선조 37년(1604)에 동무와 서무를 짓고 광해군 6년(1614)에 명륜당과 동재·서재를 더 지어 지금의 모습을 갖추었다. 경주 향교는 경상북도 내에서 가장 크며 건물 배치는 나주 향교와 함께 향교의 표본이다.

8. 경주교동 최씨 고택(중요민속문화재 제27호)
경주 최씨의 종가로 신라 시대의 요석궁이 있던 자리라고 전하는 곳에 있다. 1700년경에 지어졌다고 하지만 정확한 건립 시기는 알 수 없다. 사랑채, 안채, 대문채 등으로 이루어져 있는데 사랑채는 안마당 맞은편에 있었으나 별당과 함께 1970년 11월 화재로 소실되었다가 2006년 11월 복원되었다. 조선 시대 양반 집의 원형을 대체로 잘 보존하고 있다.

9. 경주 첨성대(국보 제31호)
선덕여왕(재위 632~647) 때 건립된 것으로 보며 동양에서 가장 오래된 천문대다. 현재 동북쪽으로 약간 기울어져 있지만 거의 원형을 유지하고 있다.

10. 경주 동부사적지대(사적 제161호)

동쪽의 월지부터 서쪽의 교동까지, 남쪽은 월성 남쪽의 남천부터 북쪽의 고분공원까지를 동부사적지대라고 한다. 이 지역 안의 월성, 계림, 첨성대 같은 유물들은 개별적인 사적으로 지정되어 있지만 이들 유적 사이에서 많은 지하 유적과 유물이 출토되고 있다. 따라서 신라 도성의 중심 지역을 보존하기 위하여 사적지를 연결하여 확대 지정한 것이다.

11. 숭혜전(경상북도 문화재자료 제256호)

신라 최초의 김씨 임금인 13대 미추왕과 삼국을 통일한 30대 문무왕 그리고 신라 56대 임금이자 마지막 임금인 경순왕의 위패를 모신 사당이다.

12. 경주 대릉원 일원(사적 제512호)

신라 시대 고분군이다. 본래 노동동 고분군, 노서동 고분군, 황남리 고분군, 황오리 고분군, 인왕리 고분군으로 분리되어 있었으나, 2011년에 문화재청이 역사성과 특성을 고려하여 경주 평야 한복판에 인접해 있는 신라 시대의 고분군을 통합하고 사적 제512호로 재지정하였다. 현재 대릉원 담장 안에는 미추왕릉, 황남대총, 천마총 등이 있다.

13. 경주 노동동 고분군

노동동 일대에 자리하고 있는 신라 시대 무덤들로 봉황대, 식리총, 금령총 등이 포함되어 있으며 특히 봉황대는 높이 22m, 지름 82m로 대릉원의 황남대총 다음으로 규모가 크다.

14. 경주 노서동 고분군

노서동 일대에 자리하고 있는 신라 시대 무덤들로 현재 10여 기의 크고 작은 무덤이 남아 있다. 그중 가장 북쪽에 있는 제130호 무덤은 노동동 고분군의 봉황대와 대칭을 이루어 서봉황대로 불린다. 금관총, 서봉총, 호우총, 은령총 등이 포함되어 있다.

2코스

1. 경주 고선사지 삼층석탑(국보 제38호)

상하 2단의 기단 위에 3층의 탑신을 쌓았는데 신라 석탑 양식의 전형적인 형태다. 기단은 여러 개의 돌로 구성하였으며 각 면에는 기둥 모양을 새겼다. 탑신도 여러 개의 돌을 조립식으로 짜 맞추었으나 3층 몸돌만은 하나의 돌로 이루어져 있다. 통일신라 시대 전기인 7세기 후반에 세워졌을 것으로 추측된다.

2. 미탄사지 삼층석탑

황룡사 남쪽 들판 미탄사가 있었다고 여겨지는 곳에 있는 삼층석탑이다. 1980년 6월에 완전히 붕괴되어 흩어져 있던 석재들을 수습하고 일부는 새로운 부재로 복원하였다. 전형적인 통일신라 시대의 양식으로 9세기 중엽에 건립된 것으로 추정된다.

3. 경주 황룡사지(사적 제6호)

신라 진흥왕 14년(553)에 경주 월성의 동쪽에 궁궐을 짓다가 그곳에서 황룡이 나타났다는 말을 듣고 절로 고쳐 짓기 시작해 17년 만에 완성한 절이 황룡사다. 이후 장륙삼존불상, 금당, 구층목탑 등을 차례로 지었다. 그러나 고려 고종 25년(1238)에 몽고의 침입으로 모두 불타고 지금은 그 흔적만 남아 있다.

4. 경주 구황동 당간지주(경상북도 유형문화재 제192호)

두 기둥에 별다른 조각을 하지 않고 기둥 안쪽 면 세 곳에 당간을 고정시키기 위한 구멍을 뚫어 놓은 간결한 형태다. 기둥 사이에 놓인 당간의 받침돌이 거북 모양인 것이 특이하다.

5. 분황사

신라 선덕여왕 3년(634)에 창건하였다. 현재 경내에는 모전석탑, 화쟁국사비부, 석정, 약사여래입상 등이 남아 있다.

6. 경주 헌덕왕릉(사적 제29호)

신라 제41대 임금 헌덕왕(재위 809~826)은 조카인 애장왕을 죽이고 왕이 되었다. 농사를 권장하고 당나라와 친밀한 관계를 유지했으나, 김헌창의 난과 김범문의 난 등으로 국내 정세가 혼란스러웠다.

7. 숭신전(경상북도 문화재자료 제255호)

조선 광무 2년(1898)에 군수 권상문이 신라 제4대 임금인 탈해왕의 제사를 모시기 위해 세웠다. 1906년부터는 신라의 3성 시조 임금(박·석·김)을 같이 모셨고 이때부터 숭신전이라고 불렀다.

8. 경주 탈해왕릉(사적 제174호)

신라 제4대 임금 탈해왕(재위 57~80)의 무덤이다. 둥글게 흙을 쌓아 올린 원형 봉토분이다. 봉분 이외에 주변에 별다른 시설은 없다.

9. 경주 표암(경상북도 기념물 제54호)

신라 여섯 촌 가운데 알천 양산촌의 시조 이알평이 바위에 내려와 세상을 밝혔다 하여 밝은 바위, 곧 표암이라고 부른다. 경주 이씨의 근원지이자 신라 건국의 산실이다. 이를 기리기 위한 유허비가 조선 순조 6년(1806)에 세워졌고 1925년에는 표암재가 건립되었다.

10. 경주 굴불사지 석조사면불상(보물 제121호)

굴불사터에 있는 이 불상은 바위의 서쪽에는 아미타여래불, 동쪽에는 약사여래불, 북쪽에는 미륵불, 남쪽에는 석가모니불을 각각 새긴 사방불의 형태다. 풍만하고 부드러운 모습으로 미루어 통일신라 초기의 작품으로 본다.

11. 백률사 대웅전(경상북도 문화재자료 제4호)

백률사는 불교를 국법으로 허용해 줄 것을 주장하다 순교한 이차돈을 추모하기 위해 세운 절이다. 임진왜란 때 소실된 후 다시 세워 오늘에 이른다. 대웅전에 모셔진 금동약사여래좌상은 불국사의 금동아미타여래좌상, 금동비로자나불좌상과 함께 통일신라 시대 3대 금동불 중 하나다. 현재 국립경주박물관에 보관하고 있다.

3코스

1. 경주 망덕사지(사적 제7호)

망덕사가 언제 세워졌는지는 정확하지 않은데 신라 문무왕 또는 신문왕 때로 추정한다. 《삼국유사》에 의하면 문무왕 19년(679)에 당나라가 침입하자 부처의 힘으로 물리치고자 사천왕사를 지었다. 그 소문이 당나라에 전해지자 당에서는 사신을 파견하여 이를 확인하려 했는데 신라에서는 사천왕사 건너편에 이 절을 지어 보여 주었고 당나라의 덕을 우러른다는 의미에서 망덕사(望德寺)라 했다고 전한다. 통일신라 시대의 전형적인 쌍탑 가람 배치를 보여 주며 황룡사, 사천왕사, 황복사와 더불어 신라의 중요한 사찰이었다.

2. 경주 망덕사지 당간지주(보물 제69호)

사찰에서 불교 의식이 있을 때 당이라는 깃발을 단다. 당간은 당을 매다는 깃대를 말하고 당간지주는 당간을 양쪽에서 지탱하는 기둥을 말한다. 망덕사터 당간지주는 통일신라 초기의 유물이다. 금당터 서쪽에 65cm 간격으로 마주 보고 있으며 높이는 2.5m이고 별다른 장식 없이 소박하다.

3. 장사 · 벌지지

신라 눌지왕 때의 충신 박제상은 고구려에 인질로 잡혀간 왕의 동생을 온갖 고생 끝에 구해서 돌아오지만 집에 다녀올 틈도 없이 왕의 또 다른 동생을 구하기 위해 바로 왜국으로 향한다. 이 소식을 들은 박제상의 부인은 생전에 남편을 한 번이라도 보려고 뒤쫓아 갔으나 만나지 못한다. 절망에 빠진 부인은 망덕사 남쪽의 모래벌에 기다랗게 누워 통곡했는데 그 후로 그 모래벌을 장사(長沙)라고 했다. 또 부인의 친척 두 사람이 부인을 부축해 일으키려 했지만 뻗친 부인의 다리가 움직이지 않아 일으킬 수가 없었으므로 이곳의 지명이 벌지지(伐知旨)가 되었다. '뻗치다'의 음을 한자로 적은 것이 벌지지가 되었다고 한다.

4. 경주 사천왕사지(사적 제8호)

사천왕사는 부처의 힘으로 당나라의 침략을 막아 내려는 신라인의 의지로 지은 사찰이다. 문무왕 19년

(679)에 완성되었는데 신라가 삼국을 통일한 후 가장 먼저 지은 사찰이다. 전형적인 쌍탑 가람 배치를 보여 주며 절터에는 머리 부분이 없어진 귀부 2기와 비신, 당간지주 1기가 남아 있다.

5. 경주 선덕여왕릉(사적 제182호)

신라 최초의 여왕이자 27대 임금인 선덕여왕(재위 632~647)의 무덤이다. 흙을 둥글게 쌓아 올린 원형 봉토분으로 무덤의 둘레에 자연석을 이용하여 2~3단의 둘레돌을 쌓았다. 선덕여왕은 첨성대, 분황사, 황룡사 구층탑 등을 세웠으며 김유신, 김춘추와 더불어 삼국 통일의 기초를 닦았다.

6. 경주 능지탑지(경상북도 기념물 제34호)

경주 낭산에 흩어져 있던 탑의 재료를 새로 맞추어 놓은 것으로 예로부터 능지탑 또는 연화탑이라 불러 왔다.《삼국사기》에 의하면 신라 문무왕은 임종 후 10일 내에 왕궁 밖 뜰에서 검소하게 화장하라고 유언하였는데, 탑 주변에서 문무왕릉비 조각이 발견되고 사천왕사, 선덕여왕릉, 신문왕릉과 이웃한 것으로 보아 문무왕의 화장터로도 추정한다.

7. 경주 낭산 마애보살삼존좌상(보물 제665호)

낭산 서쪽 기슭의 중생사 바위면에 조각되어 있는 삼존불로 가운데의 본존불은 지장보살로 추정되며 좌우의 협시불은 악귀를 몰아내는 신장상을 표현한 것으로 보인다. 통일신라 시대에 만들어진 것으로 추정된다. 균열과 마모가 심한 상태다.

8. 경주 황복사지 삼층석탑(국보 제37호)

신문왕이 세상을 떠난 후, 아들인 효소왕이 아버지의 명복을 빌기 위해 세운 탑이다. 통일신라 시대의 전형적인 석탑의 모습이면서도 전기 석탑 양식의 변화 과정이 잘 담겨 있다. 전기의 석탑들인 감은사지 삼층석탑이나 고선사지 삼층석탑에 비해 규모가 작다.

9. 경주 진평왕릉(사적 제180호)

신라 26대 임금 진평왕(재위 579~632)의 무덤이다. 원형 봉토분으로 무덤 아래에는 자연석을 이용해 둘레돌을 둘렀으나 현재는 몇 개만 남아 있다. 진평왕은 독자적 왕권을 확립하기 위해 새로운 중앙 행정 부서를 설치했고 수·당나라와의 외교 관계를 통해 백제와 고구려의 침공을 효과적으로 막았다.

10. 전홍유후설총묘(경상북도 기념물 제130호)

신라 경덕왕 때의 학자인 설총의 묘라고 전해지는 무덤이다. 설총의 아버지는 원효대사이고 어머니는 요석공주이며 태종 무열왕대인 654~660년 사이에 태어난 것으로 추정한다. 홍유후는 고려 현종 1년 (1022)에 추증받은 시호다.

11. 경주 보문동 사지(사적 제390호)

경주시 보문동에 있는 신라 시대 절터다. 현재 절터의 대부분은 논으로 이용되고 있는데 발견되는 석재들로 미루어 당시에는 많은 건물들이 있었을 것으로 추정된다. 절이 세워진 시기는 알 수 없으나 신라 경문왕 11년(871) 이전에 세워진 것으로 짐작된다. 절터 안에는 석조, 당간지주, 연화문 당간지주를 비롯하여 금당터와 목탑터가 남아 있다.

12. 경주 효공왕릉(사적 제183호)

신라 제52대 임금 효공왕(재위 897~912)의 무덤이다. 원형 봉토분이며 아무런 장식이 없는 매우 단순한 형태다. 무덤의 아랫부분에는 무덤을 보호하기 위해 쌓았던 돌이 몇 개 남아 있다.

13. 경주 신문왕릉(사적 제181호)

신라 31대 임금 신문왕(재위 681~692)의 무덤이다. 신문왕은 삼국 통일을 이룬 문무왕의 아들로 삼국 통일 이후 혼란스러운 국내 정세를 정비하는데 힘썼다.《삼국사기》에 의하면 낭산 동쪽에 신문왕을 장사 지냈다고 되어 있어 낭산 동쪽 황복사터 아래쪽 십이지신상이 남아 있는 무너진 왕릉을 신문왕 무덤으로 보는 견해도 있다.

4코스

1. 경주 신문왕릉
3코스 13번 참조

2. 경주 신무왕릉(사적 제185호)
신라 제45대 임금 신무왕(재위 839)의 무덤이다. 제43대 희강왕의 사촌 동생이며 청해진 대사 장보고의 도움으로 제44대 민애왕을 죽이고 839년에 왕위에 올랐으나 그해에 죽었다.

3. 경주 효소왕릉(사적 제184호)
신라 제32대 임금 효소왕(재위 692~702)의 무덤이다. 효소왕은 신문왕의 아들로 삼국 통일 후 나라가 안정된 시기에 왕위에 올랐다. 무덤에는 아무런 장식이 없고 혼유석만 남아 있어 소박한 모습이다. 《삼국사기》에 의하면 702년에 왕이 죽자 이름을 효소라 하고 망덕사 동쪽에 장사 지냈다고 한다. 이 무덤은 망덕사터에서 남남동 방향으로 약 8km 거리에 있어 기록과 차이가 많다. 망덕사터 동쪽에 있는 신문왕릉을 효소왕릉으로 보는 견해도 있다.

4. 경주 성덕왕릉(사적 제28호)
신라 제33대 임금 성덕왕(재위 702~737)의 무덤이다. 신문왕의 아들로 형인 효소왕에 이어 왕위에 올랐다. 무덤 앞에 석상이 있고 무덤 주위 네 곳에 돌사자를 배치했다. 석상 앞쪽 양옆으로 문인석과 무인석을 각 한 쌍씩 세웠던 것으로 보이나 지금은 무인석 하나와 상반신만 남은 석인 하나가 남아 있다.

5. 성덕왕릉 귀부(경상북도 유형문화재 제96호)
성덕왕릉 앞에 세웠던 거북 모양의 비석 받침이다. 원래는 빗돌과 머릿돌이 있었던 것으로 보이나 모두 없어지고 현재는 목이 부러진 받침돌만 남아 있다.

6. 경주 구정동방형분(사적 제27호)
신라 무덤 중 유일한 네모 무덤이며 통일신라 말기의 최고 귀족층 무덤으로 추정된다. 정사각형 형태로 한 변의 길이가 9.5m 높이가 2m다. 흙을 덮은 봉분 아래에는 십이지신상이 조각된 둘레돌이 있다.

5코스

1. 경주 춘양교지와 월정교지(사적 제457호)
'궁의 남쪽 문천에 춘양, 월정 두 다리를 놓았다.'라는 《삼국사기》의 기록 속 춘양교 · 월정교로 보인다. 세월이 흐르면서 월정(月淨)교는 월정(月精)교로, 춘양교는 일정교, 효불효교, 칠성교 등으로 이름이 바뀌다가 각각 해와 달의 정령을 상징하는 일정교와 월정교로 굳어진 것으로 본다. 월정교는 교각 위에 누각을 올린 누교(樓橋)였을 것이라 추측하고 있다. 현재 복원 공사 중인데 2015년에 완공될 예정이다.

2. 상서장(경상북도 경주시 기념물 제46호)
최치원이 임금에게 글을 올리던 장소다. 최치원(857~?)은 통일신라 후기의 학자로 12살에 당나라로 유학하여 18세에 과거급제한 후 헌강왕 11년(885)에 귀국하였다. 귀국 후에는 어지러운 국정을 바로잡기 위해 노력했으나 뜻을 제대로 펴지 못했고 노년에는 은둔하며 지냈다.

3. 경주 남산 불곡 마애여래좌상(보물 제198호)
바위 면을 1m 정도 파내 감실(불상을 모시는 방)을 만들고 그 안에 조성한 석불좌상이다. 둥그런 얼굴을 약간 숙인 채 수줍은 미소를 띠고 있으며 머리는 두건을 덮어쓴 것 같은데 이것은 귀 부분까지 덮고 있다. 전체적으로 자세가 아름답고 여성적이다. 현재 남산에 남아 있는 불상 중에서 가장 오래된 것으로 삼국 시대 후기에 만들어진 것으로 본다. 이 불상으로 인하여 계곡 이름을 부처 골짜기 즉 불곡이라고 부르게 되었다.

4. 경주 남산 탑곡 마애불상군(보물 제201호)
둘레 30m, 높이 9m 정도의 커다란 바위 네 면에 탑, 불상, 승려상, 사자상, 비천상 등 불교와 관련된 다양한 모습이 새겨져 있다. 특히 북면에는 목조탑의 모습도 있어서 신라 시대 목조탑의 원형을 알 수 있다.

5. 보리사 마애석불(경상북도 유형문화재 제193호)
보리사 남쪽 산중턱에 있는 높이 2m 정도의 바위에 새긴 마애불이다. 바위를 살짝 파내서 높이 1.5m의 공간을 만들고 그 안에 약 0.9m 정도의 작은 부처를 도드라지게 새겼다. 보리사의 석불좌상보다 후대에 만든 것으로 보는데, 통일신라 후기에 만들어진 불상으로 추정된다.

6. 경주 남산 미륵곡 석조여래좌상(보물 제136호)

신라 시대의 보리사터로 추정되는 곳에 남아 있는 석불좌상이다. 현재 경주 남산에 있는 신라 시대의 석불 가운데 가장 완벽하게 보존되어 있다. 손 모양은 오른손을 무릎 위에 올려 손끝이 아래로 향하고 왼손은 배 부분에 대고 있는 항마촉지인이다. 특히 광배 뒷면에는 모든 질병을 구제한다는 약사여래불을 가느다란 선으로 새겨 놓았는데, 이러한 형식은 다른 곳에서 쉽게 볼 수 없는 특이한 예다.

7. 경주 헌강왕릉(사적 제187호)

신라 제49대 헌강왕(재위 875~886)의 무덤이다. 무덤을 보호하기 위해 무덤 아래쪽에 빙 둘러 돌을 4단으로 쌓았는데 이러한 형태는 신라 왕릉에서는 특이한 형식으로 제50대 정강왕(재위 886~887)의 능에서도 보인다. 그러나 내부 구조나 출토된 토기는 8세기 이후로는 내려오지 않는 형식이어서 헌강왕의 재위 기간이었던 9세기와는 큰 차이가 있다.

8. 경주 정강왕릉(사적 제186호)

신라 제50대 정강왕(재위 886~887)의 무덤이다. 형인 헌강왕에 이어 왕위에 올랐으나 만 1년만에 병으로 세상을 떠났다. 무덤의 외형은 흙으로 덮은 둥근 형태고 무덤을 보호하기 위해 밑 둘레에 3단으로 돌을 쌓았다. 무덤의 구조는 헌강왕릉과 같은데 1993년 헌강왕릉의 내부 조사 결과를 보면 그 구조와 나온 유물들이 8세기 이전의 형식이어서 이 왕들이 왕위에 있던 9세기와는 큰 차이가 있다.

6코스

1. 경주 서출지(사적 제138호)

경주 남산 기슭에 위치한 삼국 시대 연못이다. 이곳에 다음과 같은 전설이 내려온다. 신라 소지왕 10년(488), 임금이 천천정이라는 정자로 행차하는데 까마귀와 쥐가 나와 울더니 쥐가 사람의 말로 '이 까마귀를 쫓아가라'했다. 왕이 괴이하게 여겨 신하를 시켜 따라가 보게 했으나 신하는 이 못에 와서 돼지 두 마리가 싸우는 것에 정신이 팔려 까마귀가 간 곳을 잃어버렸다. 그런데 홀연 못 가운데서 노인이 나타나 봉투를 건네줘 그것을 왕에게 올렸다. 왕은 봉투 속에 있는 글귀대로 궁에 돌아와 화살로 거문고집을 쏘게 하니, 왕실에서 향을 올리던 중과 궁주가 흉계를 꾸미고 있다가 죽음을 당했다고 한다. 이 못에서 글이 나와 계략을 막았다 하여 이름을 서출지(書出池)라고 하였다.

2. 경주 남산동 동·서 삼층석탑(보물 제124호)

통일신라 시대의 쌍탑은 보통 동일한 양식으로 만들어졌는데 이곳의 동·서 두 탑은 불국사의 석가탑과 다보탑처럼 각각 양식이 달라 특이하다. 동탑은 돌을 벽돌 모양으로 다듬어서 쌓은 모전석탑의 양식이고 서탑은 전형적인 삼층석탑 양식이다. 서탑은 상층 기단의 한 면을 둘로 나누어 팔부신중(八部神衆)을 새겼다. 팔부신중은 신라 중대 이후에 등장하는 것으로 단순한 장식이 아니라 탑을 부처님의 세계인 수미산으로 나타내려는 신앙의 한 표현이다.

3. 경주 남산 국사곡 제4사지 삼층석탑(경상북도 유형문화재 제447호)

9세기 중반 이후에 제작된 통일신라 시대 석탑으로 추정된다. 주요한 근거로는 일반적인 통일신라 시대 삼층석탑과 달리 단층 기단이라는 점, 기단 면석 중앙의 버팀기둥이 1개인 점, 상륜부를 제외한 탑신부까지의 높이가 5m 남짓인 점 등이다. 지대석과 북서쪽 기단 면석만이 원위치에 있었고 나머지는 주위에 흩어져 있던 것을 수습하여 2001년 말에 현재와 같이 복원하였다.

4. 경주 남산 지암곡 제3사지 삼층석탑(경상북도 유형문화재 제449호)

초층의 탑신 받침을 제외한 나머지 부재는 경사면이나 계곡에 흩어져 절반 이상 매몰된 상태였던 것을 2003년 1월에 지금의 상태로 복원하였다. 자연 암반을 기단으로 활용한 형태의 석탑 가운데는 비교적 큰 편에 속하며, 무엇보다 탑신부 부재가 모두 원래의 것이라는 점에서 보존할 가치가 있다.

7코스

1. 경주 서출지
6코스 1번 참조

2. 경주 남산동 동·서 삼층석탑
6코스 2번 참조

3. 경주 남산 칠불암 마애불상군(국보 제312호)

동쪽과 북쪽으로 높이 4m 가량되는 돌축대를 쌓아 불단을 만들고 이 위에 사방불(四方佛)을 모셨으며, 뒤쪽의 병풍바위에는 삼존불(三尊佛)을 새겼다. 삼존불은 중앙에 여래좌상을 두고 좌우에는 협시보살 입상을 배치하였다. 본존불은 미소가 가득 담긴 양감 있는 얼굴과 풍만하고 당당한 자세를 하고 있고 손 모양은 항마촉지인이다. 본존불을 아미타불로 본다. 왼쪽 협시보살은 정병을 쥐고 있어 관세음보살로 보고 오른쪽 협시보살은 대세지보살로 본다. 사방불도 화사하게 연꽃이 핀 자리에 앉아 있는 모습으로 방향에 따라 손 모양을 다르게 하고 있다. 이 칠불은 통일신라 시대인 8세기에 만들어진 것으로 본다.

4. 경주 남산 신선암 마애보살반가상(보물 제199호)

칠불암 위쪽 절벽 바위에 새겨진 높이 1.4m의 보살상이다. 머리에 삼면보관(三面寶冠)을 쓰고 있고 구름 위에 앉은 모습이다. 얼굴은 풍만하고, 지그시 감은 두 눈은 깊은 생각에 잠긴 모습으로 중생을 살펴 보고 있는 듯하다. 오른손에는 꽃을 잡고, 왼손은 가슴까지 들어 올려서 설법하는 모습을 표현하고 있다. 통일신라 시대인 8세기 후반의 작품으로 본다.

8코스

1. 경주 열암곡 석불좌상(경상북도 유형문화재 제113호)

경주시 내남면 노곡리의 절터에서 발견된 불상이다. 불두를 근처 계곡에서 찾아 복원하였다. 신체는 늘씬한 편이고, 양 어깨에 걸친 옷은 얇게 표현되었으며 옷 주름은 비교적 세련된 모습이다. 왼손은 손바닥을 보이며 손끝이 위로 향하게 들고 있고, 무릎 위에 얹은 오른손은 손등이 보이면서 손끝은 땅을 향하고 있다. 대좌의 아랫부분에는 아래로 향한 연꽃잎이, 윗부분에는 위로 향한 연꽃잎이 새겨져 있다. 8세기 말에서 9세기 초에 만들어진 작품으로 추정된다.

2. 경주 남산 신선암 마애보살반가상
7코스 4번 참조

3. 경주 남산 칠불암 마애불상군
7코스 3번 참조

4. 경주 남산 천룡사지 삼층석탑(보물 제1188호)

천룡사의 옛 절터에 무너져 있던 것을 1990년에 복원한 것이다. 탑신의 몸돌 아래에 새긴 괴임의 크기가 작아지고 있는 점과 지붕돌의 낙수면이 경쾌한 경사를 보이고 있는 점 등으로 보아 통일신라 후기인 9세기경에 만들어진 것으로 짐작한다.

9코스

1. 경주 배동 삼릉(사적 제219호)

남산의 서쪽 기슭에 동서로 세 기의 왕릉이 나란히 있어 붙여진 이름이다. 아래로부터 신라 8대 아달라왕, 53대 신덕왕, 54대 경명왕 등 세 명의 박씨 왕릉이라고 전해진다. 그러나 신라 초기의 아달라왕과 신덕왕, 경명왕 사이에는 무려 700여 년의 차이가 있어 이들의 무덤이 한곳에 모여 있다는 사실은 받아들이기 어렵다. 또 신라 초기에는 이와 같은 대형 무덤 자체가 존재하지 않았다.

2. 삼릉계곡 마애관음보살상(경상북도 유형문화재 제19호)

경주 남산의 삼릉계곡에 있는 이 불상은 돌기둥 같은 암벽에 돋을새김한 것으로 연꽃무늬 대좌(臺座)에 서 있는 관음보살상이다. 머리에는 보관(寶冠)을 쓰고 있으며 손에는 보병(寶甁)을 들고 있어 현세에서 자비로써 중생을 구제한다는 관음보살임을 알 수 있다. 통일신라 시대인 8~9세기 작품으로 추정된다.

3. 삼릉계곡 선각육존불(경상북도 유형문화재 제21호)

자연 암벽 양쪽에 각각 삼존상을 선으로 조각한 육존상이다. 조각 수법이 정교하고 우수해 우리나라 선각 마애불 중에서는 으뜸으로 꼽힌다. 오른쪽 삼존상의 본존은 석가여래좌상이며 좌우의 협시보살상은 연꽃을 밟고 본존을 향하여 서 있다. 왼쪽 삼존상의 본존 역시 석가여래입상이며, 양쪽의 협시보살상은 연꽃무늬 대좌 위에 무릎을 꿇고 본존을 향해 공양하는 자세이다. 통일신라 시대 작품으로 추정된다.

4. 삼릉계곡 선각여래좌상(경상북도 유형문화재 제159호)

삼릉계곡에 있는 높이 10m 가량 되는 바위에 새겨진 앉아 있는 모습의 여래상이다. 불상의 몸은 모두 선으로 그은 듯이 새기고 얼굴만 도드라지게 표현한 독특한 조각 수법을 보이고 있다. 고려 시대에 새긴 것으로 추정되며 이런 유형의 불상을 연구하는데 중요한 위치를 차지하고 있다.

5. 경주 남산 삼릉계곡 석조여래좌상(보물 제666호)

삼릉계곡의 왼쪽 능선 위에 있는 석조여래좌상으로 화강암을 조각하여 만들었다. 항마촉지인을 하고 있으며 머리에는 작은 소라 모양의 머리카락에 정수리 부근에는 큼직한 상투 모양의 머리(육계)가 있다. 얼굴은 원만하고 둥글며 두 귀는 짧고 허리는 가늘다. 앉은 자세는 안정감이 있는데 왼쪽 어깨에만 걸쳐 입은 옷의 주름선은 간결하게 표현하였다. 팔각의 연화대좌에 새겨진 연꽃무늬와 당당하고 안정된 자세 등으로 보아 8~9세기에 만들어진 통일신라 시대의 작품으로 보인다.

6. 삼릉계곡 마애석가여래좌상(경상북도 유형문화재 제158호)

거대한 바위 벽에 새겨진 석가여래불로 높이는 6m다. 몸을 약간 뒤로 젖힌 채 앉아 있으며 반쯤 뜬 눈은 속세의 중생을 굽어살펴 보는 것 같다. 머리에서 어깨까지는 깊게 새겨서 입체감이 돋보이게 한 반면 몸체는 아주 얕게 새겼다. 통일신라 후기의 마애불로 본다.

7. 경주 남산 용장사곡 삼층석탑(보물 제186호)

용장사는 매월당 김시습이 《금오신화》를 쓰며 머물던 곳으로 잘 알려져 있다. 현재 몇 군데의 석축(石築)이 남아 있어 절터였음을 짐작하게 해준다. 절을 감싸고 뻗은 동쪽 바위 산맥의 높은 봉우리에 서 있는 이 탑은 이중 기단 위에 세운 삼층석탑이다. 자연 암석을 아래층 기단으로 삼고 그 위로 바로 위층 기단을 올렸다. 위층 기단은 네 모서리와 중앙에 기둥을 새기고 두 장의 판돌로 덮어 기단을 마감하였다. 지붕돌과 몸돌을 별도의 석재로 조성하였는데 1층 몸돌은 상당히 높은 편이고 2층부터는 급격히 줄어들었다. 지붕돌은 밑면의 받침이 각 층 4단이고 처마는 직선을 이루다가 귀퉁이에서 경쾌하게 들린다. 주변 자연과의 조화 속에 장관을 이룬다. 통일신라 후기의 대표적인 작품이다.

8. 경주 남산 용장사지 마애여래좌상(보물 제913호)

머리는 작은 소라 모양의 머리카락으로 표현한 나발이며 원만한 얼굴에는 온화한 미소를 짓고 있다. 양 어깨에 걸쳐 내린 옷에는 평행선으로 이루어진 잔잔한 무늬가 밀집되어 있다. 손 모양은 항마촉지인이다. 불상은 연꽃이 새겨진 대좌 위에 양발을 무릎 위로 올린 자세로 앉아 있으며, 머리 광배와 몸 광배는 두 줄의 선으로 표현하였다. 판독이 어려운 글자가 10자 새겨져 있다. 8세기 후반에 만들어진 우수한 작품이다.

9. 경주 남산 용장사곡 석조여래좌상(보물 제187호)

경주 남산 전역에서도 손꼽히는 큰 사찰이었던 용장사터를 내려다보는 곳에 있다. 머리 부분은 없어졌고 손과 몸체 일부가 남아 있는데 대좌(臺座)에 비해서 불상은 작은 편이다. 어깨는 적당하고, 전반적으로 볼륨이 강조되지 않은 현실적인 체구로 어떤 승려의 자세를 보고 만든 것으로 보인다. 불상이 입고 있는 옷은 양 어깨를 모두 감싸고 있으며, 옷자락이 대좌 윗부분까지 흘러내린다. 대좌는 가공하지 않은 바위 위에 올렸는데 특이한 삼층탑이라 생각될 만큼 독특하다. 맨 윗단에는 연꽃무늬를 새겨 놓았다. 이 석불은 특이한 대좌뿐 아니라 석불 자체의 사실적 표현이 작품의 격을 높여주며,《삼국유사》에서 보이는 유명한 승려 대현(大賢)과 깊이 관련 있는 유명한 불상이다. 대현의 활동 기간에 제작되었다고 보아 8세기 중엽에 만들어진 것으로 추정된다.

10코스

1. 경주 포석정지(사적 제1호)
경주 남산 서쪽 계곡에 있는 신라 시대 연회 장소로 조성 연대는 신라 제49대 헌강왕(875~885) 때로 본다. 중국의 명필 왕희지는 친구들과 함께 물 위에 술잔을 띄워 술잔이 자기 앞에 오는 동안 시를 짓지 못하면 벌로 술 석 잔을 마시는 잔치인 유상곡수연(流觴曲水宴)을 하였는데, 포석정은 이를 본따서 만들었다고 본다. 현재 정자는 없고 풍류를 즐기던 물길만이 남아 있다. 유상곡수연은 중국이나 일본에도 있었으나 오늘날 그 자취가 남아 있는 곳은 경주 포석정뿐이다. 당시 사람들의 풍류와 기상을 엿볼 수 있는 장소이다.

2. 경주 배리 윤을곡 마애불좌상(경상북도 유형문화재 제195호)
경주 남산의 계곡 중 하나인 윤을곡의 'ㄱ'자형 바위벽에 새긴 불상이다. 동남향의 바위 면에 2구, 서남향의 바위 면에 1구를 새겨 삼존불 형식을 하고 있는데 그 배치가 매우 특이하다. 중앙의 불상은 연꽃 대좌에 앉아 있다. 정수리 부분의 상투 모양 머리 묶음이 유난히 높고 크며 얼굴은 긴 타원형이다. 오른쪽 불상은 본존불보다 조금 작고 위축된 느낌이다. 약그릇을 들고 있으므로 약사여래로 본다. 왼쪽의 불상은 세 불상 가운데 조각 솜씨가 가장 떨어진다. 왼쪽 불상의 광배 왼쪽에 '太和九年乙卯(태화9년을묘)'라는 글자가 새겨져 있어 이들 불상이 신라 흥덕왕 10년(835)에 조각된 것임이 밝혀졌다. 9세기 전반 통일신라의 불상 양식 연구에 매우 중요한 예이다.

3. 경주 남산 신선암 마애보살반가상
7코스 4번 참조

4. 경주 남산 칠불암 마애불상군
7코스 3번 참조

5. 경주 남산동 동·서 삼층석탑
6코스 2번 참조

6. 경주 서출지
6코스 1번 참조

11코스

1. 인용사지(경상북도 문화재자료 제240호)
인용사는 신라의 장군이자 외교가였던 김인문이 중국 당나라 감옥에 갇혀 있을 때, 신라 사람들이 그의 안녕을 빌기 위해 세운 절이라고 한다. 김인문은 신라 제29대 무열왕의 둘째 아들로 당나라에서 22년간 있으면서 여러 벼슬을 했고 신라의 삼국 통일에 크게 공헌했다. 신라 시대에 일반인들이 개인을 위해 세운 최초의 절이라는 점에 의의가 있다. 절터를 발굴한 결과 통일신라 시대의 전형적인 쌍탑식 가람 배치였음이 확인되었다.

2. 경주 춘양교지와 월정교지
5코스 1번 참조

3. 경주 사마소(경상북도 문화재자료 제2호)
조선 시대 과거 시험에 합격한 지방의 선비들에게 유학을 가르치거나 정치를 토론하던 곳이다. 또한 자기 수양을 위해 선비들이 찾던 곳으로, 연산군 때에는 백성들에게 곡식을 빌려 주었다고 한다. 언제 처음 세웠는지는 확실하지 않으나 조선 선조 25년(1592) 임진왜란 때 불타 없어진 것을 영조 17년(1741)에 다시 세워 풍영정이라 불렀다.

4. 경주 재매정(사적 제246호)
신라의 김유신 장군 집에 있던 우물이다. 화강암을 벽돌처럼 쌓아 올려 만들었는데 이 일대가 장군의 집이 있었던 자리로 추정된다. 우물 옆 비각 안에 조선 고종 9년(1872)에 이만운이 쓴 비석이 있다.

5. 경주 천관사지(사적 제340호)
도당산 서쪽 기슭 논 가운데에 있는 절터로 현재는 석재와 기와 조각들만 남아 있다. 통일신라 전기에 있던 절로 이곳에 김유신과 천관이라는 기생의 이야기가 전해온다. 청년 시절에 김유신은 천관이라는 기생과 사랑에 빠졌는데 어머니의 꾸중으로 다시는 만나지 않겠다고 맹세한다. 어느 날 말이 술에 취한 유신을 천관의 집 앞으로 데려가자, 유신은 말의 목을 베고 냉정하게 천관을 뿌리친다. 이를 슬퍼한 천관이 스스로 목숨을 끊자, 후에 유신은 천관이 살던 집에 천관사를 지어 그녀의 명복을 빌어 주었다고 한다.

6. 경주 오릉(사적 제172호)
경주 시내 평지 서남쪽에 위치한 네 기의 봉토분과 한 기의 원형 무덤이다. 오릉과 관련해서는 두 가지 이야기가 있다. 《삼국사기》에는 신라 시조 박혁거세와 제2대 남해왕, 제3대 유리왕, 제5대 파사왕 등 신라 초기 네 명의 박씨 임금과 혁거세의 왕후인 알영왕비 등 다섯 명의 무덤이라 되어 있다. 그러나《삼국유사》에는 혁거세왕이 왕위에 오른 지 62년 만에 하늘로 올라갔다가 7일 후에 몸이 흩어져 땅에 떨어지자 왕비도 따라 죽으니, 왕과 왕비를 같이 묻으려고 했으나 큰 뱀이 방해해서 몸의 다섯 부분을 각각 묻었는데, 그것을 오릉(伍陵) 또는 사릉(蛇陵)이라 했다고 한다.

7. 경주 나정(사적 제245호)
신라의 시조 박혁거세의 탄강설화를 간직한 우물이다. 신라가 세워지기 전 경주 지역은 진한의 땅으로 여섯 명의 촌장들이 나누어 다스리고 있었다. 어느 날 양산 기슭 우물가에서 흰 말 한 마리가 울고 있어 가보니 빛이 나는 큰 알이 있었다. 알 속에서 남자아이가 태어나자 박처럼 생긴 알에서 태어났으므로 성을 박(朴)이라 하고 세상을 밝게 한다는 뜻에서 이름을 혁거세(赫居世)라고 하였다. 아이가 31살이 되던 해인 B. C. 57년에 왕위에 올라 나라를 세우고 서라벌이라고 하였다.

8. 경주 일성왕릉(사적 제173호)
신라 7대 일성왕(재위 134~154)의 무덤이다. 무덤의 아래에는 자연석을 이용하여 둘레돌을 둘렀으며, 내부는 굴식돌방무덤(횡혈식석실묘)이다. 무덤 앞 2단 축대는 능을 보호하기 위해 최근에 만든 것이다.

9. 경주 남간사지 당간지주(보물 제909호)
남간사의 옛터에서 약 500m 떨어진 논 가운데에 있다. 지주의 아랫부분이 약 50cm 정도 드러나 있고 바닥돌은 없어졌다. 기단부가 없어서 기단 위에 당간을 세우던 받침돌도 찾아볼 수 없다. 지주 안쪽 면에 당간을 고정시키기 위한 구멍을 세 군데에 뚫어 놓았는데 꼭대기에 있는 것은 십(十)자 모양으로 특이한 형태다. 특별한 장식이 없는 소박하고 간단한 형태로 통일신라 중기의 작품이다.

10. 경주 남산 창림사지 삼층석탑(보물 제1867호)
이중 기단 위에 삼층의 탑신부를 얹은 전형적인 신라 삼층석탑의 모습이다. 하부 기단 면석에 3개의 버팀기둥을 두었다. 버팀기둥 개수는 석탑 변천의 가장 가시적인 지표로 석탑의 조성 시기를 통일신라 초기(600년대 말)로 추측하는 근거다. 상부 기단 면석 사면을 각각 둘로 나누어 팔부신중을 새겼다. 현재는 남면 1구, 서면 2구, 북면 1구만 남아 있다. 이 팔부신중 조각은 규모와 완성도 면에서 그 가치를 매우 높게 평가한다. 경주 남산에 있는 석탑 가운데 규모가 가장 크고 화려하다.

11. 경주 포석정지
10코스 1번 참조

12. 경주 지마왕릉(사적 제221호)
신라 6대 지마왕(재위 112~134)의 무덤이다. 23년간 재위하면서 가야, 왜구, 말갈의 침입을 막았다. 비교적 규모가 큰 둥근 무덤으로 별다른 특징은 없다. 무덤의 위치, 규모, 형태로 보아 신라 초기에 만든 것으로 볼 수는 없다. 무덤 앞에 최근에 설치한 작은 상석이 놓여 있다.

13. 경주 배동 석조여래삼존입상 (보물 제63호)

남산 기슭에 흩어져 있던 것을 1923년에 지금의 자리에 모아 세웠다. 이 석불들은 기본 양식이 똑같아 처음부터 삼존불로 모셔졌던 것으로 보인다. 중앙의 본존불은 머리에 상투 모양의 머리(육계)가 있는데 특이하게 이중으로 되어 있으며 표면이 매끄럽게 표현되었다. 어린아이 표정의 네모난 얼굴은 풍만하며, 둥근 눈썹, 아래로 뜬 눈, 다문 입, 깊이 파인 보조개, 살찐 뺨 등을 통하여 온화하고 자비로운 불성을 표현했다. 왼쪽의 보살은 머리에 보관을 쓰고 오른손은 가슴에 대고 왼손은 내려 보병(寶瓶)을 잡고 있는데 보관에 작은 부처가 새겨져 있어 관음보살임을 알 수 있다. 오른쪽의 보살은 굵은 목걸이와 구슬 장식으로 발목까지 치장하였다. 7세기 신라 불상 조각의 대표작으로 평가된다.

14. 경주 배동 삼릉

9코스1번 참조

15. 경주 경애왕릉 (사적 제222호)

신라 제55대 임금인 경애왕(재위 924~927)의 무덤이다. 재위 4년이 되던 해에 포석정에서 잔치를 베풀다가 후백제 견훤의 습격을 받아서 비참한 최후를 맞았다. 《삼국사기》에는 경애왕을 남산 해목령에 장사 지냈다고 되어 있는데 해목령은 경애왕릉에서 떨어져 있어서 맞지 않다. 해목령 가까이에 있는 지금의 일성왕릉을 경애왕릉으로 보아야 한다는 견해도 있다.

12코스

1. 경주 김유신묘 (사적 제21호)

신라 장군 김유신의 무덤이다. 김유신(595~673)은 김춘추(태종 무열왕)와 혈연관계를 맺으며 정치적 발판을 마련하였고 삼국 통일에 중심 역할을 했다. 무덤은 지름이 30m에 달하는 원형분인데 봉분 아래에는 둘레돌을 배치하고 그 주위에는 돌난간을 둘렀다. 둘레돌은 조각이 없는 것과 십이지신상을 조각한 것을 교대로 배치하였다. 십이지신상은 평복을 입고 무기를 들고 있는 모습으로 몸은 사람, 머리는 동물 모양이다. 이처럼 무덤 주위의 둘레돌에 십이지신상을 조각하는 것은 통일신라 이후에 보이는 무덤 양식으로, 성덕왕릉으로부터 시작된 것으로 본다.

2. 서악서원 (경상북도 기념물 제19호)

신라 김유신 장군, 최치원, 설총을 추모하기 위해 세운 서원으로 조선 명종 18년(1563)에 건립하였다. 임진왜란으로 불탄 것을 다시 지었다. 인조 원년(1623)에 국가가 인정한 사액서원으로 '서악'이라는 이름을 받았다. 흥선대원군의 서원철폐령 때에도 폐쇄되지 않고 살아남은 47개 서원 중 하나이다.

3. 경주 도봉서당 (경상북도 문화재자료 제497호)

조선 성종 시절 학자였던 불권헌 황정(1426~1497)의 학덕과 효행을 추모하기 위해 중종 1년(1545) 추보재라는 재실(齋室)로 건립되었다. 이후 전란을 거치며 훼손되었는데 후손들이 1915년 추보재가 있던 자리에 도봉서당 일곽을 중건하였다.

4. 경주 서악동 삼층석탑 (보물 제65호)

통일신라 시대 모전탑 계열에 속한다. 기단은 주사위 모양의 돌 8개를 2단으로 쌓은 독특한 형태이다. 몸돌과 지붕돌이 각각 1장의 돌로 되어 있고, 1층 몸돌에는 감실을 얕게 파서 문을 표시했다. 문의 좌우에는 인왕상이 각각 문을 향해 조각되어 있다.

5. 경주 문성왕릉 (사적 제518호)

신라 제46대 문성왕(재위 839~857)의 무덤이다. 문성왕은 신무왕의 아들로 신라의 쇠퇴기에 재위하여 나라를 통치하는데 어려움이 많았다. 청해진 대사 장보고의 난을 평정하고 혈구진을 설치하여 지방 세력의 통제를 강화했다.

6. 경주 헌안왕릉 (사적 제179호)

신라 47대 헌안왕(재위 857~861)의 무덤이다. 헌안왕은 45대 신무왕의 이복동생이다. 원형 봉토분으로 무덤 둘레에는 자연석을 이용해 둘레돌을 둘렀으나 현재는 몇 개만 남아 있다.

7. 경주 진지왕릉(사적 제517호)

신라 25대 진지왕(재위 576~579)의 무덤이다. 진흥왕의 둘째 아들이나 장남인 동륜 태자가 일찍 죽었기 때문에 대신 즉위했다.

8. 경주 진흥왕릉(사적 제177호)

신라 24대 진흥왕(재위 540~576)의 무덤이다. 진흥왕은 고구려가 점령하고 있던 한강 유역을 빼앗아 삼국 통일의 기초를 다졌다. 562년 대가야를 정복하여 낙동강 유역을 확보했고 신라 역사상 최대 영토를 차지했으며 점령지에 척경비를 세웠다. 무덤은 원형 봉토분으로 자연석을 이용해 둘레돌을 둘렀으나 현재 몇 개만이 남아 있다.

9. 김인문묘(경상북도 기념물 제32호)

신라 태종 무열왕의 둘째 아들이자 문무왕의 친동생 김인문(629~694)의 묘다. 삼국 통일을 전후하여 당나라와의 외교에 뛰어난 공을 세웠으며 글씨를 잘 써 태종 무열왕의 비문을 썼다. 특별한 시설 없이 높이 6.5m의 흙으로 높이 쌓아 올린 원형 봉토분이다.

10. 경주 서악동 귀부(보물 제70호)

김인문의 공적을 새겨 놓았던 비의 받침돌인 것으로 짐작된다. 받침돌의 거북은 조각 솜씨가 뛰어나 태종 무열왕비의 귀부와 쌍벽을 이룬다. 조성 연대는 삼국 통일 후인 7세기 중반으로 추정하는데 우리나라 석비 받침돌의 최초 양식을 보여 주고 있다.

11. 김양묘(경상북도 기념물 제33호)

태종 무열왕의 9대손인 신라의 왕족 김양(808~857)의 묘다. 830년에 장보고와 함께 민애왕을 죽이고 우징(신무왕)을 왕으로 추대해 모셨으며 신무왕이 일찍 죽자 뒤를 이은 문성왕을 다시 모셨다. 특별한 시설 없는 비교적 큰 무덤이며 흙을 높게 쌓아 올린 원형 봉토분이다.

12. 경주 무열왕릉(사적 제20호)

신라 제29대 무열왕(재위 654~661)의 무덤이다. 신라의 왕릉 가운데 주인을 확실히 알 수 있는 유일한 무덤이다. 진덕여왕의 뒤를 이어 왕위에 오른 최초의 진골 출신 왕으로 본명은 김춘추다. 당과 연합해 백제를 정복하고 삼국 통일의 기초를 마련했다.

13. 경주 태종 무열왕릉비(국보 제25호)

신라 제29대 태종 무열왕의 능 앞에 세워진 석비다. 통일신라 시대에 세워졌던 석비들은 당나라의 영향을 받아 받침돌은 거북 모양을 하고 있고 빗돌 위의 머릿돌에는 용의 모습이 새겨져 있는데 태종 무열왕릉비는 이러한 양식이 나타난 최초의 예다. 비는 현재 비 몸이 없어진 채 거북받침돌 위에 머릿돌만 얹혀 있다. 이 비는 우리나라는 물론이고 동양권에서도 뛰어난 걸작으로 평가된다.

14. 경주 서악동 고분군(사적 제142호)

경주 서악동 무열왕릉 뒤편의 구릉에 분포하는 4개의 대형 무덤을 말한다. 흙을 둥글게 쌓아 올린 원형 봉토분이다. 아직 발굴 조사가 이루어지지 않아 내부 구조는 확실히 알려지지 않았다. 무덤의 주인에 대해서는 첫 번째 무덤은 법흥왕릉, 두 번째 무덤은 진흥왕릉, 세 번째 무덤은 진지왕릉, 네 번째 무덤은 문흥대왕릉 등으로 추정하기도 한다.

13코스

1. 경주 율동 마애여래삼존입상(보물 제122호)

벽도산의 서쪽을 향한 바위에 삼존불로 조각한 마애불이다. 대표적인 통일신라 시대 작품으로, 서방극락세계를 다스린다는 아미타불을 가운데에 새기고 왼쪽에 관음보살을 오른쪽에 대세지보살을 새겼다.

2. 경주 효현동 삼층석탑(보물 제67호)

탑이 세워진 이 터는 신라 법흥왕이 죽기 전까지 불도를 닦았다는 애공사가 있었다고 전한다. 2단의 기단 위에 3층의 탑신을 세운 전형적인 삼층석탑이다. 지붕돌의 밑면 받침이 4단으로 되어 있고 각 부분의 조각이 가늘고 약하게 나타나 있어 9세기 무렵 통일신라 석탑의 특징을 보여 준다.

3. 경주 법흥왕릉(사적 제176호)

신라 23대 법흥왕(재위 514~540)의 무덤이다. 법흥왕은 신라를 중앙집권적 고대 국가 체제로 완성시켰다. 532년 금관가야와 합병하여 낙동강 유역에 처음 진출하고 신라 최초로 건원(建元)이라는 독자적인 연호를 사용하였다. 527년 이차돈의 순교로 불교를 국가 종교로 수용하면서 고대 국가의 이념적 기초를 마련하였다.

4. 경주 오류리 등나무(천연기념물 제89호)

등나무는 덩굴식물이다. 꽃은 보통 가지 끝에 달려서 5월에 연한 보라색으로 핀다. 오류리의 등나무는 네 그루가 있는데 두 그루씩 모여서 자라고 있다. 옆에 있는 팽나무에 얽혀 있어서 마치 팽나무를 얼싸안고 있는 것처럼 보인다. 이 등나무는 오래된 나무라는 생물학적 가치 외에도 애틋한 전설을 지니고 있어 문화적 자료로서의 가치도 높아 천연기념물로 지정되었다.

14코스

1. 경주 석장동암각화(경상북도 기념물 제98호)

경주 평야를 가로지르는 두 하천이 만나는 곳의 북쪽 바위 벽에 그려진 바위 그림이다. 선사 시대의 것으로 추측된다. 추상적이고 기하학적이며 모두 27점이 확인되었다. 서로 조금씩 형태를 달리하고 있지만 기본은 방패, 도토리, 꽃 모양으로 나눌 수 있다.

2. 경주 나원리 오층석탑(국보 제39호)

나원리 마을의 절터에 남아 있는 오층석탑이다. 경주에 있는 석탑 가운데 경주 감은사지 동·서 삼층석탑과 경주 고선사지 삼층석탑 다음으로 크다. 천년의 세월이 흐른 지금까지도 제 빛깔을 간직하고 있어 '나원백탑'이라고 부른다. 짜임새 있는 구조와 아름다운 비례를 보여 주고 있어 통일신라 시대인 8세기 경의 것으로 추정한다.

3. 경주 진덕여왕릉(사적 제24호)

신라 제28대 진덕여왕(재위 647~654)의 무덤이다. 선덕여왕의 뒤를 이은 신라의 두 번째 여왕이며 신라의 마지막 성골 출신 임금이다. 당나라와 적극적인 외교를 통해 고구려와 백제를 견제하여 삼국 통일의 기초를 닦았다. 무덤은 흙으로 덮은 둥근 모양이고 아랫부분에는 둘레돌을 배치하였다. 둘레돌 사이에는 기둥 역할을 하는 12개의 탱석을 끼워 넣었고 방향에 따라 십이지신상을 새겼다.

15코스

1. 경주 남사리 북삼층석탑(경상북도 문화재자료 제7호)

탑신의 몸돌은 모서리마다 기둥 모양을 새겨 놓았고, 네 귀퉁이가 많이 훼손된 지붕돌은 밑면에 새긴 5단의 받침이 비교적 선명하다. 탑의 건립 시기는 통일 신라 시대로 추정된다.

2. 경주 남사리 삼층석탑(보물 제907호)

이름 없는 옛 절터에 남아 있는 탑이다. 몸돌의 네 모서리에 기둥을 본떠 새겼다. 지붕돌은 네 귀퉁이에서의 치켜올림이 커서 탑 전체에 경쾌한 느낌을 주며, 밑면의 받침수는 각각 4단씩이다. 꼭대기에는 머리장식을 받치던 네모난 받침돌만 남아 있다. 기단부의 섬세한 조각과 완벽함에 비해 탑신의 꾸밈이 형식화된 것으로 보아 석탑 양식이 간략하고 생략이 심했던 9세기 말에 만들어진 작품으로 짐작된다.

16코스

1. 경주 명활성(사적 제47호)

경주의 동쪽 명활산 꼭대기에 자연석을 이용하여 쌓은 둘레 약 6km의 신라 산성이다. 성을 쌓은 연대는 정확히 알 수 없으나,《삼국사기》에 신라 실성왕 4년(405)에 왜병이 명활성을 공격했다는 기록이 있어 그 이전에 만들어진 성임을 알 수 있다. 성을 쌓는 방법도 다듬지 않은 돌을 사용한 신라 초기의 방식이다. 진흥왕 15년(544)에 다시 쌓았고, 진평왕 15년(593)에는 성을 확장했다. 지금은 대부분의 성벽이 무너져 몇 군데에서만 옛 모습을 볼 수 있다. 또한 진흥왕 때의 '명활산성작성비'가 발견돼 당시 상황을 알려 주며 '명활산비'로 보이는 비석 조각이 월지에서 발견됐다. 선덕여왕 때는 비담이 이곳을 근거로 반란을 일으켰으나 김유신이 평정했다. 남산성, 선도산성, 북형산성과 함께 동해로 쳐들어오는 왜구에 대항하여 경주를 지키는 데 큰 몫을 한 곳이다.

2. 경주 천군동 동·서 삼층석탑(보물 제168호)

넓은 평지에 동·서로 서 있는 쌍탑으로, 1939년에 무너져 있던 것을 복원했다. 두 탑 모두 2단의 기단 위에 3층의 탑신을 세운 양식이며 규모와 수법이 같다. 기단은 각 층마다 4면의 모서리와 가운데에 기둥 모양을 본떠 새겼고 가운데에는 2개씩의 조각을 두었다. 지붕돌 밑면의 받침은 층마다 5단이며, 처마선은 반듯하게 깎았는데 네 귀퉁이에서 약간씩 들려 있다. 탑 꼭대기의 머리 장식은 서쪽 탑에만 일부만 남아 있을 뿐 동쪽 탑은 모두 없어졌다. 8세기 후반의 작품으로 비례가 알맞고 장중하다.

3. 경주 천군동 사지(사적 제82호)

이곳에 보물 제168호로 지정된 통일신라 시대의 삼층석탑 두 기가 서 있다. 절의 이름과 처음 지어진 연대는 알 수 없으나 석탑이 신라의 전형적인 양식을 따르고 있어 통일신라 시대의 사찰로 추정한다. 감은사터와 보문사터의 석탑보다 양식상 늦은 시기로 보아 창건 연대를 8세기 후반으로 추정한다.

 17코스

1. 경주 구정동방형분

4코스 6번 참고

2. 영지

석공 아사달이 불국사 석가탑을 만드는 동안 아내 아사녀가 탑이 완성되어 그림자가 비치기를 기다리다 지쳐 몸을 던져 죽었다는 이야기가 전해진다.

3. 영지석불좌상(경상북도 유형문화재 제204호)

아사달이 자신을 기다리다 지쳐 영지에 몸을 던진 부인 아사녀의 모습을 조각했다고 전해지는 석불좌상이다. 광배 일부와 머리 부분은 심하게 닳아서 형태를 알아보기 어렵지만 건장한 신체와 부피감 있는 무릎 표현 등에서 통일신라 시대 양식이 잘 나타난다.

4. 경주 원성왕릉(사적 제26호)

신라 제38대 원성왕(재위 785~798)의 무덤으로 추정된다. 왕릉이 만들어지기 전에 원래 작은 연못이 있었는데, 연못의 모습을 바꾸지 않고 왕의 유해를 수면 위에 걸어서 안장했다는 속설에 따라 괘릉이라고도 불린다. 원형 봉토분으로 무덤 보호를 위한 둘레석에는 십이지신상이 새겨져 있고 그 외에 돌사자, 문·무인석, 무덤을 표시해 주는 화표석(華表石) 등이 능을 지키고 있다.

5. 경주 원성왕릉 석상 및 석주 일괄(보물 제1427호)

경주 원성왕릉을 중심으로 좌우 입구에 한 쌍씩 석상들이 배치되어 있는데 문·무인석 4점, 사자상 4점, 석주 2점으로 총 10점이다. 특히 무인상은 서역인의 형상이어서 동서 문화의 교류 측면에서 중요한 자료로 평가한다.

1. 동리목월문학관

한국 문단의 거목 김동리와 박목월을 기리기 위한 문학관이다. 두 분 모두 경주 출신인데 김동리 선생은 혼미한 격변기에 우리의 순수 문학을 굳건히 지켰고, 박목월 선생은 토착 정서와 민요의 가락을 시와 음악으로 승화하여 많은 사랑을 받았다.

2. 경주 불국사(사적 제502호)

토함산 기슭에 위치한 절로 신라 경덕왕 10년(751)에 당시 재상이었던 김대성이 짓기 시작하여 혜공왕 10년(774)에 완성하였다. 임진왜란 때 대부분의 건물이 불타 버렸고 극락전, 자하문, 범영루 등의 일부 건물만이 명맥을 이어오다가 1969년에서 1973년에 걸친 발굴 조사 뒤 복원했다. 경내에는 통일신라 시대에 만들어진 다보탑과 석가탑, 자하문으로 오르는 청운교·백운교, 극락전으로 오르는 연화교·칠보교가 국보로 지정되어 있고 비로전의 금동비로자나불좌상과 극락전의 금동아미타여래좌상을 비롯한 다수의 문화유산이 남아 있다. 이러한 가치를 인정받아 1995년에 석굴암과 함께 유네스코 세계 문화유산에 등록되었다.

3. 경주 석굴암 석굴(국보 제24호)

토함산 중턱에 자리한 우리나라의 대표적인 석굴 사원이다. 신라 경덕왕 10년(751)에 김대성이 짓기 시작하여 혜공왕 10년(774)에 완성하였다. 건립 당시에는 석불사라고 했다. 산 중턱에 화강암을 이용하여 인위적으로 석굴을 만들고, 내부 공간에 본존불인 석가여래불상을 중심으로 그 주위 벽면에 보살상, 제자상, 역사상, 천왕상 등 총 40구의 불상을 조각했으나 지금은 38구만이 남아 있다. 석굴암은 신라 불교 예술의 전성기에 이룩된 최고 걸작으로 건축, 수리, 기하학, 종교, 예술 등이 유기적으로 결합되어 있다. 이러한 가치를 인정받아 1995년에 불국사와 함께 유네스코 세계 문화유산으로 등록되었다.

4. 경주 장항리 사지(사적 제45호)

토함산 동쪽 대종천 상류 계곡에 있는 절터다. 절의 이름이나 연혁이 전해지지 않아 마을 이름을 따서 장항리 절터로 부른다. 절터에는 서탑인 오층석탑(국보 제236호)과 파괴된 동탑의 석재 그리고 석조불대좌가 남아 있다. 불대좌 위에 있던 불상은 도굴범에 의해 파괴되었는데 현재는 일부 보수되어 국립경주박물관 뜰에 있다. 서탑은 두 단의 기단 위에 5층의 탑신을 갖추고 있고 특히 1층 몸돌 각 면에 한 쌍의 인왕상을 정교하게 조각해 놓았다. 전체비례가 아름답고 조각 수법도 우수해 8세기의 걸작품으로 평가받는다.

1. 경주 기림사

함월산 동쪽 자락에 위치하며 불국사의 말사(末寺)다. 신라 신문왕이 동해의 용왕에게서 만파식적을 얻어 서라벌로 돌아가던 길에 머물렀다는 기록이 전한다. 기림사 건칠보살반가상, 기림사 대적광전, 기림사 소조비로자나삼불좌상 등을 보유하고 있다.

2. 경주 골굴암 마애여래좌상(보물 제581호)

함월산 골짜기에 위치한 골굴암의 석회암 암벽에 조성된 마애불이다. 자연굴을 이용해 만든 12개의 석굴 중 제일 윗부분에 새겨져 있다. 조선 시대의 화가 겸재 정선이 그린 〈골굴석굴〉이라는 그림에는 목조 전실이 묘사되어 있으나 지금은 바위에 흔적만 남아 있다. 민머리에 상투 모양의 머리(육계)가 높이 솟아 있고, 윤곽이 뚜렷한 얼굴은 가늘어진 눈, 작은 입, 좁고 긴 코 등의 표현에서 이전보다 형식화가 진전된 모습을 살펴볼 수 있다. 입체감이 두드러진 얼굴에 비해 신체는 평면적으로 묘사되었다. 통일신라 후기에 조성된 것으로 추정된다.

20코스

1. 경주 감은사지(사적 제31호)
신라의 문무왕이 삼국을 통일한 뒤에 부처의 힘을 빌어 왜구의 침입을 막을 목적으로 감은사를 짓기 시작했다. 미처 완성하지 못하고 세상을 떠나자 아들인 신문왕이 부왕의 뜻을 이어 682년에 완공하였다. 부왕의 은혜에 감사한다는 뜻으로 절 이름을 감은사라 하였다고 전한다.

2. 경주 감은사지 동·서 삼층석탑(국보 제112호)
감은사터에 동서로 서 있는 쌍탑이다. 2단의 기단 위에 3층 탑신을 올렸는데 두 탑 모두 같은 규모에 같은 양식이다. 이 탑의 가장 큰 특징은 탑을 이루는 각 부분들이 하나의 돌로 이루어진 것이 아니라 수십 개의 부분 석재로 조립된 점이다. 건립 시기는 신문왕 2년(682)이다. 1960년 서탑을 해체 수리할 때 금동사리기가 발견되었고 1996년 동탑의 해체 수리를 할 때에도 금동사리외함이 발견되었다.

3. 경주 이견대(사적 제159호)
신라 제30대 임금 문무왕의 수중릉인 대왕암이 가장 잘 보이는 곳에 위치한 건물이다. 죽어서도 용이 되어 나라를 지키겠다는 문무왕의 호국 정신을 받들어 31대 임금인 신문왕이 681년에 세웠다. 이견대에서 신문왕이 만파식적이라는 피리를 받았다고 한다.

4. 경주 문무대왕릉(사적 제158호)
신라 제30대 문무왕(재위 661~681)은 태종 무열왕의 맏아들로 백제와 고구려를 평정하고, 당나라 세력을 몰아내어 삼국 통일을 완수했다. 문무대왕릉은 보통 대왕암으로 부르는데 문무왕의 수중릉 혹은 뼛가루를 뿌린 산골처라고 알려졌다.

21코스

1. 경주 양동마을(중요민속문화재 제189호)
월성 손씨와 여강 이씨의 양대 문벌로 이어 내려온 동족 마을이다. 넓은 안강평야에 풍수지리상 재물복이 많은 지형 구조이며 제법 큰 양반 가옥들이 집단을 이루고 있다. 종가일수록 높고 넓은 산등성이 터에 양반들의 법도에 따라 집을 배열했는데 오랜 역사를 지닌 큰 집들을 잘 보존하고 있다. 무첨당, 향단, 관가정을 비롯해 많은 옛 건물들이 귀중한 문화재로 지정되어 있다.

2. 경주 흥덕왕릉(사적 제30호)
신라 제42대 흥덕왕(재위 826~836)의 무덤이다. 장보고로 하여금 완도에 청해진을 설치하게 해 서해를 방어했고, 당으로부터 가져온 차(茶)종자를 지리산에 심어 재배하도록 했다. 이 능은 원형 봉토분으로 무덤 밑에는 둘레돌을 배치하여 무덤을 보호하도록 하였고 십이지신상을 조각하였다. 무덤의 주위 네 모서리에는 각각 돌사자를 한 마리씩 배치하였고, 앞쪽의 왼쪽과 오른쪽에 문인석·무인석을 각 1쌍씩 배치하였다. 《삼국유사》에 전하는 무덤의 위치와 왕릉 주위에서 '흥덕'이라는 글자가 쓰여 진 비석 조각이 발견되어 이 무덤이 흥덕왕의 무덤이라는 것을 뒷받침해 준다. 전체적인 배치와 장식물의 양식으로 볼 때 성덕왕릉과 괘릉의 형식을 많이 본떴다.

3. 구강서원(경상북도 문화재자료 제188호)
고려 후기의 학자이며 정치가인 익재 이제현의 학문과 덕행을 추모하기 위해 그의 영정과 위패를 모신 서원이다. 원래 고려 공민왕(재위 1351~1374) 때 이제현의 영당(影堂)으로 세운 것을 숙종 12년(1686)에 서원으로 다시 세웠다. 고종 8년(1871) 서원 철폐령으로 폐쇄되었고 1904년 지방 유림이 복원하였다. 이제현은 뛰어난 유학자로 많은 시문을 남겼고 고려의 한문학을 한 단계 높게 끌어 올렸다. 그의 저술로 현존하는 것은 《익재난고》10권과 《역옹패설》2권이다.

1. 경주 옥산서원(사적 제154호)

조선 시대 성리학자인 회재 이언적(1491~1553)을 기리기 위한 곳이다. 이언적의 학문은 퇴계 이황에게 이어져 영남학파 성리설의 선구가 되었다. 이곳은 선조 5년(1572)에 경주 부윤 이제민이 처음 세웠고, 그 다음해에 임금에게 '옥산'이라는 이름을 받아 사액서원이 되었다. 옥산서원은 조선 후기 대원군의 서원 철폐령에 제외된 47개의 서원 중 하나로, 선생의 저서와 역대 명인들의 글씨와 문집이 보존되어 있다.

2. 경주 독락당(보물 제413호)

회재 이언적 선생의 제사를 받는 옥산서원 뒤편에 있는 사랑채다. 이언적 선생이 벼슬을 그만두고 고향에 돌아온 뒤에 거처한 유서 깊은 건물이다. 조선 중종 11년(1516)에 지은 이 건물은 낮은 기단 위에 세운 앞면 4칸, 옆면 2칸 규모로 지붕은 옆면에서 볼 때 여덟 팔(八)자 모양을 한 팔작지붕이다. 독락당 옆쪽 담장에 좁은 나무로 살을 댄 창을 달아 창을 통해서 앞 냇물을 바라보게 했다. 독락당 뒤쪽의 시내에 있는 정자 또한 자연에 융합하려는 공간성을 드러낸다.

3. 경주 정혜사지 십삼층석탑(국보 제40호)

흙으로 쌓은 1단의 기단 위에 13층의 탑신을 올렸다. 통일신라 시대에서는 그 비슷한 예를 찾아볼 수 없는 독특한 모습이다. 거대한 1층 탑몸돌에 비해 2층부터는 몸돌과 지붕돌 모두가 급격히 작아져서 2층 이상은 마치 1층탑 위에 덧붙여진 머리 장식처럼 보인다. 1층 몸돌은 네 모서리에 각각 사각형의 돌기둥을 세웠으며, 그 안에 다시 보조 기둥을 세워 문을 만들었다. 꼭대기에는 머리 장식의 받침돌인 노반만이 남아 있다. 통일신라 시대인 9세기의 것으로 추측된다.

저녁 무렵에 미탄사터를 찾으면 노을과 어울린 석탑을 만난다.

동궁과 월지의 밤은 낮과는 비교할 수 없을 만큼 차분하고 조용하다.

살아 있는 역사 박물관
경주 걷기여행

초판 인쇄 2015년 5월 15일
초판 발행 2015년 5월 25일

지은이 김영록
펴낸이 진영희
펴낸곳 (주)터치아트
출판등록 2005년 8월 4일 제396-2006-00063호
주소   410-837 경기도 고양시 일산동구 백마로 223, 630호
전화번호 031-905-9435 팩스 031-907-9438
전자우편 editor@touchart.co.kr

ⓒ 김영록, (주)터치아트

ISBN : 978-89-92914-72-7   13980

* 이 책 내용의 일부 또는 전부를 재사용하려면 반드시 저작권자와
  (주)터치아트의 동의를 얻어야 합니다.
* 책값은 뒤표지에 표시되어 있습니다.

* 이 도서의 국립중앙도서관 출판시도서목록(CIP)은
  e-CIP 홈페이지(http://seoji.nl.go.kr)에서
  이용하실 수 있습니다. (CIP제어번호: 2015013000)